L'invocabilité de la responsabilité des organisations internationales devant le juge étatique

Quand le droit international public surplombe le droit international des droits de l'homme

Logiques Juridiques
Fondée par Gérard Marcou
Dirigée par Jean-Claude Némery et Thomas Perroud

Le droit n'est pas seulement un savoir, il est d'abord un ensemble de rapports et pratiques que l'on rencontre dans presque toutes les formes de sociétés. C'est pourquoi il a toujours donné lieu à la fois à une littérature de juristes professionnels, produisant le savoir juridique, et à une littérature sur le droit, produite par des philosophes, des sociologues ou des économistes notamment.

Parce que le domaine du droit s'étend sans cesse et rend de plus en plus souvent nécessaire le recours au savoir juridique spécialisé, même dans des matières où il n'avait jadis qu'une importance secondaire, les ouvrages juridiques à caractère professionnel ou pédagogique dominent l'édition, et ils tendent à réduire la recherche en droit à sa seule dimension positive. À l'inverse de cette tendance, la collection « Logiques juridiques » des éditions L'Harmattan est ouverte à toutes les approches du droit. Tout en publiant aussi des ouvrages à vocation professionnelle ou pédagogique, elle se fixe avant tout pour but de contribuer à la publication et à la diffusion des recherches en droit, ainsi qu'au dialogue scientifique sur le droit. Comme son nom l'indique, elle se veut plurielle.

Dernières parutions

Marie LAPAIRE, *Les actes préparatoires. À la recherche d'une catégorie juridique*, 2023.
Laura BAUDIN, *Cyberattaques et droit international public. De la négociation entre États à l'intégration des acteurs privés pour parvenir à la cyberpaix ?*, 2023.
Ludovic BERTON, *Penser la démocratie sociale*, 2023.
Roger K. KOUDÉ, *La justice pénale internationale : un instrument idoine pour raisonner la raison d'Etat ?*, 2023
Cătălin-Silviu SĂRARU, *Le droit administratif en Roumanie*, 2022.
Robert VINCENT, *Les fédérations sportives françaises. Analyse par la gouvernance*, 2022.

Hicham Berjaoui

L'invocabilité de la responsabilité des organisations internationales devant le juge étatique

Quand le droit international public surplombe le droit international des droits de l'homme

L'Harmattan

5-7, rue de l'Ecole-Polytechnique, 75005 Paris
http://www.editions-harmattan.fr
ISBN : 978-2-14-048975-4
EAN : 9782140489754

INTRODUCTION

Le mot « responsabilité » revêt des sens variés qui présentent, tout de même, des similitudes importantes, dans la mesure où ils convergent vers l'idée de régulation et d'organisation de la vie en société moyennant des règles opposables à leurs destinataires.

Les acceptions que peut revêtir le mot « responsabilité » « renvoient à la même idée d'un sujet comptable de ses actes». Etant donné qu'elle se rattache à l'obligation de [1] garantir des actions, ou des comportements, et d'en répondre, la responsabilité traverse et marque « les différentes morales, philosophies, éthiques et religions »[2].

En droit, la responsabilité conserve sa portée plurivoque. Néanmoins, il est généralement admis qu'elle émane du droit civil considéré, d'ailleurs, comme l'ensemble des règles de droit commun, destinées à régir tous les aspects de la vie sociale pourvu qu'elles n'en soient pas écartées par des règles spéciales. A propos de l'origine civiliste de la responsabilité, la doctrine considère « que l'apparition du terme coïncide avec l'intérêt que portent les juristes à la règle de l'indemnisation du préjudice subi »[3].

La responsabilité, dont le contenu consiste en la réparation d'un préjudice infligé à autrui, constitue, donc, le fondement du droit civil car, d'une part elle permet de protéger les droits des parties liées par un contrat, en ce sens qu'elle impose aux co-contractants le respect de leurs engagements mutuels et, d'autre part elle protège la prérogative, accordée au sujet de droit, l'habilitant à se prévaloir d'indemnités, ou d'une autre forme de réparation,

---

[1]LAMOUCHE (F), *Le sujet moral et le sujet du droit : une unité indissoluble*, in Vie sociale 2009/3 (N°3), p. 11.

[2]LACROIX (M), *Les fondations épistémologiques de la responsabilité civile*, in Les cahiers de droit, Vol. 50, N°2, juin 2009, p. 424.

[3]PRAIRAT (E), *La responsabilité*, in Le Télémaque 2012/2, N° 42, p. 21.

dans le cas où l'action, involontaire ou volontaire, d'un autre sujet de droit, lui ferait subir des dommages.

Quel que soit son objet, pénal, civil ou autre, la responsabilité oblige les personnes juridiques à assumer les conséquences de leurs actions. Par l'effet persuasif résultant de la sanction des manquements aux obligations et aux devoirs, la responsabilité diffuse l'ordre et la sécurité dans les rapports sociaux.

Transposée à l'ordre juridique international, la responsabilité garde, en grande partie, sa portée telle qu'elle est définie en droit civil en ce sens qu'elle désigne les conséquences juridiques de la commission d'un fait illicite[4]. Pour autant, elle s'adapte aux particularismes caractérisant l'ordre pré-cité. A l'instar de tous les phénomènes juridiques, la responsabilité entreprend des influences et des infléchissements réciproques avec les caractères de l'ordre juridique auquel elle se rapporte, en particulier ceux ayant trait à la structure normative.

Ainsi, dès que la responsabilité s'inscrit dans le sillage du droit international, elle se heurte à la problématique de l'homogénéisation de son contenu, forgé à l'intérieur d'ordres étatiques obéissant à une hiérarchie normative verticale, à un ordre international basé, lui, sur la concertation, la coordination et l'horizontalité.

Cependant, le caractère horizontal de la structure normative du droit international n'estpas immuable. De la même manière que tous les ordres juridiques, le doit international est restructuré par les changements affectant les réalités sociales qu'il s'efforce de réguler et d'ordonner. Ainsi, le professeur KOLB considère que « le droit

---

[4]Pour l'Institut de droit international, *« l'expression « responsabilité internationale » s'entend des conséquences juridiques d'un fait internationalement illicite »*, Résolution relative à la succession d'Etats en matière de responsabilité internationale, AIDI, Session Tallin, 2015, Vol. 76, p. 196.

international public, ordre juridique des collectivités publiques relativement indépendantes les unes des autres, a constamment évolué au fil de l'histoire. Il s'est nourri des apports les plus divers, tantôt des analogies de droit civil, tantôt des constructions doctrinales, tantôt des correspondances diplomatiques, pour croître et pour s'affirmer »[5].

En d'autres termes, bien qu'il continue d'accorder un rôle déterminant aux outils traditionnels de régulation politique des différends opposant ses sujets[6], le doit international admet la régulation juridique conformément à laquelle, la fonction de résolution des différends n'échoit pas à des arrangements politiques mais plutôt à la règle de droit.

En conséquence, les sujets du droit international, en l'occurrence les Etats et les êtres juridiques par le truchement desquels ils coopèrent que sont les organisations internationales, sont responsables des actes qu'ils mettent en œuvre sous les auspices de l'ordre juridique sus-mentionné.

Les cas et les aspects de mise en œuvre de la régulation juridique en droit international, en remplacement, ou parallèlement à la régulation politique classique, sont

---

[5]KOLB (R), *Les influences du droit international pénal sur le droit international public*, AFRI, Vol. 12, 2011, p. 149.

[6]La régulation politique des différends internationaux est largement préférée par les Etats car, à la différence de la régulation juridique, la régulation politique ne fragilise pas leur libre action. Ainsi, *« la complexité des enjeux de politique étrangère, les nouveaux défis stratégiques, aussi bien que la diversité des instances de pouvoir et de décision étatiques, modifient en partie la nature des relations internationales. Ces changements obligent les Etats à participer à des mécanismes de régulation* internationale, *et parfois même à transférer une partie de leur pouvoir de décision à des instances dotées d'attribution supranationales »*, [Voy DE SENARCLENS (P), *Théories et pratiques des relations internationales depuis la fin de la guerre froide*, in Politique étrangère 2006/4 (Hiver), pp. 751 et 752].

nombreux et variés. On peut citer le développement de la codification du jus cogens et la prolifération des organisations internationales [7] qui se dotent, faut-il le mentionner, d'ordres juridiques qui leur sont propres et dans lesquels le principe de hiérarchie des normes est largement accrédité.

Outre les cas que nous venons d'évoquer, l'adoption, dans le sillage du droit international, de la régulation juridique s'incarne dans la création d'organismes supra-nationaux auxquels échoit le contrôle de l'effectivité de l'application des normes constitutives du DIDH et du DIH.

En sus des aspects attestant de l'importance croissante conférée à la régulation juridique à l'échelle des relations internationales, étayés ci-dessus, l'adoption, par la CDI, des articles sur la responsabilité des organisations internationales renforcent le processus de consécration de l'effectivité normative du droit international. En effet, en se dotant de l'aspectcoercitif consistant en l'engagement de la responsabilité des sujets qui les enfreignent, les règles constitutives de l'ordre international tendent à devenir effectivement obligatoires.

Par ailleurs, l'intérêt que suscite la genèse du droit de la responsabilité à l'échelle du droit international requiert, d'emblée, de l'inscrire dans sa dynamique historique, avant d'en diagnostiquer les conditions de mise en œuvre et le contenu, tout particulièrement dans les ordres juridiques internes des Etats.

---

[7] Il importe de mentionner que nous utilisons indistinctement les expressions « *Organisations internationales* », « *Organisations intergouvernementales* » et « *organisations interétatiques* ». Celles-ci désignent, donc, des personnes juridiques internationales spécialisées, instituées en vertu d'un traité ou d'un autre instrument régi par le droit international public. L'octroi de la même acception, dans le cadre du présent ouvrage, aux expressions précitées, est corroboré par les textes émanant de l'IDI, de la CDI et par les avis consultatifs et les arrêts de la CIJ.

Il y a lieu de mentionner que l'encadrement juridique de la responsabilité des sujets du droit international est le résultat des rapports de force qui sous- tendent ce droit international. En effet, la codification du principe de la responsabilité par un ordre international fondé, essentiellement, sur l'égalité souveraine de ses créateurs (les Etats) qui poursuivent des intérêts tantôt homogènes tantôt antinomiques, découle directement de la transformation de ses fondements traditionnels, en particulier ceux de multilatéralisme, de consensualisme juridique ou, si l'on veut utiliser un concept fondamental du droit, l'autonomie de la volonté.

L'étude de la responsabilité des organisations internationales dans les ordres juridiques nationaux ne saurait, donc, se dissocier du diagnostic des transformations ayant affecté les fondements traditionnels, précités, du droit international.

De plus, la reconnaissance et le contenu de la responsabilité desdites organisations ont été définis en droit international. C'est pourquoi, les normes internationales, et, naturellement, les changements qui les affectent, se répercutent sur l'invocabilité de la responsabilité des sujets dérivés du droit international tant à l'échelle internationale qu'à l'échelle des ordres juridiques internes des Etats.

Etant, comme nous l'avons mentionné précédemment, une obligation incombant aux sujets de droit leur imposant la réparation des conséquences dommageables de leurs actions, la responsabilité pose, d'ores et déjà, la question centrale du rapport conflictuel qu'elle crée avec les souverainetés étatiques car elle est assortie d'une limitation de l'autonomie de leurs volontés. En effet, la responsabilité contraint les sujets du droit international à jouir de leur capacité à établir des accords de volonté, étant, bien entendu, l'un des corollaires de leur personnalité juridique, dans les limites déterminées par les normes constitutives de l'ordre sous l'égide duquel ils agissent[8]. La responsabilité se présente, donc, comme une limite au principe orthodoxe de l'autonomie de la volonté.

Au rapport conflictuel entre la responsabilité, en tant qu'obligation portant sur le dédommagement des personnes lésées par des activités préjudicielles, et la souveraineté, « s'ajoute une efficacité à éclipses, de sorte que le sentiment prévaut que les Etats ne se plient'au droit international' que quand leur intérêt l'admet, et qu'autrement ils l'oublient »[9]. Vu sous cet angle, le droit international « ne serait qu'apparence dissimulant la réalité nue des rapports de force, ou pour citer Bismarck, la puissance normative des faits »[10].

En suivant les développements précédents, la transposition de la responsabilité à l'ordre international ne va pas sans difficulté, dans la mesure où elle restreint l'étendue du consensualisme juridique habilitant les sujets du droit international à organiser et réguler leurs affaires par le biais d'accords de volonté librement définis. La

---

[8]La responsabilité, étant un des thèmes les plus visés par la codification du droit international, ne peut échapper aux divergences qui caractérisent la réception par les Etats d'une œuvre destinée à soumettre à des règles juridiques contraignantes, un ordre international qu'ils ont, pendant longtemps, géré et régulé par des arrangements politiques. A cet égard, le professeur REUTER remarque que « *les divisions de la société internationales sont un fait ; elles alimentent les enjeux politiques de toute codification, que ce celle-ci soit menée à son terme avec une convention largement ratifiée, qu'elle soit pendante ou qu'elle soit seulement esquissée* », [Voy REUTER (P), *Trois observations sur la codification de la responsabilité internationale des Etats pour faits illicites*, in Le droit international au service de la paix, de la justice et du développement, Mélanges Michel VIRALLY, Paris, A. Pedone, 1991, p. 390].

[9]SUR (S), *Le droit international au cœur des relations internationales*, in Questions internationales n° 49, mai/juin 2011, p. 4.

[10]Même source.

responsabilité est, en termes succincts, une remise en cause du principe de l'autonomie de la volonté.

Il y a lieu de mentionner que depuis la conclusion des traités de Westphalie, les Etats se présentent comme les dépositaires des relations internationales. Les traités, précités, ont marqué l'indépendance des Etats européens et facilité, plus tard, l'avènement d'un ordre juridique multilatéral animé par des Etats indépendants et souverains qui régulent et organisent leurs rapports moyennant des instruments contractuels[11].

Le concept de multilatéralisme est d'une importance particulière dans notre recherche car, d'un côté il marque, comme nous l'avons indiqué ci-haut, la genèse du droit international,et d'un autre côté, il est étroitement lié à l'apparition de l'organisation internationale en tant que moyen institutionnalisé, appelé à s'inscrire dans la durée, de l'administration pacifique des rapports interétatiques.

En tant que structures basées sur des processus décisionnels collectifs, les organisations internationales reflètent des « arrangements institutionnels » [12] et se

---

[11]En décrivant le contexte embryonnaire de l'ordre international, dont les prémisses se sont déclenchées en Europe, le professeur BELY indique que « *l'Empereur ne pèse guère face aux multiples princes européens qui se sont affranchis de l'autorité impériale et même face à certains princes dans le Saint- Empire. Tout au long du Moyen-âge, des Etats sont nés en Europe, certains réduits à une ville ou à une petite principauté, d'autres, vastes et peuplés comme le royaume de France. Ce sont le plus souvent des monarchies héréditaires et des dynasties ou plutôt des « maisons » souveraines qui s'enracinent : au fil du temps, le roi de France, par exemple, se dit « empereur » dans son royaume, ce qui signifie qu'il ne reconnaît nulle autorité supérieure à la sienne (...)* », [Voy BELY (L), *Le paradigme westphalien au miroir de l'Histoire : l'Europe des traités de Westphalie*, AFRI, Vol. X, 2009, p. 1].

[12]RIOUX (M), *Les organisations internationales*, in Traité des relations internationales, (sous dir.) Thierry BALZAQ et Frédéric RAMEL, Paris, Sciences Po, Les Presses, 2013, p. 836.

considèrent,de ce fait, comme « la forme la plus achevée du multilatéral »[13]. La gestion multilatérale implique, donc, la régulation pacifique et négociée des différends inter-étatiques et fournit, à ce titre, le fondement originel des organisations internationales qui en constituent un des moyens de mise en application les plus répandus.

Compte tenu du contexte de son émergence, des modalités de son fonctionnement et de sa contribution à l'institutionnalisation des liens multilatéraux entre les sujets primaires de l'ordre international, la CDI définit l'organisation internationale comme « toute organisation instituée par un traité ou un autre instrument régi par le droit international et dotée d'une personnalité juridique internationale propre. » [14].

Au demeurant, le concept de multilatéralisme présente un sens ambivalent. D'une part,en permettant aux sujets du droit international de réguler leurs rapports par des arrangements politiques, il fragilise la régulation juridique qui, à la différence de la régulation politique traditionnelle, institutionnalise la responsabilité et la reddition des comptes et les promeut par le biais de normes obligatoires. D'autre part, le même concept peut encourager l'intégration progressive de la règle de droit, donc de la normativité, dans les procédures de gestion des affaires interétatiques qui se soumettent aux principes classiques de consentement, de négociation et de coordination ne débouchant pas, automatiquement, sur l'adoption de textes juridiques contraignants.

---

[13] DEVIN (G), *Les organisations internationales*, Paris, Armand Colin, 2ème édition, 2016, p. 5.

[14] Voir : Le rapport de la CDI sur les travaux de sa 63ème session, ACDI, 2011, Vol. II, 2ème partie. Le rapport, pré-cité, contient les articles relatifs à la responsabilité des organisations internationales préparés par la CDI et le commentaire général qui s'y rapporte, étant précisé que la définition citée, en haut, est énoncée par l'article 2.

L'ambivalence, qui façonne le concept de multilatéralisme en droit international faut-ille rappeler, et qui en fait tantôt un facteur favorable au droit de la responsabilité tantôt un outilqui en rétrécit l'évolution, est mise en relief par le professeur Serge SUR qui précise à cet égard que « le droit international est devenu ou redevenu, pour [les Etats], un instrument individuel davantage qu'un cadre collectif et une logique de coalitions ad hoc, d'alliances ponctuelles d'intérêts tend à se substituer aux disciplines communes »[15].

Etant le résultat d'accords conclus par les Etats, les organisations internationales entreprennent des relations étroites avec leurs créateurs. C'est la raison pour laquelle, les études consacrées au droit international ont privilégié « les politiques d'Etats, et les relations entre les Etats » 16 avant de s'intéresser, plus tard, aux organisations internationales considérées comme des êtres juridiques, dérivés de la volonté commune des souverainetés étatiques, auxquels échoit la régulation d'un aspect spécifique des relations internationales.

En conséquence, l'Etat-Nation[17], considéré comme une population habitant un territoire délimité et obéissant à un centre de pouvoir doté du monopole de la contrainte légitime[18], n'est plus le sujet exclusif de l'ordre

---

[15] SUR (S), *La régulation juridique des relations internationales, vingt ans après*, AFRI, Vol. 13, 2012, p. 63.

[16] GROSSER (P), *L'histoire des relations internationales à l'épreuve des interactions transnationales*, in Pour l'histoire des relations internationales, Paris, PUF, 2012, p. 271.

[17] La corrélation entre les deux vocables « *Etat* » et *« Nation* » est corroborée par la doctrine. Stanislas EHRLICHindique dans ce sillage qu'« *il faut se pencher sur le rôle de l'appareil d'Etat en tant que force instaurant l'ordre indispensable pour la constitution de cette totalité qu'est la nation.* » [Voy Stanislas EHRLICH, *L'Etat et la nation*, in L'Homme et la société, n° 24-25, 1972, p. 177].

[18] L'expression « *violence légitime* » a été développée par Max WEBER en guise de trait distinctif de l'Etat. D'après cet auteur, l'Etat détient, à

international. Il a, en effet, donné naissance à une créature juridique, ayant une personnalité juridique propre et munie de moyens humains, financiers et logistiques, en vue de la satisfaction des besoins ayant présidé à sa création. Cette créature est l'organisation internationale.

Cependant, l'accroissement des organisations internationales et la diversification de leurs fonctions et de leurs activités, ne signifie pas que le rôle de l'Etat, en sa qualité de sujet du droit international, s'est effrité. Bien au contraire, l'action interétatique, matérialisée par les traités bilatéraux et multilatéraux ne portant pas création d'organisations internationales, continue de contribuer à la régulation des relations internationales.

En d'autres termes, le consensualisme juridique, reposant sur le principe, d'émanation civiliste, de

---

l'intérieur de son territoire, le monopole de recourir à la coercition normative,via la production des règles juridiques, et physique, pour préserver tant l'exercice des libertés individuelles que l'ordre public. Ainsi, WEBER estime qu'« *il faut concevoir l'Etat contemporain comme une communauté humaine qui revendique avec succès pour son propre compte le monopole de la violence physique légitime* » [Max WEBER, *Le savant et le politique*, traduit par Julien FREUND, Paris, éditions PLON, 1959].
La définition de l'Etat par son pouvoir exclusif de recourir à la coercition pour affirmer sa souveraineté et diffuser sur son territoire la règle de droit, est, cependant, critiquée par d'autres auteurs. A titre d'exemple, le professeur Barbara DELCOURT estime que « *la question de l'imposition de la loi et l'« ordre » ou le maintien de l'intégrité de l'Etat, y compris par le biais de la coercition, ne pourrait se satisfaire d'une réponse uniquement formaliste ou juridique*» [Voy Barbara DELCOURT, *La question du monopole de la violence légitime dans un monde globalisé*, in Revista de Estudios Juridicos, n°. 7, 2006, p. 385]. Il s'ensuit que l'Etat ne dispose pas librement du monopole de la violence. Il n'y recourt que selon les formes et dans les cas déterminés par la loi. Ce constat s'étend également aux organisations internationales qui sont, au même titre que leurs créateurs, soumises à l'obligation d'observer les normes internationales lors de la conduite de leurs missions.

l'autonomie de la volonté et traduits dans les faits par des conventions et des traités n'aboutissant pas à l'émergence de nouveaux sujets de droit international, est l'une des bases du droit international qui est, par définition, consensualiste et volontariste.

Ainsi, en application du principe de l'égalité souveraine des Etats[19], les normes du droit international nedeviennent contraignantes que si ces derniers acceptent de s'y soumettre. Il en découle que l'effectivité normative dépend du volontarisme inter-étatique. Cette conception a, toutefois, été transformée par les mutations du droit international et notamment, par le mouvement de codification des règles régissant la responsabilité des sujets dudit ordre, en l'occurrence les Etats et les organisations internationales. Le professeur Pierre-Brice LEBRUN note, à cet égard, que « la responsabilité est le contrepoids de la liberté »[20]. La codification de la responsabilité internationale restreint la liberté d'action dévolue aux sujets du droit international notamment lors de la conclusion de traités et autres accords de volonté.

En propos succincts, l'ordre international repose sur des fondements structurels, se matérialisant, comme soulevé auparavant, dans le multilatéralisme et le consensualisme basé sur le principe de l'autonomie de la volonté, lesquels fondements ont considérablement influé sur la production des normes internationales, parmi lesquelles figurent celles

---

[19] L'article 2 de la Charte des Nations Unies stipule : « *L'Organisation des Nations Unies et ses membres, dans la poursuite des buts énoncés dans l'article 1 (les buts des Nations Unies), doivent agir conformément aux principes suivants :*

1. L'Organisation est fondée sur le principe de l'égalité souveraine de tous ses membres.

2. *(...)* ».

[20] LEBRUN (P-B), *La responsabilité*, in Revue Empan 2015/3, N°. 99, p. 105.

destinées à encadrer la responsabilité des organisations internationales.

D'un point de vue juridique, le consensualisme fait de la confection du droit international l'apanage des accords interétatiques, dans la mesure où les Etats interviennent tant en phase préparatoire qu'en phase exécutoire, relatives à la production des normes destinées à régir les relations internationales.

En d'autres termes, ce sont les Etats qui confèrent à la règle de droit international la force contraignante. La portée consensualiste du droit international se vérifie clairement dans la conclusion des traités et conventions car ces textes codifiés ne sont opposables aux Etats que s'ils ont accepté, au préalable, de leur conférer l'accès à leurs ordonnancements juridiques internes respectifs.

Les professeurs RANJEVA et CADOUX indiquent, à cet égard, qu'à la différence du droit étatique, « le droit international public est essentiellement un droit de relation et de coordination. Les normes de droit international sont le plus souvent créées avec le consentement des Etats qui en sont les destinataires. »[21].

Le consensualisme juridique procède, donc, d'une conception de régulation des relations internationales qui privilégie la coordination et la concertation entre les Etats, aux dépens d'une régulation moyennant la règle de droit, similaire à celle mise en œuvre dans les ordres juridiques internes des Etats.

En tant que sujet de droit international, l'Etat présente une particularité importante résidant dans sa souveraineté qui, malgré les fluctuations et les recompositions qui l'ont affectée en tant qu'attribut régalien étatique, continue d'influer sur la production des normes internationales dans

---

[21] RANJEVA (R) et CADOUX (C), *Droit international public*, Paris/Vanves, Universités Francophones, UREF, EDICEF/AUPELF, 1992, p. 14.

la mesure où « la fonction législative dans la communauté internationale n'est pas exercée par une institution législative distincte des Etats eux-mêmes, et cette situation de droit et de fait explique la place du consensualisme en droit international public »[22].

Il importe de rappeler que le rattachement du droit de la responsabilité internationale, en particulier en ce qui concerne les organisations internationales, au DIP, n'attise aucun débat doctrinal omnipotent. En effet, la responsabilité internationale est une matière régie par le DIP dans la mesure où elle se rapporte à l'exercice de fonctions et de prérogatives émanant de la personnalité juridique internationale. Ainsi, l'Etat peut engager sa responsabilité internationale si, à l'occasion de l'exercice de ses prérogatives de sujet de droit international, commet des préjudices. Il en est de même s'agissant des organisations interétatiques, en ce sens qu'elles engagent leur responsabilité au regard du droit international en cas de commission de dommages résultant de l'inobservation d'obligations leur incombant, en vertu d'une norme internationale.

S'il est vrai que dans le cas des litiges les opposant aux personnes juridiques privées[23], les organisations internationales font intervenir des moyens de règlement ne relevant pas du droit de la responsabilité internationale, il n'est pas moins vrai que lesdits règlements s'en inspirent considérablement.

Par ailleurs, si le consensualisme constitue un principe important en droit international, il n'a pas, pour autant, un contenu statique et immobile. L'évolution des relations internationales notamment la transition d'une régulation

---

[22] RENJEVA (R) et CADOUX (C), *Droit international public*, op.cit., p. 15.

[23] C'est-à-dire les êtres juridiques qui ne disposent pas de la personnalité juridique internationale.

politique à une régulation juridique des différends et litiges internationaux, influent notoirement sur les principes orthodoxes du droit international avec, au premier rang, celui du consensualisme matérialisé, convient-il de le rappeler, par le principe de l'autonomie de la volonté.

Le rétrécissement de l'étendue du consensualisme est, essentiellement, la résultante du développement du mouvement de codification du droit international qui vise, entre autres, à établir des normes internationales stables et obligatoires, à même de mettre en place un droit international objectif, auxquelles l'autonomie de la volonté de l'Etat, assortie entre autres de la création d'organisations internationales, ne peut déroger.

En guise d'illustration, la Convention de Vienne sur le droit des traités [24] proscrit aux Etats, et par conséquent à toutes les personnes internationales habilitées à conclure des traités y compris, naturellement, les organisations internationales, d'élaborer des traités contenant des dispositions contraires aux règles du jus cogens. L'article 53 de ladite Convention énonce : « il est nul tout traité qui, au moment de sa conclusion, est en conflit avec une norme impérative du droit international général »[25].

Le professeur LACHS mentionne, dans cet ordre d'idées, qu'« une convention ne saurait en effet passer outre (...) aux acquisitions fondamentales du droit international. Elle ne peut abolir l'interdiction de l'esclavage ni celle de

---

[24] *Convention de Vienne sur le droit des traités*, conclue à Vienne en date du 23 mai 1966. Nations Unies, Recueil des Traités, n° 18232, p. 354.

[25] L'article 53 de la Convention de Vienne sur le droit des traités, Nations Unies, Recueil des traités n° 18232, p. 367.

Le même article présente une définition de la norme internationale impérative en indiquant qu'elle est une norme acceptée et reconnue par la communauté internationale des Etats dans son ensemble, en tant que norme à laquelle aucune dérogation n'est permise, et qui ne peut être modifiée que par une nouvelle norme du droit international général.

la piraterie. Elle ne peut, même entre parties, abolir l'interdiction d'une guerre d'agression. De même, un traité ne peut invalider une convention conclue antérieurement avec des Etats tiers »[26].

Il en découle que la régulation juridique des relations internationales n'est pas l'apanage des traités, considérés comme des accords de volonté librement définis par leurs créateurs, dans la mesure où ces relations obéissent à des règles d'ordre public, auxquelles les souverainetés étatiques, et les sujets qu'elles créent à savoir les organisations internationales, ne peuvent se soustraire, à l'occasion de l'exercice de leur droit de conclure des accords de volonté.

La reconnaissance de l'existence de normes impératives sur lesquelles le principe, issudu droit civil et adopté par le droit international, de l'autonomie de la volonté ne s'étend pas, met en place une des conditions nécessaires à l'adoption d'un régime juridique de responsabilité, dans la mesure où la conclusion de traités ou, plus généralement, d'accords de volonté, dont le contenu porte préjudice auxdites nomes impératives, constitue une violation d'une obligation internationale susceptible, de ce fait, d'engager la responsabilité de ses auteurs.

De son côté, le professeur DUPUY remarque que la limitation de l'autonomie de la volonté des sujets du droit international, par l'obligation de l'observation des règles constitutives du jus cogens, est « une remise en cause, certes limitée, mais néanmoins fondamentale, des principes cardinaux du consensualisme juridique (…). Les Etats ne peuvent pas conclure n'importe quel type de clauses et aller à l'encontre de ces normes fondamentales »[27].

---

[26] LACHS (M), *Les conventions multilatérales et les organisations internationales contemporaines*, AFDI, Vol. 2, 1956, p. 335.

[27] DUPUY (P-M), *Le droit international dans un monde pluriculturel*, RIDC. Vol. 38, n° 2, avril-juin 1986, p.594.

De surcroît, les restrictions apportées à l'autonomie reconnue à la souveraineté étatique « sont applicables aux conventions de toute sorte et en particulier aux conventions multilatérales et aux organisations internationales »[28].

La restriction de la portée du principe orthodoxe de l'autonomie de la volonté est également soutenue par la CIJ qui, à l'occasion de son arrêt portant sur l'affaire de « Barcelona traction », a jugé que les traités, qui constituent des arrangements intersubjectifs, ne peuvent pas mettre à mal les règles objectives régissant l'ordre international, auxquelles la juridiction internationale a reconnu un effet erga omnès. La Cour indique, à cet égard, qu'« une distinction essentielle doit en particulier être établie entre les obligations des Etats envers la communauté internationale dans son ensemble et celles qui naissent vis-à-vis d'un autre Etat dans le cadre de la protection diplomatique. Par leur nature même, les premiers concernent tous les Etats. Vu l'importance des droits en cause, tous les Etats peuvent être considérés comme ayant un intérêt juridique à ce que ces droits soient protégés ; les obligations dont il s'agit sont des obligations erga omnès »[29].

Il ressort des dispositions de la Convention de Vienne relative au droit des traités et du raisonnement suivi par la CIJ, que la personnalité juridique de l'Etat et de l'organisation internationale, en tant que sujets de droit international, les habilite, certes à conclure librementdes accords de volonté, mais la même personnalité juridique ne dispose pas d'une portée absolue dans la mesure où les entités pré-citées, ont l'obligation d'observer les règles impératives du droit international.

---

[28] LACHS (M), *Les conventions multilatérales et les organisations internationales contemporaines*, op.cit., p.335.

[29] Recueil des arrêts et avis de la Cour internationale de justice (C.I.J), 1970, p. 32.

Le consensualisme juridique ou, plus exactement, le principe de l'autonomie et de la liberté de la volonté se trouve, par conséquent, atteint d'une mutation notoire en ce sens que les Etats et les organisations internationales mettent en œuvre les prérogatives qui s'y rattachent, conformément à ce que prescrivent les normes du jus cogens dans le giron desquelles s'inscrivent, faut-il le mentionner, les règles régissant la responsabilité. Il convient de rappeler, dans ce cadre, que la CPJI a solennellement jugé que « c'est un principe de droit international que la violation d'un engagement entraîne l'obligation de réparer dans une forme adéquate »[30].

En d'autres termes, le droit international n'est plus totalement soumis au principe de l'autonomie de la volonté. Plusieurs branches de ce droit international sont dotées, de par elles-mêmes, de la force exécutoire. Il en est ainsi des normes constitutives du DIDH, des règles du DIH et de la branche de droit qui constituera la pierre angulaire de notre recherche, en l'occurrence le droit de la responsabilité.

En prenant en considération ce qui précède, nous pouvons soutenir que le développement du droit de la responsabilité internationale est le corollaire de la restructuration des concepts classiques ayant présidé à la genèse de l'ordre international tels : la souveraineté, le multilatéralisme et le consensualisme. Si l'organisation internationale, étant détentrice de la qualité de sujet de droit international, est habilitée à conclure des accords de volonté, et à en déterminer librement, dans un cadre contractuel la liant aux autres sujets de droit, la teneur, elle ne peut, néanmoins, y insérer des dispositions qui portent préjudice aux règles impératives du jus cogens, ou ce que nous pourrions dénommer, par analogie aux ordres juridiques étatiques, **un droit objectif international**, dont

---

[30]*Affaire relative à l'usine de Chorzów (demande en indemnité)*, compétence, arrêt du 26 juillet 1927, CPJI, Série A, n° 9, p. 21.

les normes ne peuvent être mises à mal par les accords intersubjectifs entre ses sujets. En précis, étant destinataires des normes impératives du droit international, les organisations internationales ne peuvent conclure des accords comportant des dispositions qui s'y opposent.

Par son arrêt relatif à l'affaire « Barcelona traction », la CIJ [31] a, comme nous l'avons mentionné auparavant, admis la restriction du principe de l'autonomie. Dans cet arrêt, la juridiction internationale opère une nette distinction entre les règles que les sujets du droit international produisent sur la base des traités bilatéraux ou multilatéraux d'une part, et les règles appartenant au jus cogens d'autre part. Les premières « de caractère intersubjectif et n'ayant lieu de s'appliquer que dans les rapports entre deux ou plusieurs Etats et (les secondes) présentant un caractère et une portée « erga omnès » »[32] .

L'accréditation, par le juge international, de la portée limitée de la liberté d'action des organisations internationales dans l'ordre international, porte la marque d'une judiciarisation de cet ordre, de nature à en atténuer les effets de l'ineffectivité des normes, laquelle ineffectivité constitue une critique, voire une diatribe, adressée

---

[31]Il convient de rappeler que les juristes et les sociologues de droit attribuent à la jurisprudence un rôle cardinal dans la production de la règle juridique. Sur le plan du droit international, beaucoup de notions essentielles ont été l'œuvre du juge. Pour illustration, la reconnaissance de la personnalité juridique distincte des organisations intergouvernementales a été opérée par le juge. « *Partout s'impose à nous le fait qu'une très grande partie du droit est d'origine jurisprudentielle ». Le code civil suisse, dans son article 1, (énonce) que : « à défaut d'une disposition applicable, le juge prononce selon le droit coutumier, et, à défaut d'une coutume, selon les règles qu'il établirait s'il avait à faire « acte de législateur* ». [Voy. : LASCOUMES (P) et SERVERIN (E), *Théories et pratiques de l'effectivité du droit*, in Droit et société n° 2, 1986, p. 105].

[32]DUPUY (P-M), *Le droit international dans un monde pluriculturel*, RIDC. Vol. 38, n° 2, avril-juin 1986, p.594.

répétitivement au droit international. Le volet prescriptif du droit international s'accompagne, donc, « d'un volet répressif en cas de non-respect »[33] des normes qui le forment.

Il émane de ce qui précède que la responsabilité, consistant, de façon générale, « à pouvoir se désigner soi-même comme l'auteur de ses propres actes »[34], et dont le contenu est constitué, en droit, comme soulevé auparavant, de l'« ensemble des relations juridiques nouvelles découlant d'un fait illicite »[35], constitue un des traits déterminants de l'effectivité del'ensemble normatif auquel elle se rapporte.

En résumé, l'accréditation de la notion de responsabilité et de ses corollaires juridiques consistant en la réparation des préjudices engendrés, permet au droit international de conférer à ses normes un caractère coercitif à même d'en renforce l'effectivité.

Les deux sujets de ce droit, en l'occurrence, l'Etat et le collectif d'Etat à savoir les organisations internationales, doivent répondre de leurs actes créateurs de dommages dès lors que ce même droit leur attribue la capacité juridique les habilitant à créer des normes.

« Dans tout ordre juridique, les obligations contractuelles et la responsabilité partagent, en principe, au moins deux caractères : elles constituent deux des éléments fondamentaux de ce droit et entretiennent l'une avec l'autre des relations directes, que l'ordre juridique dont elles font partie s'attache à définir »[36]. C'est justement moyennant la

---

[33]LASCOUMES (P) et SERVERIN (E), *Théories et pratiques de l'effectivité du droit*, in Droit et société, op.cit.,p. 114.
[34]RICOEUR (P), *Responsabilité et fragilité*, in Autres Temps. Les cahiers du christianisme social, n° 36, 1992, p. 8.
[35]SALOMON (J) (sous dir.), *Dictionnaire du droit international public*, Bruxelles, Bruylant, AUF, 2001, p. 995.
[36]DUPUY (P.M), *Droit des traités, codification et responsabilité internationale*, AFDI, Vol. 43, 1977, p. 7.

codification de la responsabilité que l'ordre juridique international s'efforce de délimiter les relations entre la capacité juridique des Etats et des organisations interétatiques d'une part, l'obligation leur incombant, de réparer les préjudices occasionnés par la conduite des missions qu'il leur confère, d'autre part.

Si la codification de la responsabilité de l'Etat[37] n'a pas soulevé des difficultés opérationnelles conséquentes dans la mesure où ce dernier est le sujet primaire du droit international, et que son action peut, facilement, être classée et catégorisée, en vue d'en déterminer le régime de responsabilité, par rapport tant à l'ordre étatique lui-même qu'à l'ordre international, il en est autrement dans le cas des organisations internationales. Celles- ci constituent, certes, des sujets de droit international, mais leurs actions sont toujours menées en étroite liaison avec les ordres juridiques étatiques. D'où la question controversée de l'imputabilité des actes juridiques aux organisations internationales et du contrôle de leurs activités dans lesdits ordres juridiques.

Il en découle que si l'organisation internationale n'est pas autonome, elle ne peut être responsable des actes qui en émanent. Ainsi, l'autonomie décisionnelle de l'organisation internationale, considérée comme une association d'Etats, a exercé une influence directe sur les travaux de codification de sa responsabilité.

A l'égard de ses Etats-membres, l'organisation internationale « exprime une dépendance, qui se marque à la fois dans le processus de décision, entièrement entre les

---

[37]Par la résolution 56/83 du 12 décembre 2001, l'Assemblée générale « prend note des articles sur la responsabilité des Etats pour fait internationalement illicite présentés par la Commission du droit international, etles recommande aux gouvernements, sans préjudice de leur adoption éventuelle ou de toute autre mesure appropriée. Voy. : Recueil des résolutions et des décisions adoptées par l'Assemblée générale A/59/49 (Vol. I),p. 499.

mains d'Etats qui n'ont pas abdiqué leurs intérêts nationaux et dans l'inexistence de ressources humaines et matérielles propres, qui doivent être fournies par les Etats »[38].

En dépit de la prééminence accordée aux souverainetés étatiques, l'ordre juridique international n'est pas stagnant dans la mesure où ses normes ne sont pas négatrices de l'évolution qu'accusent les faits et les rapports internationaux, en particulier après la prolifération et la diversification des organisations internationales, lesquelles organisations affirment leur autonomie et leur rôle de sujet plénier du droit international.

Le professeur VIRALLY explique, dans ce sillage, que bien qu'elle soit le résultat d'un accord interétatique, l'organisation internationale « quel que soit le processus de décision auquel elle est soumise, ses décisions et son action sont bien les siennes même si l'influence déterminante d'un ou de quelques Etats s'est exercée sur elles »[39].

La doctrine, la CDI et la CIJ, entérinent les différences qui existent entre la personnalité juridique dévolue à l'Etat, sujet primaire du droit international, et celle dont bénéficient les organisations interétatiques qui constituent, force est de le rappeler, des sujets dérivés de l'ordre juridique international. Néanmoins, ces différences, bien qu'elles n'en soient pas écartées complètement, ne modifient pas considérablement les règles et les principes de responsabilité applicables aux Etats et aux associations qu'ils créent, à savoir les organisations interétatiques. D'emblée, tant les créateurs que les créatures sont soumis à un régime commun de responsabilité.

---

[38]VIRALLY (M), *Le rôle des organisations internationales dans l'atténuation et le règlement des crises*, in Politique étrangère, n°6 – 1976, 41ème année, p. 534.
[39]Même source, p. 353.

Disposant d'un champ d'intervention délimité, de moyens humains et financiers et d'une personnalité juridique propre, l'organisation internationale est, du point de vue du droit de la responsabilité, un sujet de droit international, doté d'un pouvoir décisionnel distinct de celui dont disposent les Etats-membres et de ce fait, les actes qui en proviennent, en sont effectivement l'œuvre, et s'ils produisent des dommages ou violent des obligations juridiques, ils engagent sa responsabilité. Cette dernière étant le fondement capital de tout système juridique, et une condition sine qua non de sa stabilité et, justement, de sa normativité, des particularités formelles ne peuvent être invoquées pour en entraver l'application. Plus précisément, les organisations interétatiques sont dotées d'une existence juridique propre et si elles commettent des actions contraires à la légalité internationale, elles auront l'obligation d'en réparer les dommages causés aux autres sujets du droit.

Par ailleurs, l'étude de la responsabilité juridique des organisations internationales soulève une pluralité de difficultés. D'abord, le caractère fonctionnel[40] de l'organisation lui accorde une immunité absolue. Dans plusieurs litiges opposant les personnes, ne détenant pas la qualité de sujets de droit international, aux organisations interétatiques, les juridictions nationales se sont déclarées incompétentes pour en connaître et ce, au motif que les

---

[40]La création des organisations internationales, comme nous l'avons déjà soulevé, répond à des objectifs précis en mettant en œuvre des structures fonctionnelles spécialisées. Elles consacrent, de ce fait, le principe de spécialité fonctionnelle en tant qu'un des facteurs poussant les Etats, en leur qualité de sujets primaires du droit international, « *à choisir un mode d'action coopératif c'est-à-dire à s'associer avec d'autres plutôt que de faire cavalier seul. C'est un calcul d'utilité qui est à l'œuvre avec l'idée que les intérêts particuliers (nationaux) et collectifs (internationaux) sont compatibles* ». [Voy. : DEVIN (G), *Les organisations internationales*, 2ème édition, Armand Colin, 2016, p. 16].

sujets dérivés du droit international possèdent une immunité absolue destinée à leur permettre d'accomplir leurs fonctions à l'abri des influences provenant de l'Etat.

En raison de l'inexistence d'un support territorial propre à l'organisation internationale, et étant donné qu'elle est constituée d'Etats-membres qui ne peuvent être négateurs de leurs intérêts particuliers, un mécanisme juridique a été développé pour protéger l'autonomie de l'organisation, en l'occurrence l'immunité.

Concrètement, l'organisation internationale peut se prévaloir d'immunités que lui octroie son statut de sujet du droit international, pour s'exonérer des obligations provenant de l'ordre juridique étatique, dans lequel elle mène ses activités. Les juges nationaux font le plus souvent intervenir l'inexistence d'un texte général en la matière, pour attribuer à l'organisation internationale une immunité absolue.

Et si l'on ramène la problématique de l'immunité accordée à l'organisation internationale aux dispositions du DIH et à celles du DIDH, le même sort se présente. En conséquence, dans la quasi-totalité des situations contentieuses, les juges reconnaissent aux organisations interétatiques une immunité absolue. Par voie de conséquence, le droit au juge, que garantit le DIDH, trouve sa substance dans le recours des organisations interétatiques aux mécanismes arbitraux pour trancher les différends qui les opposent aux personnes privées, c'est-à-dire, aux sujets des ordres juridiques étatiques et même aux Etats. « Le recours d'une organisation à l'arbitrage n'est pas nouveau. En 1938, un tribunal arbitral a réglé le différend opposant la Société des Nations [SdN] à l'Entreprise du Palais des Nations. En 1958, 1965, 1969, 1972, 1982, l'Organisation des Nations Unies [ONU], également, a obtenule règlement de certains différents par l'arbitrage. En 2008, le service juridique du Conseil de l'Europe a affirmé que l'organisation a également fait état de plusieurs arbitrages l'impliquant »[41].

Il importe de mentionner que la multiplicité des recours à l'arbitrage indique que l'action de l'organisation internationale n'est pas exempte de différends, et qu'elle doit, en conséquence, être rattachée à un régime de responsabilité qui répond aux problèmes sécrétés par la diversité des ordres juridiques encadrant son activité.

Or, l'inexistence d'un texte général contraignant régissant la responsabilité du sujet dérivé du droit international, développe un attachement quasi-indéfectible aux mécanismes arbitraux, basés sur les principes de choix des arbitres et des normes de référence. « Hors des banalités, les informations sont toutefois difficiles à obtenir compte tenu du caractère largement confidentiel des procédures arbitrales, auquel les organisations internationales semblent particulièrement attachées »[42].

Il est utile de noter que la CDI reconnait, elle-même, la difficulté d'accès aux informations se rapportant au règlement des différends opposant les organisations interétatiques aux tiers, qu'ils soient des Etats, d'autres organisations interétatiques ou des sujets d'ordres juridiques nationaux, et déclare, à cet égard, que « l'une des principales difficultés rencontrées dans l'élaboration de règles régissant la responsabilité des organisations internationales tient à la rareté de la pratique pertinente. »[43].

La responsabilité de l'organisation internationale, qualifiée par rapport au droit international ou aux règles posées par les ordres juridiques nationaux, n'est mise en

---

[41]BELLIER (S*), A propos de la clause arbitrale dans le règlement des différends de l'organisationinternationale*, AFDI, Vol. 55, 2009, pp. 445 et 446.

[42]Même source, p. 447.

[43]*Projet d'articles sur la responsabilité des organisations internationales, et commentaires y relatifs*, ACDI, 2011, Vol. 2, Commentaire général, 5ème paragraphe.

œuvre qu'à l'intérieur de l'Etat. C'est la raison pour laquelle, nous proposons dans le cadre du présent travail d'inscrire l'étude de la responsabilité du sujet dérivé du droit international dans une **démarche inter-ordres**, en ce sens que si les organisations internationales détiennent la qualité de sujet de droit international, il n'en demeure pas moins qu'elles mènent leurs activités en étroite liaison avec les ordres juridiques étatiques.

Concernant les interférences entre le droit international et les droits nationaux, qui n'ont pas manqué, force est de le soulever, de se répercuter sur l'invocabilité de la responsabilité des organisations internationales dans les ordres internes des Etats, le professeur DOMINICIE note que « les normes juridiques relevant d'un ordre déterminé peuvent avoir pour destinataire n'importe quel sujet de droit, même s'il tient cette qualité d'un autre ordre juridique, et cela vaut aussi bien dans les rapports « horizontaux » entre droit internes que dans les rapports « verticaux » entre droit international et droits internes » »[44].

De son côté, la CIJ mentionne que l'octroi de la personnalité juridique à l'organisation internationale n'implique pas que tous ses droits et ses devoirs « doivent se trouver sur le planinternational »[45].

L'étude de la responsabilité des organisations internationales dans les ordres juridiquesinternes des Etats ne peut, donc, être dissociée des contenus et des corollaires rattachés à leur responsabilité conformément à l'ordre

[44]DOMINICIE (C), *Observations sur la définition du droit des gens*, in L'ordre juridique international entre tradition et innovation (version électronique), Genève : Graduate Institute Publications, 1997, ISBN : 9782940549214. DOI : 10.4000/books.iheid.1335. Consultable sur : https://books.openedition.org/iheid/1335

[45]*Réparation des dommages subis au service des Nations Unies*, Avis consultatif : C.I.J. Recueil 1949, p. 179.

juridique qui les a créées, en l'occurrence l'ordre juridique international.

Il importe, également, de remarquer que même si elle est condamnée à réparer un dommage causé à un sujet de droit interne étatique, l'organisation internationale l'effectue non en tant que sujet ad hoc de l'ordre juridique auquel appartient la partie lésée, mais en tant que sujet de droit international, auquel se rattachent des particularités liées au régime juridique qui régit tant ses aspects matériels que ses manifestations institutionnelles, lesquelles particularités ont été employées par les juridictions nationales, internationales et des droits de l'Homme, pour donner au sujet dérivé du droit international une immunité juridictionnelle absolue.

Plus précisément, le but fondamental que le DIP assigne à l'octroi d'un régime d'immunités aux organisations internationales, en l'occurrence la préservation de leur autonomie fonctionnelle, suscite une crise dans les régimes juridictionnels étatiques et ce, en raison de l'inexistence d'un texte juridique qui délimite l'étendue des immunités accordées aux entités pré-citées. Par voie de conséquence, les juridictions étatiques se déclarent, le plus souvent, incompétentes de connaître des différends impliquant les organisations internationales, en déboutent les victimes de leurs demandes, et font bénéficier, in fine, le sujet dérivé du droit international, d'une immunité absolue

En refusant de mener un contrôle d'adéquation entre le but recherché et l'immunité invoquée, le juge national crée, d'une part une sorte d'antinomie entre le DIP, qui constitue, faut-il le rappeler, la source du régime des immunités, et le DIDH qui, lui, consacre, en tant que droit fondamental de la personne humaine, le droit au juge,

Aussi, en refusant de contrôler la légalité de l'immunité invoquée par l'organisation internationale, le juge étatique attise la problématique de l'extrapolation du principe de la hiérarchie des normes, tel qu'il est accrédité par les Etats à l'intérieur de leurs régimes normatifs respectifs, sur le terrain du droit international, dans la mesure où le sort que le juge national réserve aux recours dirigés contre les organisations internationales, découlerait d'un raisonnement qui confère la primauté au DIP aux dépens du DIDH.

Autrement dit, compte tenu du contenu fonctionnel et spécialisé de leur personnalité juridique, le DIP confère aux organisations internationales un régime d'immunités juridictionnelles visant la préservation de leur autonomie décisionnelle. En dépit de l'inexistence d'un texte juridique qui délimite l'étendue desdites immunités, les juridictions nationales tendent à les faire bénéficier d'une immunité absolue.

Le choix consacré par le juge national crée un lien de conflit et d'antinomie entre d'une part le DIP, en tant que source de l'immunité, et d'autre part le DIDH qui, lui, protège et promeut le droit au juge en lui attribuant la qualité, avec bien évidemment les corollaires juridiques en émanant, de droit fondamental de la personne humaine.

Outre la création du conflit, sus-indiqué, entre le DIP et le DIDH, l'octroi du caractère absolu à l'immunité de juridiction des organisations internationales, opéré par les juges nationaux, suscite la problématique de la greffe du principe de la hiérarchie des normes au droit international, dans la mesure où le choix pré-cité, entérine la primauté du DIP aux dépens du DIDH.

En se déclarant incompétent pour connaître des litiges impliquant une organisation internationale, le juge national s'abstient toute immixtion dans la mission dévolue aux Etats, consistant en la production des normes internationales et confère la suprématie normative au DIP.

Ainsi, la présente étude porte sur un sujet qui nourrit des débats controversés, en l'occurrence la responsabilité des organisations internationales à l'intérieur des régimes juridiques étatiques. Elle traite, en particulier, de la justiciabilité de l'organisation internationale devant le juge national dans un environnement juridique hétéroclite où ledit juge mobilise des normes de référence variées et, parfois, contradictoires.

En sus de la diversité des normes de référence, l'environnement juridique, sus- mentionné, est façonné par l'adoption des articles de la CDI se rapportant à la responsabilité des organisations internationales, lesquels articles, bien qu'ils ne soient pas revêtus de l'effet contraignant direct, peuvent constituer des normes de référence pour le juge national qui peut, de ce fait, s'en inspirer pour motiver ses décisions et ce, à l'instar de la CIJ qui, dans son arrêt du 25 septembre 1997 relatif à l'affaire du « Projet Gabčíkovo-Nagymaros »[46] « ne mentionne pas moins de sept dispositions du projet d'articles sur la responsabilité des Etats »[47].

Sur la base de ce qui précède, la présente étude essaie d'étudier et de cerner l'invocabilité d'une responsabilité, internationalement définie, dans les ordres juridiques nationaux, en présentant et questionnant les solutions que les juridictions étatiques apportent au dilemme entre un ensemble normatif consacrant l'immunité juridictionnelle (le DIP) et un ensemble normatif, consacrant, lui, le droit au juge (le DIDH), dans un environnement juridique qui méconnait le principe de la hiérarchie des normes (le droit international). Aussi, y seront présentées et analysées les raisons susceptibles d'expliquer, d'une part l'inexistence d'un contrôle judiciaire d'adéquation entre le but assigné à

[46] *Projet Gabčíkovo-Nagymaros (Hongrie/Slovaquie)*, arrêt, C.I.J. Recueil 1997, p.7

[47] PELLET (A), *Les articles de la CDI sur la responsabilité de l'Etat pour fait internationalement illicite. Suite –et fin ?*, AFDI, Vol. 48, 2002, p. 2.

l'organisation internationale et l'immunité invoquée en vue de sa satisfaction, et d'autre part la non-soumission des organisations internationales au mécanisme conventionnel séparant les actes d'autorité de ceux de gestion[48], opposable depuis longtemps, à leurs créateurs que sont les Etats.

De plus, la présente étude essaie de contribuer à l'encadrement et à la définition du statut juridique des organisations internationales dans les ordres nationaux, en mobilisant les solutions fournies aussi bien par le droit international que par les ordres juridiques étatiques. En effet, le contrôle des activités menées par les souverainetés fonctionnelles du droit international doit, d'abord, se placer dans le sillage proprement judiciaire, constitué d'une pluralité de juridictions : nationales, internationales et celles des droits de l'Homme.

La juridictionnalisation des activités menées par les sujets dérivés du droit international assure, au moins, deux objectifs d'importance indéniable. D'une part, elle permet de soumettre les organisations internationales, dont l'opacité caractérisant la gestion a été solennellement

---

[48]L'adoption, le 2 décembre 2004, de la Convention des Nations Unies sur les immunités juridictionnelles des Etats introduit « *une distinction entre les activités souveraines (acta jure imperii) pour lesquels les Etats bénéficient d'immunité juridictionnelle, et les activités privées (acta jure gestionis)* » [Voy. HAFNER (G), LANGE (L), *La Convention des Nations Unies sur les immunités juridictionnelles des Etats et de leurs biens*, AFDI, Vol. 50, 2004, p. 45] qui, elles, s'y soustraient. Il est utile de noter que la distinction, pré-citée, est également reconnue par les ordres juridiques étatiques. En effet, à l'occasion de la décision Société commerciale de l'Ouest africain, intervenue le 22 janvier 1921, le Tribunal des conflits en France juge que l'Etat peut créer des établissements publics fonctionnant comme des entreprises privées, auquel cas, l'Etat, bien qu'il soit personne morale de droit public, se soumet au droit des particuliers. [Voy. Tribunal des conflits – 22 janvier 1921 – Société commerciale de l'Ouest africain – Recueil. Lebon, p. 91.]

décriée par la CDI[49], aux principes de responsabilité et de reddition des comptes.

D'autre part, la soumission au contrôle juridictionnel ne signifie pas que les organisations concernées soient interdites de mobiliser les modes alternatifs de règlement de différends ; bien au contraire, l'emploi des mécanismes arbitraux ou extra-judiciaires, pourvu qu'ils soient susceptibles de recours devant des instances proprement judiciaires, crédibilise les organisations internationales et les pousse à confectionner des règlements à l'amiable davantage respectueux des droits de leurs partenaires quel que soit leur statut juridique : des Etats, d'autres organisations internationales ou des personnes juridiques ne détenant pas la qualité de sujets de droit international.

Sur la base de ce qui précède, cette étude analyse la genèse de la codification de la responsabilité de l'organisation internationale en portant un intérêt particulier sur le rôle secondaire ayant été accordé aux juridictions étatiques lors de la construction dudit contexte, en ce sens qu'elles n'y ont été que les destinataires désarmés des conséquences d'une œuvre politico-juridique décidée à l'échelle strictement interétatique.

---

[49]Parmi les difficultés rencontrées dans l'élaboration des articles relatifs à la responsabilité des organisations internationales, la CDI note que « *la pratique pertinente résultant d'échanges de correspondance n'est peut-être pas toujours facile à retrouver, et ni les organisations internationales ni les Etats ne sont toujours désireux de la divulguer* » [Voy. *Projet d'articles sur la responsabilité des organisations internationales, et commentaires y relatifs*, ACDI, 2011, Vol. 2, Commentaire général, 5ème paragraphe].

CHAPITRE 1. LES SOUBASSEMENTS DE LA RESPONSABILITÉ DES ORGANISATIONS INTERNATIONALES

L'adoption de textes, à caractère général, régissant la responsabilité juridique des organisations internationales constitue un changement important dans le processus de judiciarisation des relations internationales. Une partie de la doctrine a donné, à ce changement, l'appellation d'« ordre post-westphalien »[50]. Cet ordre se caractérise par une restructuration des postulats du droit international classique, en particulier la souveraineté étatique et le régime des immunités accordés aux Etats et aux organisations internationales, en tant que sujets de droit international.

Ainsi, le rétrécissement de l'étendue des immunités, dont la création remonte à l'émergence de l'Etat-Nation et de l'organisation internationale en sa qualité d'outil de régulation pacifique des relations inter-gouvernementales, contribue à la consécration de la responsabilité des deux sujets de droit international sus-indiqués, et par voie de conséquence, l'effectivité normative du droit international, passant, ainsi, d'un outil de régulation plutôt politique à un outil basé sur une régulation juridique, se trouve consolidée **(Section 1).**

---

[50]L'« *ordre post-westphalien* » est une expression employée par une partie de la doctrine pour désigner les changements qui affectent le mode de régulation des relations et rapports internationaux. Après avoir été basé sur la régulation politique, ce mode fait intervenir progressivement les instruments de la régulation juridique dans le giron de laquelle s'inscrit la responsabilité. L'« *ordre post-westphalien* » serait, donc, un nouvel ordre international, fondé sur la régulation juridique des crises et des différends. [Voy. VALASKAKIS (K), *Le début d'une ère post-westphalienne ?*, in Futuribles, Novembre 2001, p. 61-64].

Aussi, l'étude des contours de la responsabilité d'une structure inter-étatique nécessite la présentation et l'analyse de l'évolution de la responsabilité de ses membres.

La délimitation de la responsabilité de l'organisation internationale, tant sur le terrain du droit international que sur celui du droit national, ne peut s'effectuer qu'à travers un diagnostic détaillé des liaisons qu'elle établit avec la portée de la responsabilité juridique de son créateur.

L'infléchissement du droit de la responsabilité des organisations internationales par les ensembles normatifs qui encadrent la responsabilité de l'Etat, rend utile l'analyse de la genèse et de la transformation de la responsabilité étatique **(Section 2).**

De plus, la mise en œuvre de la responsabilité individuelle, renforcée par l'évolution de la justice pénale internationale et du DIDH, consolide les acquis obtenus en matière de responsabilité indemnitaire, et pose les bases d'une responsabilité personnelle. Il serait, donc, utile d'étudier les rapports et les mécanismes que le droit pénal international, lié, faut-il le mentionner, à un domaine générateur de différends et de désaccords tant politiques que doctrinaux, à savoir l'application du DIH et du DIDH, entreprennent avec la responsabilité des organisations internationales[51].

---

[51]Les régimes de responsabilité instaurés par le DIDH et le DIH reposent sur l'individualisation de la sanction. A côté de la responsabilité indemnitaire, à caractère civil, la responsabilité individuelle promeut l'effectivité de la norme internationale et fragilise la tendance classique du droit international basée sur l'octroi de privilèges et d'avantages exorbitants à des personnes ou entités particulières. En raison de l'instauration de la responsabilité individuelle, « *on est passé d'une situation d'impunité générale (...) à l'affirmation d'une responsabilité internationale de nature pénale* », [Voy. FENET (A), *la responsabilité pénale internationale du chef de l'Etat*, in Revue générale de droit, Vol. 32, N° 3, 2002, p. 587].

Les points d'intersection et d'influence entre l'individualisation de la sanction applicable à un comportement contraire au droit, permettraient de rendre compte du processus d'extrapolation de la dyade « responsabilité indemnitaire / responsabilité personnelle » sur le terrain du droit international **(Section 3).**

SECTION 1. L'ABSOLUTISATION DE L'IMMUNITÉ JURIDICTIONNELLE DE L'ORGANISATION INTERNATIONALE

L'institution des immunités remonte au contexte de formation de l'ONU en tant qu'instrument collectif de régulation des équilibres mondiaux issus de la Deuxième Guerre mondiale. En effet, « avant 1945, il n'existait pas de réglementations multilatérales relatives aux privilèges et immunités des organismes internationaux. Les rares textes existantsconcernaient uniquement le personnel de certains de ces organismes ». Sous l'égide de la SdN, seul le personnel en relevant jouissait du régime des privilèges et immunités[52].

La création de l'ONU introduit un changement important en matière d'immunités et privilèges en ce sens que sa Charte constitutive énonce, explicitement, qu'elle est dotée des privilèges et immunités nécessaires à la mise en œuvre des missions qui lui incombent[53].

La normalisation des privilèges et des immunités par l'ONU s'explique, entre autres, par l'inertie ayant marqué l'action de sa devancière (la SdN) et qui a principalement découlé de l'inexistence d'un régime d'immunités d'ordre institutionnel.

Nous essaierons, donc, de cerner la portée des immunités accordées aux organisations internationales à travers l'interprétation que la justice étatique leur a accordé (1er paragraphe), avant de nous intéresser aux situations d'inopposabilité et qui ont, conviendrait-il de le rappeler,

---

[52]L'alinéa 4 de l'article 7 du Pacte de la SdN énonce que : « *les représentants des membres de la Société et sesagents jouissent dans l'exercice de leurs fonctions des privilèges et immunités diplomatiques* ».

[53]L'article 105 de la Charte de l'ONU dispose que : « *l'Organisation jouit, sur le territoire de chacun de sesMembres des privilèges et immunités qui lui sont nécessaires pour atteindre ses buts* ».

influé sur la codification et le développement progressif de la responsabilité juridique desdites organisations (2ème paragraphe).

PARAGRAPHE 1. L'INTERPRÉTATION JUDICIAIRE

En application de la théorie de l'extra-territorialité telle qu'extensivement définie[54], et à l'instar des Etats, les organisations internationales sont dotées d'un régime d'immunité juridictionnelle destiné à leur permettre de mettre en œuvre, de manière autonome, les missions qui leur sont dévolues (A).

Cependant, le caractère absolu de l'immunité de juridiction conférée aux organisationsinternationales enraie leur justiciabilité devant les juridictions étatiques et met à mal les droits de leurs partenaires en particulier ceux ne détenant pas la personnalité juridique internationale (B).

A. LE PRINCIPE DE L'IMMUNITÉ JURIDICTIONNELLE

Les privilèges et immunités puisent leur substance dans deux sources importantes :

- Les sources conventionnelles constituées fondamentalement des traités constitutifs desorganisations internationales ;
- Les sources coutumières qui, moyennant l'évolution des processus de codification du droit international, consolident la substance du droit des privilèges et immunités des organisations internationales.

---

[54]La théorie de l'extra-territorialité consiste à considérer que le territoire sur lequel est installée une représentation diplomatique fait partie du territoire national de l'Etat au nom et pour le compte duquel elle agit. En conséquence, la théorie de l'extraterritorialité constitue un des substrats du concept de privilège car elle en incarne la raison d'être. Malgré son importance, étant le plus souvent imputée à Grotius, ladite théorie est largement remplacée par celle de l'intérêt de la fonction. [Voir. CAHIER (P), *Le droit diplomatique contemporain*, Genève, 1964, p. 67.]

La source formelle originelle des privilèges et immunités des organisations internationales demeure la Charte des Nations Unies disposant que l'Organisation « jouirait des privilèges et des immunités sur le territoire de chacun des Etats-membres, sans faire aucune distinction entre l'Etat du siège et les autres »[55].

Il s'ensuit que la Charte de l'ONU, en étendant la protection immunitaire non seulement au territoire de l'Etat de siège, mais aussi à ceux de tous les Etats-membres, a apporté une solution pratique à un problème fonctionnel majeur qui réside dans le fait que l'organisation internationale ne détient pas, au même titre que l'Etat, un territoire propre.

Toutefois, la solution fonctionnelle pré-citée a considérablement entravé les processusde codification de justiciabilité de l'organisation internationale devant les juridictions tant nationales que celles des droits de l'Homme, dans la mesure où elle en découlait que le sujet dérivé du droit international était doté d'un régime général d'immunités qui ne faciliterait pas les efforts tendant à le soumettre aux principes de reddition des comptes et de responsabilité, en particulier, dans le cas où il commettrait un comportement générateur de dommages.

Le choix consistant en l'octroi d'une portée absolue au régime des immunités instituées au profit des organisations internationales, a été adoptée par les organismes internationaux ayant été institués après l'ONU.

De leur côté, les statuts et les chartes constitutifs des organisations inter- gouvernementales régionales ont adopté ce qui s'est transformé en une sorte de tradition

---

[55]DINH QUOC (N), *Les privilèges et immunités des organismes internationaux d'après les jurisprudences nationales depuis 1945*, AFDI, 1957, Vol. 3, N° 1, p. 262.

bénéficiant de l'assentiment de l'ONU, en instituant à leur profit, des régimes généraux d'immunités et de privilèges.

En guise d'illustration, l'article II de la Convention de l'organisation de l'Unité africaine (OUA), portant sur les privilèges et immunités de cette organisation, énonce : « (…) l'Organisation de l'Unité Africaine, ses locaux, ses immeubles, ses avoirs et autres biens, où qu'ils se trouvent et quel qu'en soit le détenteur, jouissent de l'immunité de juridiction sauf dans la mesure où l'Organisation y a expressément renoncé dans des cas particuliers, conformément aux dispositions de la présente Convention générale. Il est toutefois entendu que la renonciation ne peut s'étendre à des mesures d'exécution. 2. Les locaux et les immeubles de l'Organisation de l'Unité Africaine sont inviolables. Ses biens et avoirs, où qu'ils se trouvent et quel qu'en soit le détenteur, sont exempts de perquisition, de réquisition, de confiscation, d'expropriation ou de toute autre forme de contrainte exécutive, judiciaire ou législative. (…) 5. Cependant, dans l'exercice des droits qui lui sont accordés en vertu du paragraphe 4, l'Organisation de l'Unité Africaine tiendra compte de tous griefs pouvant être formulés par le Gouvernement d'un Etat membre, dans la mesure où elle estimera pouvoir y donner suite sans porter préjudice à ses propres intérêts »[56].

Il faut observer que l'article, sus-indiqué, n'est qu'une reproduction pure et simple de la définition et l'étendue que l'ONU a conférées aux privilèges et immunités qui doivent être reconnues aux organisations internationales pour qu'elles exercent de manière autonome leurs missions[57].

---

[56]Article II de la Convention de l'OUA sur les privilèges et immunités.

[57]Il importe de préciser que les dispositions de l'article II de la Convention de l'OUA sur les privilèges et immunités n'est qu'une reproduction quasi-littérale des dispositions de l'article II de la Convention sur les privilèges et immunités des Nations-Unies.

Il en émane, donc, un mimétisme juridique s'inscrivant dans une tradition onusienne omniprésente, et qui continue d'être utilisé dans la préparation des traités et autres instruments internationaux destinés à la création d'organisations internationales. En effet, celles-ci s'appuient sur les dispositions de la Charte de l'ONU pour instituer, à leur profit, des immunités juridictionnelles très étendues voire absolues.

Il ressort du texte de l'article II précédemment mentionné, que la conception initiale des privilèges et immunités s'opposait à l'idée même de soumettre les organisations internationales au mécanisme de la responsabilité, et ce en favorisant la genèse d'un véritable corps juridique conventionnel de privilèges et immunités, qui profitaient aux organisations internationales, toutes catégories confondues.

Cependant, le droit des immunités et des privilèges accordés aux organisations internationales, engendre un dilemme ardu se manifestant essentiellement dans le constat suivant : les organisations internationales, à l'occasion de l'exercice de leurs fonctions, appliquent des règles revêtant un caractère fondamentalement international et ce, bien que leur action s'opérationnalise sur les territoires étatiques et en partenariat avec les personnes juridiques relevant des ordres juridiques nationaux.

En conséquence, le droit des immunités et des privilèges, dévolus aux organisations internationales, « régit, en quelque sorte, l'aspect « interne » de la condition juridique de ces organismes, en tant qu'ils sont établis et exercent leurs activités à l'intérieur des Etats ; c'est-à-dire, d'un corps de règles d'origine internationale certes, mais qui, par leur objet, ont finalement pour champ d'action, l'ordre interne »[58].

Comme nous l'avons soulevé auparavant, le droit commun régissant le régime des immunités et privilèges accordés aux organisations internationales, est posé par l'article 105de la Charte de l'ONU, lequel article énonce de manière solennelle que l'ONU se dote desditsprivilèges et immunités en vue de la concrétisation de ses missions.

En d'autres termes, les privilèges et les immunités constituent non une finalité, mais plutôt un instrument moyennant lequel l'ONU peut réaliser ses buts consistant en la préservation de la paix et de la sécurité à l'échelle planétaire.

Notons que la réception de l'article 105 par les juridictions des Etats-membres a engendré une vocation jurisprudentielle, tendant à conférer un champ d'application fluctuant et mutable aux privilèges et immunités et ce, pour qu'il ne soit pas utilisé abusivement.

Néanmoins, la portée de cette œuvre jurisprudentielle, ayant été source de témérité et d'originalité à l'égard de l'Etat, reste très limitée vis-à-vis du caractère absolu que la pratique judiciaire ne cesse de conférer aux immunités et privilèges des organisations internationales[59].

---

[58]DINH QUOC, *Les privilèges et immunités des organismes internationaux d'après les jurisprudences nationales depuis 1945,* op.cit. p. 263.

[59]Le plus souvent, les juridictions étatiques accordent aux organisations internationales une immunité juridictionnelle absolue, en opposant une fin de non-recevoir aux recours visant à les déclarer débitrices. Cependant, un dilemme se pose avec acuité dans la mesure où la motivation de l'irrecevabilité de ces recours, par l'inexistence d'un texte juridique fixant la portée de l'immunité du sujet dérivé du droit international, peut être, également, invoquée pour soumettre les organisations internationales à la compétence du juge national. La diversité, ne manquant pas de susciter des solutions antinomiques, des sorts que les juridictions étatiques confèrent aux litiges impliquant les organisations internationales, exige, comme nous l'avons soulevé,

Il importe de mentionner que les dispositions de l'article 105, sus-indiqué, se caractérisent par une sorte de généralisme excessif ; c'est la raison pour laquelle, l'Organisation mondiale a mis en œuvre la Convention sur les privilèges et immunités des Nations-Unies en vue, justement, de cerner les mécanismes opérationnels desdits privilèges.

La Convention, sus-indiquée, délimite les domaines dans lesquels l'ONU bénéficie, ainsi que ses membres et ses fonctionnaires, des privilèges et immunités liés à la conduite indépendante et autonome des missions qui leur incombent. Cependant, ni cette Convention ni celles relatives aux institutions spécialisées n'ont pas défini clairement les vocables-clés : « privilège » et « immunité ».

Ainsi, la totalité des conventions et traités définissent le privilège en faisant intervenir ses manifestations : protection, exonération fiscale, inviolabilité, avantages etc.

Dans les faits, la Convention précitée n'a pas délimité l'étendue des privilèges et immunités accordés à l'ONU, posés en termes extensifs et globaux par l'article 105 de la Charte ; bien au contraire, elle les a approfondis et consolidés en leur conférant une portée très étendue.

De manière générale, et sans qu'une définition claire s'en dégage, les textes internationaux portant sur les privilèges et immunités, sont restés fidèles à la condition

---

auparavant, l'extension des dispositions conventionnelles séparant les actes d'autorité de ceux de gestion, applicables aux Etats, aux organisations interétatiques. Il convient de préciser à cet égard qu'à l'occasion de l'examen de litiges engageant les organisations internationales, certaines juridictions étatiques ont opéré la distinction pré-citée et décidé, in fine, de soumettre lesdites organisations à leur compétence. Nous avons consacré des développements détaillés à ces arrêts dans le présent chapitre (Notamment ceux ayant été pris par les juridictions américaine et italienne).

évoquée dans l'article 105 de la Charte de l'ONU [60] qui lie l'octroi des privilèges aux nécessités de bonne réalisation des buts incombant à l'organisation internationale concernée.

De ce fait, les Conventions de Vienne relatives, respectivement, aux relations diplomatiques et aux relations consulaires[61], précisent expressément que l'octroi des privilèges et immunités correspond aux nécessités du bon et du libre fonctionnement des organismes qui en bénéficient.

Comme soulevé auparavant, les immunités et privilèges reconnus aux organisations internationales, découlent de la Convention sur les privilèges et immunités des Nations-Unies.Basée elle-même sur l'article 105 de la Charte des Nations Unies, ladite Convention fournit le fondement général desdits privilèges, en ce sens que tous les textes adoptés postérieurement, par les organisations internationales s'en inspirent profondément au point d'en constituer des reproductions littérales.

Ainsi, les locaux de l'organisation internationale sont inviolables[62]. Ses biens et avoirs,où qu'ils se trouvent et

---

[60]La Convention sur les privilèges et immunités des institutions spécialisées énonce, dans son article II, que :
« *Les institutions spécialisées, leurs biens et avoirs, en quelque endroit qu'ils se trouvent et quel qu'en soit le détenteur, jouissent de l'immunité de juridiction, sauf dans la mesure où elles y ont expressément renoncé dans un cas particulier. Il est entendu toutefois que la renonciation ne peut s'étendre à des mesures d'exécution* ». L'article V de la même Convention fait ressortir expressément la téléologie fonctionnelle des immunités et privilèges en énonçant que : « *Les représentants des membres aux réunions convoquées par une institution spécialisée jouissent, pendant l'exercice de leurs fonctions et au cours de leurs voyages à destination ou en provenance du lieu de la réunion, des privilèges et immunités (...)* ».

[61]Conventions de Vienne relatives, respectivement, aux relations diplomatiques et aux relations consulaires.

[62]Convention sur les privilèges et immunités des Nations-Unies.

quel que soit leur détenteur, sont exempts de perquisition, réquisition, confiscation, expropriation ou de toute autre forme de contrainte exécutive, administrative, judiciaire ou législative.

Les archives de l'organisation, et d'une manière générale, tous les documents lui appartenant ou détenus par elle, sont inviolables, où qu'ils se trouvent. Aussi, l'organisation internationale a droit à des facilités de gestion financière. Elle bénéficie, également, d'exonérations fiscales et de facilités de communications.

L'organisation internationale exerce, donc, sa capacité de jouissance dans les conditions la rendant apte à mener de manière indépendante ses missions, lesquelles conditions, étant fixées par voie conventionnelle, sont garanties par l'Etat-membre, qu'il soit de siège ou non, dans la mesure où lesdites conditions sont, d'évidence, le résultat du consentement préalable de l'Etat aux règles conventionnelles ayant institué les organisations internationales elles-mêmes et les immunités et les privilèges à leur profit.

Et, étant une personne morale, l'organisation internationale se fait représenter par des fonctionnaires agissant en son nom et pour son compte qui, par conséquent, sont assujettis aux privilèges et immunités reconnus aux agents diplomatiques [63]. A cet effet, la

---

[63]Il importe de préciser à cet égard que le statut des agents, c'est-à-dire, des individus agissant au nom et pour le compte d'une organisation internationale constitue le substrat de l'avis de la CIJ ayant reconnu à celle-ci le droit de faire une réclamation internationale à l'effet de se faire indemniser. La CIJ a même donné une acception extensive à la notion d'agent de l'organisation internationale pour permettre à cette dernière d'exiger le dédommagement des préjudices qu'elle aura subis à l'occasion de la mise en œuvre de ses missions. « *Il est remarquable que, si certaines dispositions de la Charte des Nations Unies utilisent le terme « organes », la CIJ, lorsqu'elle a examiné le statut de personnes agissant pour le compte de l'ONU, a considéré comme seul pertinent le fait qu'une personne s'est vu conférer des fonctions par un*

Convention sur les privilèges et immunités des Nations-Unies énonce : « Les fonctionnaires (...) :

a) jouiront de l'immunité de juridiction pour les actes accomplis par eux en leur qualité officielle (y compris leurs paroles et écrits) ;

b) seront exonérés de tout impôt sur les traitements et émoluments versés par l'Organisation des Nations Unies ;

c) seront exempts de toute obligation relative au service national ;

d) ne seront pas soumis, non plus que leurs conjoints et les membres de leur famille vivant à leur charge, aux dispositions limitant l'immigration et aux formalités d'enregistrement des étrangers ;

e) jouiront, en ce qui concerne les facilités de change, des mêmes privilèges que les fonctionnaires d'un rang comparable appartenant aux missions diplomatiques accréditées auprèsdu Gouvernement intéressé ;

f) jouiront, ainsi que leurs conjoints et les membres de leur famille vivant à leur charge, des mêmes facilités de rapatriement que les envoyés diplomatiques en période de crise internationale ;

g) jouiront du droit d'importer en franchise leur mobilier et leurs effets à l'occasion de leur première prise de fonction dans le pays intéressé »[64].

Ces dispositions sont contenues dans tous les traités, conventions, statuts ou pactes constitutifs des organisations internationales quel que soit leur objet. A titre d'exemple, les textes réglementant les privilèges et immunités des institutions

---

organe de l'Organisation. La Cour a utilisé le terme « agent » et n'a pas accordé d'importance au fait qu'une personne avait ou n'avait pas un statut officiel », Responsabilité des organisations internationales (Point 2 de l'ordre du jour), Document A/CN.4/541, *Deuxième rapport sur la responsabilité des organisations internationales*, par M. Giorgio GAJA, Rapporteur spécial, p. 7.

[64]Article V, section 18, de la Convention sur les privilèges et immunités des Nations-Unies.

spécialisées[65] contiennent les mêmes dispositions que celles posées par la Convention sur les privilèges et immunités des Nations- Unies.

Sur la base des développements ci-dessus, nous pouvons valablement soutenir que l'octroi desprivilèges et immunités aux organisations internationales, découlent du fait qu'elles détiennent la personnalité juridique. Cet attribut les dote de la capacité de jouissance se manifestant dans :

- La conclusion de contrats en droit international (des traités) et en droit interne ;
- La disposition de biens ;
- Le recours à la justice.

Cependant, il importe de mentionner que la capacité contractuelle n'est pas, machinalement, tributaire de l'acquisition de l'attribut d'entité dotée d'une existence juridique propre. Ainsi, « la thèse selon laquelle l'entité qui a le pouvoir d'accomplir certains actes juridiques (...) serait par là même dotée d'une personnalité juridique propre appelle (...) certaines réserves.

Certes, la proposition inverse à savoir que l'organe doté d'une personnalité juridique propre possède nécessairement une capacité juridique ne fait pas de doute, mais il nous

---

[65]Conformément à l'article I, Section 1, de la Convention sur les privilèges et immunités des institutionsspécialisées, celles-ci sont :

a) L'Organisation internationale du Travail ;
b) L'Organisation des Nations Unies pour l'alimentation et l'agriculture ;
c) L'Organisation des Nations Unies pour l'éducation, la science et la culture ;
d) L'Organisation de l'aviation civile internationale ;
e) Le Fonds monétaire et international ;
f) La Banque internationale pour la reconstruction et la mise en valeur ;
g) L'Organisation mondiale de la santé ;
h) L'Union postale universelle ;
i) L'Union internationale des télécommunications ;
j) Toute autre institution reliée à l'Organisation des Nations Unies conformément aux articles 57 et 63 de laCharte.

semble que pour savoir si un organe doté de la capacité juridique peut aussi être réputé avoir une personnalité juridique propre, il faut dans chaque cas se reporter aux termes de son instrument constitutif.

Notre point de vue repose sur la pratique constatée à l'ONU touchant divers organes subsidiaires. Le PNUD par exemple, qui a la capacité de conclure des accords internationauxen son nom propre et qui a compétence pour accomplir d'autres actes juridiques, n'est pas considéré comme ayant une personnalité juridique propre, distincte de celle de l'ONU.

Les accords internationaux conclus par le PNUD sont enregistrés d'office par le Secrétariat en application de l'article 4 du Règlement concernant l'enregistrement et la publication des traités et accords internationaux. De même, le PNUD jouit des privilèges et immunités des Nations-Unies de par son statut d'organe subsidiaire de l'Organisation, et cette droite demeure opposable à tous les Etats, qu'ils aient ou non conclu avec lui un accord de base disposant que la Convention sur les privilèges et immunités des Nations Unies lui est applicable »[66].

Un ensemble de conclusions peuvent être élaborées à partir de la relation que la CDI établit entre la personnalité juridique d'une part et la capacité contractuelle d'autre part.

D'abord, une institution peut exercer des activités à caractère international susceptibles d'engager sa responsabilité conformément au droit international dès lors qu'elle se rattache à l'ONU et qu'elle peut établir, sur la base de ce rattachement, des accords internationaux. Nous pouvons rappeler l'exemple cité par la CDI, en l'occurrence, le PNUD. En effet, ce dernier constitue un

[66] *Statuts, privilèges et immunités des organisations internationales, de leurs fonctionnaires, experts etc.*, ACDI, 1985, Vol. II(1) / Add.1, p. 160.

organe subsidiaire[67] des Nations Unies qui peut, bien qu'il ne soit pas doté de la personnalité juridique internationale, conclure des accords internationaux.

La CDI a, donc, retenu, principalement, le critère matériel pour la détermination de la qualification d'un contrat passé par une instance internationale, dénuée de la personnalité juridique.

Aussi, il ressort du raisonnement suivi par la CDI que la capacité de contracter des accords internationaux est réputée acquise dès lors que la Convention sur les privilèges et immunités des Nations-Unies s'applique à l'institution émettrice de l'acte contractuel en question.

Compte tenu de ce qui précède, la dimension à la fois fonctionnelle et téléologique des privilèges et immunités permet de réaliser deux objectifs importants quant à la qualification et l'adéquation d'un comportement dommageable émanant d'une organisation internationale. Nous pouvons soutenir, d'emblée, que :

- Si l'institution en question bénéficie des privilèges et immunités, sa responsabilité conformément au droit international et dans les ordres juridiques étatiques peut être engagée ;
- A contrario, si l'institution en question ne bénéficie pas des privilèges et immunités données aux

[67]La création des organes subsidiaires est prévue par la Charte des Nations Unies. En effet, l'article 7 de la Charte énonce que : « *(...) (2) les organes subsidiaires qui se révéleraient nécessaires pourront être créés conformément à la présente Charte* ». Aussi, l'article 22 dispose que « *l'Assemblée générale peut créer les organes subsidiaires qu'elle juge nécessaires à l'exercice de ses fonctions* ». Dans les mêmes termes, l'article 29dispose que : « *le Conseil de sécurité peut créer les organes subsidiaires qu'il juge nécessaires à l'exercice de ses fonctions* ». Les organes subsidiaires sont, donc, des institutions rattachées au système des Nations Unies chargés de questions sectorielles ou « *ad hoc* ». Leur rôle consiste à fournir l'assistance technique ou à accomplir des missions spéciales au nom et pour le compte de l'organe de l'ONU qui les a institués.

organisations internationales, sa responsabilité juridique ne peut être déclenchée qu'au moyen du droit national ou transnational, selon le mode de règlement de litiges mis en œuvre, même si son activité exerce des influences importantes sur les relations internationales.

Les privilèges et les immunités seraient, donc, un moyen permettant au juge de qualifier une situation dommageable, impliquant une institution poursuivant des activités juridiques à l'intérieur d'un ou de plusieurs ordres juridiques étatiques.

En propos succincts, si une institution internationale bénéficie des privilèges et immunités reconnus à l'ONU, les actes juridiques qu'elle accomplit seront qualifiables en application du droit international.

B. LE CONTRÔLE D'ADÉQUATION ENTRE L'IMMUNITÉ JURIDICTIONNELLE ET SES BUTS

Dans l'optique judiciaire, la soumission d'une institution internationale aux privilèges et immunités tant reconnus à l'ONU qu'aux institutions spécialisées, sans omettre dans ce cas que l'ONU et les institutions spécialisées peuvent faire bénéficier leurs instances subsidiaires desdits privilèges et immunités[68], lui octroie un attribut de souveraineté similaire à celui dont jouit l'Etat.

Par voie d'exemple, dans l'affaire « Menon (1973) », l'épouse séparée d'un fonctionnaire non-résident de l'ONU contestait la décision par laquelle les juges de la Family Court avaient refusé d'enjoindre à l'Organisation d'exposer les raisons qui s'opposaient à la saisie-arrêt des salaires de son mari pour assurer la subsistance de la demanderesse et celle de son enfant mineur.

---

[68] Voir supra.

La Cour a déclaré que la loi exempte, expressément, toute entité souveraine de la juridiction des tribunaux des Etats-Unis, à moins que cette entité souveraine consente elle- même à s'y soumettre.

La Cour a considéré, en outre, que l'ONU « jouit de la souveraineté et peut faire bénéficier ses fonctionnaires et agents de cette protection [...] » et que « ni la Cour suprêmeni la Family Court n'ont compétence pour contester le statut souverain de l'Organisation des Nations-Unies applicable à son personnel et à ses agents responsables de ses opérations financières[69] ».

A l'occasion de l'arrêt relatif à l'affaire « Manderlier c. Organisations des Nations- Unies et Etat belge », pris en 1966, le juge national confirme l'immunité de juridiction dont bénéficie l'ONU en se référant à la Convention sur les privilèges et immunités des Nations- Unies.

En l'espèce, « le demandeur avait intenté une action devant le tribunal de première instance de Bruxelles en vue d'obtenir de l'ONU ou du Gouvernement belge, ou de l'un et l'autre solidairement, des dommages-intérêts en raison du préjudice qu'il prétendait avoir subi « à la suite d'exactions commises au Congo par les troupes de l'Organisation ».

Le tribunal a déclaré l'action non recevable en tant qu'intentée contre l'ONU, bénéficiaire d'une immunité de juridiction en vertu de la section 2 de la Convention du 13 février 1946 sur les privilèges et immunités des Nations Unies »[70].

Dans l'affaire citée en haut, le requérant invoque la condition instituée par l'article 105 de la Charte de l'ONU, conformément à laquelle les privilèges et immunités ne profitent à celle-ci que s'ils sont nécessaires à la réalisation de ses objectifs tels que posés par la Charte.

---

[69]ACDI, 1985, op.cit, p. 169.
[70]Même source, p. 170.

En d'autres termes, le requérant veut montrer que les privilèges et immunités s'effacent chaque fois qu'ils ne sont pas justifiés par des nécessités d'ordre fonctionnel et que, par conséquent, si l'ONU commet un acte dommageable, elle engage sa responsabilité indemnitaire dès lors qu'elle ne le justifie pas par les exigences découlant de la poursuite des buts qui lui sont assignés par sa Charte.

Pour la CDI, « l'argument, invoqué par le demandeur, selon lequel l'Article 105 de la Charte des Nations-Unies ne reconnaît à l'ONU comme privilèges et immunités que ceux qui lui sont nécessaires pour atteindre ses buts, le tribunal de première instance de Bruxelles a répondu que la section 2 de la Convention alloue une immunité de juridiction générale et que,ladite Convention et la Charte ayant la même valeur, la première, en date du 13 février 1946, ne peut restreindre la portée de la seconde, qui date du 26 juin 1945. Ce jugement a été confirmé par la Cour d'appel de Bruxelles dans sa décision du 15 septembre 1969. Cette cour a ajouté qu'en adhérant à la Convention du 13 février 1946, les signataires de la Charte avaient déterminé les privilèges et immunités nécessaires et que les tribunaux commettraient un excès de pouvoir en s'arrogeant le droit d'apprécier le caractère de nécessité des immunités accordées à l'ONU par ladite Convention »[71].

Il en découle que le juge national refuse de contrôler l'adéquation entre l'immunité invoquée par l'ONU et les buts que la Charte lui assigne[72].

---

[71]Même source.

[72]Il importe de mentionner que le fait, pour le juge national, de se déclarer incompétent pour connaître d'un litige dont la partie défenderesse est une organisation internationale au motif que celle-ci bénéficie d'une immunité juridictionnelle absolue, ne constitue pas un choix irréversible dans la mesure où le degré d'intégration des organisations internationales influe directement sur les rapports entre celles-ci et l'office du juge national. Ainsi,

L'immunité serait, dans l'optique du juge national, un attribut souverain et discrétionnaire mis à la disposition des organisations internationales et les actes, édictés en son application, seraient dotés d'une sorte de présomption de conformité aux objectifs que leur tracent les textes juridiques les ayant fondées.

Cependant, si le juge étatique s'est désengagé du contrôle de proportionnalité entre l'immunité invoquée et le but recherché et de la mise en place d'une hiérarchie normative entre l'article 105 de la Charte de l'ONU d'une part et les dispositions de la Convention sur les privilèges et immunités des Nations-Unies d'autre part, le même juge a, tout de même, établi une sorte de hiérarchie entre la poursuite du but défini par le traité fondateur de l'organisation internationale et la soumission de cette dernière à des conventions créatrices de privilèges et immunités dans la mesure où la condition liant l'immunité à la mission statutaire s'éteint dès lors que la convention génératrice de privilèges et immunités s'applique.

En conséquence, la vocation fonctionnelle des privilèges et immunités accordés à l'organisation internationale lui permet de mettre en œuvre ses fonctions à l'intérieur de l'ordre juridique étatique sans en être un justiciable direct.

Dans les arrêts précédemment évoqués, le juge national a expressément consolidé l'essence discrétionnaire des privilèges et immunités accordés à l'organisation internationale. Et même dans les cas n'impliquant qu'une

---

« très tôt, entre les années 1963 et 1964, notamment par des arrêts célèbres – Van Gend en Loos et Costa/Engel – qui posent les bases de la construction européenne, la Cour de justice des communautés a fixé les principes de l'articulation de l'ordre juridique des traités avec celui des Etats membres ... principes qui font du juge national, selon une expression désormais banale et répandue, « le juge communautaire de droit commun » », [Voy. CANIVET (G), *Le droit communautaire et l'office du juge national*, in droit et Société, N° 20-21, 1992,p. 134].

responsabilité indemnitaire, le même juge rejette les demandes de versement de dommages et intérêts si l'organisation internationale ne renonce pas volontairement à ses immunités.

PARAGRAPHE 2. LE CAS D'INOPPOSABILITÉ

L'invocation de l'immunité juridictionnelle, par les sujets du droit international à savoir les Etats et les organisations internationales, met à mal le droit au juge garanti par les conventions et traités relatifs aux droits de l'Homme.

C'est pourquoi, l'ONU a initié et soutenu la limitation des cas de recours à l'immunité de juridiction par l'Etat et ce, au moyen de la séparation entre les actes d'autorité et ceux de gestion (A).

Cependant, la Convention limitant la portée de l'immunité juridictionnelle de l'Etat n'est pas opposable aux organisations internationales en ce sens que ces dernières n'y ont pas la qualité de « parties ».

Par conséquence, les juridictions étatiques adoptent des positions oscillant entre l'acceptation et le rejet à l'égard des recours dirigés contre les sujets dérivés du droit international, avec, force est de le constater, prédominance du rejet (B).

A. LA RESTRICTION DE L'IMMUNITÉ JURIDICTIONNELLE DE L'ÉTAT

Les privilèges et les immunités consentis aux organisations internationales poursuivent des objectifs similaires, quels que soient les textes juridiques les énonçant, en l'occurrence « permettre à leurs bénéficiaires d'accomplir leurs missions sans entrave »[73].

La dimension fonctionnelle des privilèges et des immunités et leur adéquation aux butsassignés à l'action de l'entité qui en bénéficie, ont débouché sur une orientation jurisprudentielle foncièrement statique, conformément à laquelle le juge étatique refuse de s'immiscer dans le contrôle de proportionnalité entre l'immunité invoquée et le but recherché tel que défini par le texte fondateur de l'organisation internationale concernée.

En s'opposant à toute ingérence dans l'évaluation du rapport « immunité invoquée/but recherché », les organisations internationales se prévalent, le plus souvent, d'immunités absolues et, par conséquent, la mise en jeu tant de leur responsabilité que de celle de leurs agents devient, dans la réalité, difficile.

Néanmoins, d'aucuns estiment que l'évolution notoire de l'individualisation du droit international et le développement de l'effectivité normative des droits de l'Homme réduisent la portée des immunités et privilèges accordés aux souverains fonctionnels de l'espace juridique international.

« A une période essentiellement préoccupée de la protection des institutions, par l'octroi fréquent de prérogatives étendues, a succédé la recherche d'un meilleur équilibre entre cet objectif légitime et celui, qui ne l'est pas moins pour les individus, du droit à un procès équitable et, plus spécifiquement, du droit au juge »[74] garanti par les conventions et traités relatifs aux droits de l'Homme.

---

[73]PINGEL (I), *Les privilèges et immunités de l'organisation internationale,* in Traité de droit des organisations internationales, s. la dir. d'Evelyne LAGRANGE et de Jean-Marc SOREL, Paris, LGDJ, lextenso éditions, 2013,p. 627.

[74]Même source.

L'application des privilèges et des immunités devrait, donc, tenir compte des obligations découlant du droit international des droits humains[75] et de la sécurité

[75]Une des questions essentielles suscitées par le conflit entre la règle prescrivant l'immunité, instaurée par leDIP, et la règle protectrice du droit au juge, corroborée par le DIDH, est de savoir si cette dernière constitue, ou non, une norme impérative de droit international, faisant partie du jus cogens et, par conséquent, dotée de l'effet *erga omnès*. La question, pré-citée, alimente des débats doctrinaux et soulève des orientations jurisprudentielles variées. Au plan doctrinal, le *jus cogens* présente plusieurs similitudes avec le droit international des droits l'Homme, les deux corps normatifs étant universels. Le professeur VIRALY remarque, dans ce sens, que « *le juscogens se caractérise par l'importance qu'il revêt pour la société internationale dans son ensemble ; s'il exprime des valeurs éthiques, celles-ci ne peuvent évidemment s'imposer avec la force impérative qui lui appartient que si elles sont absolues et, par conséquent, ne connaissent pas de limites géographiques dans leur application* », [Voy. VIRALLY (M), *Réflexions sur le « jus cogens »*, AFDI, 1966, 12, p. 14]. En invoquant l'importance des ressemblances qui existent entre le DIDH et le jus cogens, la doctrine brandit l'appartenance des normes de préservation des droits de l'Homme aux normes impératives du droit international, c'est-à-dire, aujus cogens. Ainsi, « *la doctrine qui remplit une fonction auxiliaire dans la détermination des règles de droit, s'est largement emparée du jus cogens, à tel point que l'idée d'une hiérarchie normative en droit international, dans laquelle les droits de la personne occupent le premier plan, est de nos jours largement acceptée* », [Voy. TIGROUDJA (H) et HENNEBEL (L), *Le particularisme interaméricain des droits de l'Homme*, Editions Pedone, Paris, 2009, p. 273]. Si la doctrine adopte une position claire selon laquelle les droits de l'Homme appartiennent au jus cogens, la CIJ, elle, « *est demeurée très timorée dans son œuvre de matérialisation du droit impératif (...). Longtemps, elle a préféré user de périphrases ou de notions voisines pour reconnaître l'existence de normes fondamentales pour la communauté internationale plutôt que d'utiliser l'expression expressis verbis. Il a fallu attendre 2006 pour la voir admettre explicitement pour la première fois l'existence du droit impératif en reconnaissant un tel caractère à l'interdiction du génocide (...) »*, [Voy. TIGROUDJA (H) et HENNEBEL (L), *Le particularisme interaméricain des droits de l'Homme*, op.cit. p. 274]. Il ressort des développements, sus- indiqués, que la doctrine est plus avancée que le juge international dans

juridique dont les répercussions judiciaires sont évidemment tributaires du particularisme de chaque situation litigieuse.

L'analyse des arrêts rendus par le juge national montre que celui-ci ne poursuit pas un raisonnement uniforme et qu'à l'occasion de chaque litige soulevé devant lui, il cherche à établir un équilibre prudent entre l'intérêt des personnes privées et celui des organisations internationales déférées à son prétoire en qualité de partie défenderesse.

Les fluctuations qui affectent l'étendue des immunités et les scénarii de leur inopposabilité, en fonction de chaque différend, résultent des rapports de force qui façonnent la relation entre les deux sujets de droit international, à savoir, l'Etat et les organisations internationales. De ce fait, les privilèges et immunités sont controversés, « ils pourraient être l'occasion de faire pression sur l'organisation internationale, soit pour qu'elle accepte de limiter le champ d'application de l'immunité, soit pour la contraindre à mettre en place des mécanismes alternatifs de règlement de différends. Toutefois, la marge est étroite pour les Etats, entre une politique visant à attirer les organisations sur leur sol (…) et la nécessité de ne pas léser les intérêts individuels, nationaux en particulier. Ainsi, après qu'une affaire eut été portée devant un tribunal de Dacca, par l'une de ses employées contre la Banque mondiale, le gouvernement de Bangladesh a-t-il, sous la pression

---

l'accréditation de l'appartenance des droits de l'Homme au jus cogens. La réticence de la juridiction internationale admet plusieurs explications. Une d'elles se ramène à une tradition judiciaire, consacrée également par les juridictions étatiques, selon laquelle le juge ne doit se substituer au législateur, dans le sillage des ordres normatifs nationaux, et aux producteurs de la norme internationale, que sont les Etats, dans le sillage, bien évidemment, de l'ordre normatif international. Ainsi, le juge demeure peu incisif quant à l'admission de la hiérarchie des normes en droit international tant qu'elle n'est pas accréditée par un texte juridique international.

américaine, décidé de modifier la loi locale sur les institutions financières internationales pour accorder à ces dernières une immunité complète. (…)

De même, à la suite de la condamnation de la FAO par les juridictions italiennes et dela menace de cette dernière de solliciter un avis de la CIJ, l'Etat italien s'est vu contraint de supprimer une réserve, faite à la Convention sur les privilèges et immunités des institutions spécialisées des Nations-Unies, qui visait à limiter le champ d'application de l'immunité »[76].

Les pratiques judiciaires étatiques se soumettent, donc, aux intérêts tels que définis parles Etat dans la mesure où ces derniers décident, sur la base de leurs intérêts politiques et économiques, d'élargir ou éventuellement de réduire le champ d'application des immunités conférées aux organisations internationales.

Par conséquent, la matière juridique formant les normes de référence pour le juge étatique en vue du contrôle des immunités et des privilèges, se complexifie considérablement, étant donné qu'« elle se situe au carrefour de plusieurs droits et d'intérêts souvent divergents.En effet, les immunités concernant la relation entre le bénéficiaire de l'immunité et l'Etat du for, mais également la relation qui se noue au cours d'un litige entre le premier et une personne privée. C'est donc tout à la fois le droit interne et le droit international public qui sont mobilisés dès lors qu'une immunité est invoquée »[77].

La mobilisation des normes du droit international et de celles des ordres juridiques internes des Etats, explique les problèmes auxquels s'expose le juge étatique dès lors qu'il

---

[76]PINGEL (I), *Les privilèges et immunités de l'organisation internationale,* in Traité de droit des organisations internationales, op.cit., pp. 628 et 629.

[77]MILANO (L), *Les immunités issues du droit international dans la jurisprudence européenne*, RTDH, 2008, p.1060.

lui est demandé de se prononcer sur un litige engageant une organisation internationale et un co- contractant non-international, c'est-à-dire, une entité ne détenant pas la personnalité juridique internationale.

L'examen des arrêts que nous avons cités, montre que le juge a consenti la prévalence au sujet dérivé du droit international en donnant une étendue absolue aux privilèges et immunités dont il bénéficie. L'article 105 de la Charte des Nations Unies, duquel s'inspirent les conventions et les traités relatifs aux privilèges et immunités tant des organisations internationales que de leurs organismes subsidiaires, se limite à conditionner l'activation des immunités par les impératifs de la réalisation autonome et indépendante des objectifs que le texte fondateur assigne à l'organisation internationale, et ne fournit pas des explications détaillées sur la nature du rapport qui devrait exister entre l'immunité invoquée et la mission statutaire.

Théoriquement, l'organisation internationale n'est habilitée à se prévaloir d'une quelconque immunité que si elle est indispensable à la poursuite de ses buts tels qu'arrêtés parla voie conventionnelle. Or, cette adéquation entre le but recherché et l'immunité invoquée, demeure un attribut souverain de l'Organisation qui pourrait en user pour commettre des excès de pouvoir.

C'est justement l'interprétation excessive et hypertrophiée de la notion d'immunité qui a préparé l'avènement de textes internationaux portant restriction des immunités conférées aux Etats.

L'encadrement juridique de l'immunité de l'Etat est matérialisé par la Convention des Nations-Unies sur les immunités juridictionnelles des Etats et de leurs biens. Curieusement, les considérants de ladite Convention s'assimilent complètement aux problèmes entiers sécrétés par l'interprétation absolutiste des privilèges et immunités accordés aux organisations internationales ; interprétation qui entrave la soumission de ces organisations à la reddition des comptes dans tous ses états, en particulier ceux se rapportant à la responsabilité juridique.

Il est énoncé dans le préambule sus-indiqué : « Les Etats parties à la présente convention

- Considérant que les immunités juridictionnelles des États et de leurs biens procèdent d'un principe généralement accepté du droit international coutumier ;
- Ayant à l'esprit les principes du droit international consacrés dans la Charte des Nations Unies ;
- Convaincus qu'une convention internationale sur les immunités juridictionnelles des États et de leurs biens renforcerait la prééminence du droit et la sécurité juridique, en particulier dans les rapports entre les États et les personnes physiques et morales, **et contribuerait à la codification et au développement du droit international** et à l'harmonisation des pratiques dans ce domaine ;
- Tenant compte de l'évolution de la pratique des États en ce qui concerne les immunités juridictionnelles des États et de leurs biens (…) »[78].

Il ressort des considérants sur lesquels repose la Convention que son objectif majeur consiste en la soumission de l'Etat au principe de la reddition des comptes, et que, par voie de conséquence, la théorie classique des privilèges et immunités, doit être révisée en fonction desmutations que connaît l'action de l'Etat tant dans l'ordre juridique international que dans son ordre juridique interne.

Aussi, il importe de mentionner que le préambule de la Convention en indiquant expressément que la réglementation des privilèges et immunités « contribuerait à la codification et au développement du droit

---

[78]Préambule de la Convention des Nations-Unies sur les immunités juridictionnelles des Etats et de leurs biens.Voir l'introduction.

international »[79] montre que les rédacteurs de la Convention sont conscients des dangers que peut sécréter la portée absolue conférée aux privilèges et immunités, à l'égard du principe de la sécurité des opérations juridiques qui sont,le plus souvent, transfrontalières.

L'internationalisation des rapports économiques et commerciaux nécessite, donc, l'adoption de textes juridiques clairs, permettant aux personnes privées, devenues des acteurs omnipotents sur l'arène internationale, de défendre leurs intérêts.

La mise en œuvre de la Convention pré-citée prend en considération la transformation de la souveraineté étatique qui n'est plus absolue. Par un mécanisme de dédoublement fonctionnel, la Convention établit les cas dans lesquels l'Etat ne peut se prévaloir de l'immunité de juridiction à l'égard des personnes privées.

Il s'agit des cas suivants :

- Transactions commerciales ;
- Contrats de travail ;
- Atteintes à l'intégrité physique d'une personne ou dommages aux biens ;
- Propriété, possession et usage de biens ;
- Propriété industrielle et commerciale ;
- Participation à des sociétés ou autres groupements ;
- Navires dont un Etat est le propriétaire ou l'exploitant ;
- Effets d'un accord d'arbitrage[80].

Le substrat de la Convention « consiste à départager les activités de l'Etat spécifiquement publiques, activités couvertes par l'immunité de juridiction, et les activités de l'Etat dans lesquelles il agit à l'instar d'une

---

[79]Même source.

[80]Arts. 10 à 17 de la Convention des Nations-Unies sur les immunités juridictionnelles des Etats et de leursbiens.

personne privée, activités non couvertes par l'immunité de juridiction. Le principe de l'immunité restreinte est donc fondé sur la distinction entre actes de jus imperii, qui manifestent la souveraineté de l'Etat, et actes de jus gestionis qui sont assimilables aux actes de droit privé »[81].

B. LE CARACTÈRE ABSOLU DE L'IMMUNITÉ JURIDICTIONNELLE DES ORGANISATIONS INTERNATIONALES

A la différence de l'Etat, dont la souveraineté permet de séparer les actes d'autorité de ceux de gestion, les premiers étant du ressort des immunités et les seconds y échappant, le caractère fonctionnel de l'Organisation inter-étatique ne facilite pas une telle séparation car l'immunité conférée à l'organisation internationale couvre non seulement les actes d'autorité qu'elle opère, mais « aussi leurs acta jure gestionis »[82].

Faute d'une convention séparant les actes d'autorité de ceux de gestion, opposable aux organisations internationales, le juge étatique accrédite le caractère absolu de l'immunité dont bénéficient ces dernières.

En guise d'illustration, à l'occasion de l'affaire « Curran c. City of New York » (1947), « le demandeur avait intenté une action contre la ville de New York, le Secrétaire général de l'ONU et d'autres personnes, en vue de faire annuler les cessions de terrains et de servitudes consenties par la ville à l'ONU, l'exonération fiscale prévue en faveur du district administratif du Siège, ainsi que l'allocation par la ville de crédits pour l'aménagement des rues avoisinantes.

---

[81]MILANO (L), *Les immunités issues du droit international dans la jurisprudence européenne*, RTDH, op.cit, p.1063.

[82]Seidl-Hohenveldern (I), *L'immunité de juridiction et d'exécution des Etats et des organisations internationales*, in droit *international 1*, IHEI, Paris, A. Pedone, 1981, p. 159.

Le Secrétaire général opposa une fin de non-recevoir au demandeur en invoquant l'immunité de juridiction à laquelle il avait droit. L'attorney des Etats-Unis pour le district Estde la ville de New York informa la Cour que le Département d'Etat reconnaissait et certifiait l'immunité de l'ONU et celle du Secrétaire général. La ville de New York opposa une fin de non-recevoir en invoquant le défaut d'intérêt du demandeur. La Cour conclut au rejet de la demande et déclara ce qui suit : « Le Département d'Etat, organe politique de notre gouvernement, ayant sans réserve ou condition aucune reconnu et certifié l'immunité de juridiction de l'ONU et du sieur Lie, défendeur, il ne saurait désormais être question pour la Cour de trancher le litige. » »[83].

Récemment, la Cour de cassation en France, par arrêt n° 535 du 25 mai 2016, avait annulé un arrêt édicté par la Cour d'appel de Versailles autorisant un salarié à effectuer une saisie-attribution sur les avoirs d'une organisation internationale pour se faire indemniser.

En l'espèce, la Haute juridiction française s'est fondée sur un accord bilatéral reconnaissant à la partie défenderesse, qui est une organisation internationale, une immunité d'exécution, pour débouter le requérant de ses demandes.

Il est énoncé dans l'arrêt sus-évoqué :

« Vu l'accord entre le gouvernement de la République Française et la Banque des États de l'Afrique Centrale (BEAC) relatif à l'établissement à Paris d'un bureau de la BEAC **et à ses privilèges et immunités sur le territoire français**, du 20 avril 1988 ;

Attendu, selon l'arrêt attaqué, rendu sur renvoi après cassation (1re Civ., 6 novembre 2013, pourvoi n° 12-

[83]CDI, *Statuts, privilèges et immunités des organisations internationales, de leurs fonctionnaires, experts etc.*,op.cit., p. 166.

20.709), qu'un conseil de prud'hommes a condamné la BEAC à payer à son ancien salarié, M. X..., une certaine somme à titre de rappels de salaires et de dommages-intérêts ; que ce dernier a fait pratiquer une saisie-attribution, le 20 avril 2010, sur le compte BNP Paribas de la BEAC ; que celle-ci a assigné M.X... devant un juge de l'exécution pour obtenir la mainlevée de la mesure, **en se prévalant de son immunité d'exécution** ;

Attendu que, pour rejeter la demande de mainlevée et décider que la mesure produirait ses effets, l'arrêt retient que le caractère absolu de l'immunité d'exécution **restreint le droit d'accès à la justice de M. X... et que l'atteinte grave, rédhibitoire et définitive portée à son droit à un procès équitable pour l'exécution d'une décision de justice, alors qu'aucun recours effectif ne lui est offert, justifie que l'immunité d'exécution opposée par la BEAC soit écartée** ;

Qu'en statuant ainsi, alors que le justiciable, qui se voit opposer le caractère absolu de l'immunité d'exécution d'une organisation internationale, dispose, par la mise en œuvre de laresponsabilité de l'Etat, d'une voie de droit propre à rendre effectif son droit d'accès à un tribunal, de sorte que le seul fait de ne pouvoir saisir les fonds de la BEAC, en France, ne constituait pas, au préjudice de M. X..., une restriction disproportionnée à ce droit, au regard du but légitime poursuivi par l'accord garantissant **une immunité d'exécution à cette banque centrale pour faciliter l'accomplissement de ses missions, la cour d'appel a violé le texte susvisé** ;

(...)

CASSE ET ANNULE, dans toutes ses dispositions, l'arrêt rendu le 5 mars 2015, entre lesparties, par la cour d'appel de Versailles ;

(...)

Ordonne la mainlevée de la saisie-attribution »[84].

Le raisonnement suivi par le juge dans l'arrêt sus-rapporté entérine le caractère absolu des immunités de l'organisation internationale.

Le juge a, également, fait intervenir les dispositions de l'accord bilatéral conclu entre l'Etat français et la Banque des Etats de l'Afrique Centrale en vertu desquelles cette dernière bénéficie, en vue de la concrétisation de ses missions, d'un régime absolu d'immunités.

En prononçant l'arrêt sus-rapporté, le juge de cassation français adhère à la solution jurisprudentielle développée par d'autres juridictions ayant consacré la portée absolue des immunités et privilèges accordés à l'organisation internationale pour qu'elle puisse mener de manière autonome et impartiale les tâches qui lui sont attribuées.

En 2013, la Cour suprême canadienne a édicté un arrêt dans lequel elle déploie le même raisonnement que le juge français. Dans l'affaire « Amaratunga c. Organisation des pêches de l'atlantique Nord-Ouest », la Haute juridiction canadienne reconnait l'immunité de juridiction à l'entité internationale et ce, bien que l'objet du litige porte sur un contrat de travail considéré, aux termes de la Convention réglementant l'immunité de juridiction de l'Etat, comme un simple acte de gestion ne justifiant pas l'octroi d'une immunité.

Si la solution la plus répandue est celle de la reconnaissance sur la base du droit conventionnel du caractère absolu des immunités et privilèges accordés aux organisations internationales, quelques arrêts ont amorcé une redéfinition de la portée desdites immunités en se référant essentiellement à la distinction opérée par la Convention des Nations-Unies sur les immunités

---

[84]Le texte intégral de l'arrêt concerné est consultable via le lien suivant : https://www.courdecassation.fr/jurisprudence_2/premiere_chambre_civile_568/535_25_34326.html

juridictionnelles des Etats et de leurs biens, et en application de laquelle, les actes d'autorité opérés par l'Etat sont dotés de l'immunité alors que les actes de gestion y excipent.

Ainsi, à l'occasion de son arrêt du 18 octobre 1982 relatif à l'affaire « INPDAI c. FAO », la Cour de cassation italienne s'est opposée à l'octroi du caractère absolu aux immunités des organisations internationales.

« Aux yeux de la Cour de Cassation, il n'était pas possible de déduire une immunité dejuridiction absolue de la Convention de Québec[85]. Celle-ci, à l'instar de nombreux statuts d'organisations internationales, se limite à une disposition de caractère général – l'article XVI, paragraphe 2 – précisant que « Chacun des Etats membres et des membres associés s'engage, dans toute la mesure où sa procédure constitutionnelle le lui permet, à faire bénéficier l'Organisation de toutes les immunités et facilités qu'il accorde aux missions diplomatiques, y compris l'inviolabilité des locaux et archives, l'immunité de juridiction et lesexemptions fiscales » »[86].

La Haute juridiction italienne a utilisé le mécanisme conventionnel séparant les actes de gestion de ceux d'autorité applicable à l'égard des Etats, pour conclure que l'objet du litige opposant la FAO et l'INPDAI, à savoir, l'exécution d'un contrat de bail, constitue un acte de gestion sur lequel l'entité internationale ne peut étendre les dispositions tant de la Convention sur les immunités et privilèges profitant aux institutions spécialisées que celles d'un accord bilatéral de siège la liant à l'Etat italien.

Dans l'optique de la Cour de cassation italienne, l'accord de siège « ne peut instituer au bénéfice de cette organisation une immunité de la juridiction italienne plus étendue que

---

[85]La Convention créatrice de la FAO.

[86]BELHUMEUR (J) et CONDORELLI (L), *L'ordre juridique international : entre tradition et innovation*,Institut universitaire des hautes études internationales, Genève, PUF, 1997, p. 128.

celle qui vaut au titre de l'immunité diplomatique. C'est donc au droit international général qu'il y a lieu de faire appel, et plus précisément aux concepts qui gouvernent l'immunité des Etats, et s'appliquent également aux organisations internationales »[87].

L'extension des dispositions de la Convention portant sur les immunités de l'Etat aux organisations internationales a été également opérée par le juge américain. « Par une décision du 29 juin 2010, une cour d'appel fédérale a pour la première fois refusé l'immunité à une organisation internationale, l'Agence spatiale européenne, qu'un litige opposait à une sociétédu New Jersey pour rupture d'un contrat de fourniture et d'assistance informatique (…). Au soutien de son analyse, la cour a notamment fait valoir un argument de texte. Soulignant que (…) les organisations bénéficient de la « même » immunité que celle qui est accordée aux Etats (…), elle en a déduit que rien ne s'oppose à ce que la première évolue comme la seconde, le sens de l'évolution étant évidemment celui d'une restriction du champ d'application du privilège »[88].

La juridiction américaine a emprunté le raisonnement original suivant : si un Etat conclut un contrat international ayant un objet commercial avec une personne morale privée avec élément d'extranéité, c'est-à-dire que le co-contractant de l'Etat n'en détient pas la nationalité, la Convention relative à l'immunité de juridiction s'applique à l'Etat car ledit contrat représente un acte de gestion sur lequel l'immunité de juridiction ne peut être étendue. L'Etat ne pourra, en cas de différend, se prévaloir d'une quelconque immunité de juridiction.Il en sera de même si le même

---

[87]Même source, p. 129.

[88]PINGEL (I), *Les privilèges et immunités de l'organisation internationale*, in Traité de droit des organisationsinternationales, sous la dir. D'Evelyne LAGRANE et de Jean-Marc SOREL, op.cit, p. 630.

contrat est conclu par un groupe d'Etats, en l'occurrence, l'organisation internationale.

De manière concise, « si un seul Etat avait été le co-contractant de l'entrepriseplaignante, l'immunité n'aurait pas joué. Il n'y a pas de raison dirimante qu'il en aille autrement lorsque plusieurs Etats agissent par le truchement d'une organisation internationale. Ce raisonnement est à rapprocher de la position exprimée dès 1989 par l'ONU elle-même : « la nouvelle doctrine de l'immunité souveraine, et en particulier, l'approche plus restrictive adoptée à l'égard des activités commerciales des Etats étrangers auront inévitablement des répercussions sur la matière dont les tribunaux nationaux considéreront les activités internationales »[89].

En raison de l'inexistence d'un texte juridique international qui régit l'étendue des privilèges et immunités conférés aux organisations internationales, les solutions développées par les ordres judiciaires étatiques présentent une antinomie avérée.

Certaines juridictions penchent vers la reconnaissance du caractère absolu des immunités et privilèges des organisations internationales. D'autres estiment, en revanche, que le mécanisme de distinction entre les actes de souveraineté et les actes de gestion, applicable àl'immunité des Etats, doit s'extrapoler sur celle des organisations internationales.

Compte tenu de l'hétérogénéité des solutions adoptées par les ordres judiciaires internes, et du fait qu'un texte à caractère général les délimitant n'est pas encore adopté, les cas d'inopposabilité de l'immunité de l'organisation internationale et, du coup, sa justiciabilité devant les ordres juridiques internes nationaux, dépendent de la volonté de l'organisation internationale elle-même. Dans ce sillage, la Convention sur les privilèges et immunités des Nations-

[89]Même source.

Unies énonce : « l'Organisation des Nations Unies, ses biens et avoirs, quels que soient leur siège et leur détenteur, jouissent de l'immunité de juridiction, sauf dans la mesure où l'Organisation y a expressément renoncé, dans un cas particulier. Il est toutefois entendu que la renonciation ne peut s'étendre à des mesures d'exécution »[90].

Il s'ensuit que l'ONU est habilitée à renoncer à son immunité de juridiction dans les cas particuliers sélectionnés par elle-même, étant précisé, bien évidemment, qu'il ne peut y avoir de renonciation générale à l'immunité de juridiction présentée, par l'article 105 de la Charte créatrice de l'ONU, comme un instrument nécessaire à l'opérationnalisation des missions qui lui sont dévolues.

« Dans un mémorandum, rédigé en 1948 par le Service juridique[91], il était indiqué, ausujet de la section 2 de la Convention générale[92], que les mots : « sauf dans la mesure où l'Organisation y a expressément renoncé, dans un cas particulier » se rapportent nécessairement à l'expression qui les précède immédiatement (« jouissent de l'immunité de juridiction ») et que, en conséquence, « il semblerait que cet article n'autorise l'ONU à renoncer à son immunité de juridiction que dans la mesure où il s'agit d'un cas particulier et qu'une telle renonciation ne peut s'étendre à des mesures d'exécution ». Cette conclusion était conforme à de nombreuses décisions rendues par des tribunaux nationaux, notamment des tribunaux anglais et américains, en ce qui concerne la renonciation aux immunités dont jouit l'Etat.

---

[90]Article premier, section 2, Convention sur les privilèges et immunités des Nations-Unies.

[91]Le service juridique relevant de l'ONU.

[92]La Convention sur les privilèges et immunités des Nations-Unies. Elle est qualifiée de « *générale* » parcequ'elle constitue le droit commun des privilèges et immunités accordés aux organisations internationales.

Toujours selon le même mémorandum : « Selon les rapports de la Commission préparatoire de l'Organisation des Nations Unies, la section 2 de la Convention générale est fondée sur des dispositions analogues figurant dans les actes constitutifs d'organisations internationales. Certains de ces instruments constitutionnels, celui relatif à l'UNRRA par exemple, stipulent que les gouvernements membres accordent à l'administration les facilités, privilèges, immunités et exemptions qu'ils s'accordent réciproquement, notamment l'immunité à l'égard de toutes poursuites et procédures judiciaires, sauf avec le consentement de l'UNRRA ou dans la mesure prévue dans tout contrat conclu par l'UNRRA ou pour son compte. »[93].

L'analyse effectuée par le Service juridique de l'ONU s'est basée sur le droit de renonciation à l'immunité de juridiction reconnu aux organisations internationales dont la création est antérieure à l'ONU.

Nous estimons que l'analyse déployée par le Service juridique de l'ONU peut également trouver une explication édifiante via une lecture composée de l'article 105 de la Charte des Nations Unies précisant que la poursuite de ses buts consistant en la protection de la paix et la sécurité internationales, justifie l'octroi d'immunités et de privilèges à l'ONU d'une part, et l'orientation judiciaire quasi-immuable refusant de contrôler l'adéquation de l'immunité invoquée au but recherché d'autre part.

En conséquence, l'hypothèse unique d'inopposabilité des privilèges et immunités découlerait de la volonté de l'organisation internationale elle-même.

Plus précisément, si, à l'occasion d'un litige, l'organisation internationale estime que la poursuite des objectifs ayant présidé à sa création ne justifie pas l'activation de l'immunité, elle peut y renoncer.

---

[93]CDI, *Statuts, privilèges et immunités des organisations internationales, de leurs fonctionnaires, experts etc.*,op.cit., p. 167.

La pratique a, donc, conféré, en principe une immunité absolue à l'organisation internationale, « laquelle immunité ne peut être écartée qu'en cas de renonciation expresse procédant :

- Soit de son traité constitutif ou de l'accord de siège ;
- Soit d'un consentement donné à l'occasion d'un litige »[94].

[94]MILANO (L), *Les immunités issues du droit international dans la jurisprudence européenne*, RTDH, op.cit., p.1065.

SECTION 2. LES APPORTS DU DROIT DE LA RESPONSABILITÉ DE L'ÉTAT

L'Etat est le sujet originaire du droit international dans la mesure où la naissance de la norme internationale constitue une œuvre étatique. En d'autres termes, la formation du corps et de la substance du droit international découle de la volonté de l'Etat qui, en renonçant à unepartie de sa souveraineté au profit d'un traité inter-étatique, se soumet à des obligations dites obligations conventionnelles. Ces obligations peuvent, entre autres, instituer un autre sujet de droit international, en l'occurrence une organisation internationale.

Etant le résultat de la volonté des Etats, l'organisation internationale est considérée comme un sujet dérivé de droit international, doté d'une personnalité juridique propre l'habilitant à avoir une capacité juridique tant de jouissance que d'exercice[95].

Depuis la création de l'ONU, le rôle de l'Etat à l'échelle planétaire connaît des transformations notoires, lesquelles transformations se manifestent essentiellement dans les nouveaux contenus conférés à son attribut régalien, à savoir la souveraineté.

La prolifération des organisations internationales, aboutissant, entre autres, au rétrécissement de la

[95]L'organisation internationale n'accomplit pas elle-même ses activités et correspond, de ce fait, à une personne morale internationale qui, en vue de l'exercice des missions que lui assigne son texte fondateur, se fait représenter par des personnes physiques agissant en son nom et pour son compte. La qualité des personnes physiques qui peuvent engager l'organisation internationale comprend non seulement celle de fonctionnaires recrutés par la voie statutaire mais s'étend également, comme l'a expressément précisé la CIJ dans son avis consultatif relatif à *la réparation des dommages subis au service des Nations Unies* (voir supra), aux agents engagés par l'Organisation en vue de l'accomplissement de tâches en relevant.

compétence d'intervention générale de l'Etat dans la définition et l'orientation des relations internationales, et la montée en puissance d'acteurs nouveaux, notamment l'individu et les entreprises multinationales, représentent des mutations qui affectent le substrat de la notion et des moyens de mise en œuvre, de la souveraineté de l'Etat.

Aussi, la souveraineté étatique est affectée par l'évolution progressive de la codification du droit international. Ce processus de codification consolide un objectif cardinal duquel dépend considérablement l'avenir du droit international, en l'occurrence l'effectivité normative.

Outre sa transformation intervenue dans le sillage du droit international, la souveraineté de l'Etat est restructurée à l'intérieur de l'ordre juridique étatique lui-même, en ce sens qu'elle n'implique plus une irresponsabilité justifiée par la poursuite de l'intérêt général. En effet l'action de l'Etat est limitée par les dispositions de sa Constitution et celles du droit administratif. Et s'il commet un acte générateur de dommages, sa responsabilité peut être engagée, et l'autorité judiciaire saisie peut, en conséquence, le condamner à en indemniser les victimes.

La soumission des Etats à la norme juridique est, donc, assurée aussi bien par le droit international que par leurs ordres juridiques internes respectifs (paragraphe 1).

Cette transformation considérable ayant affecté les efforts de l'encadrement juridique de l'action de la puissance publique étatique ne manque pas d'exercer des influences déterminantes sur le processus de codification de la responsabilité de la créature juridique par le truchement de laquelle un collectif d'Etats agit, à savoir l'organisation internationale (paragraphe 2).

PARAGRAPHE 1. LA JUDICIARISATION DE LA SOUVERAINETÉ ETATIQUE

La souveraineté est le trait distinctif de l'Etat. Sa genèse et son évolution sont marquées par les rapports de force qui sous-tendent l'action normative aussi bien au niveau de l'ordre international qu'à celui des ordres juridiques nationaux. Ainsi, la souveraineté absolue, impliquant l'irresponsabilité juridique (A), est remplacée par une souveraineté contrôlable parle juge (B).

A. LA THÉORIE DE L'IRRESPONSABILITÉ

Pendant longtemps, la souveraineté a revêtu un caractère absolu en ce sens que son titulaire, à savoir, l'Etat, étant protecteur de l'intérêt général, s'exonérait de tout contrôle juridictionnel.

Pour illustration, dans l'ordre juridique interne le moyen d'action étatique qu'incarne fondamentalement l'administration publique bénéficiait de deux privilèges importants : le privilège du préalable d'une part, et la présomption de légalité d'autre part.

Ainsi, dans son ordre juridique interne, l'Etat n'est pas tenu de saisir le juge préalablement à l'édiction de ses décisions et dès qu'il les émet, elles deviennent immédiatement opposables à leurs destinataires.

Il en était de même en droit international, « calée sur l'adage selon lequel « le roi ne peut mal faire » (...) la doctrine traditionnelle considérait très majoritairement que la responsabilité de l'Etat ne saurait être engagée pour faute »[96].

---

[96]PELLET (A), *Le droit international à l'aube du XXIème siècle : La société internationale contemporaine – Permanences et tendances nouvelles*, 1997, p. 608.

L'origine de la notion classique de la souveraineté étatique se rapporte à la théorie du contrat social tel qu'expliqué par Jean Jacques ROUSSEAU. « Cette théorie essaie non seulement d'expliquer l'origine des sociétés humaines et le passage de l'état de nature à l'organisation sociale, mais également de fonder la souveraineté de l'État sur la volonté générale du peuple »[97].

Le contrat social, dans l'optique de ROUSSEAU, présente l'Etat comme un résultat dela volonté générale des individus, et par conséquent, la liberté individuelle se confond avecle pouvoir de l'Etat. Aucune divergence ne peut se créer entre la souveraineté absolue de l'Etat, non-soumis, de ce fait, à la reddition des comptes et à la responsabilité, et l'individu qui doit obéir aux lois confectionnées par l'Etat, lesquelles lois étant synonymes de ses libertés et droits.

En propos succincts, et en prenant en considération les retombées sur le droit international de la théorie contractualiste de ROUSSEAU, l'action de l'Etat ne peut léser l'individu, et en poursuivant sa mission consistant en la préservation de l'intérêt de la collectivité d'une part, et étant le résultat de la volonté générale d'autre part, l'Etat, d'après la théorie de ROUSSEAU, ne peut mal faire et, en conséquence, sa responsabilité, à l'occasion de la commission d'activités dommageables, ne peut être recherchée, au moins, devant les tribunaux.

D'après le contrat social de ROUSSEAU, l'idée de la responsabilité de l'Etat à l'occasion de l'accomplissement de ses missions se trouve complètement écartée. Dans ce sillage le professeur Léon DUGUIT « soutient que, cette théorie justifie la soumission des individus à la volonté de

---

[97]BAL (L), *Le mythe de la souveraineté en droit international : La souveraineté de l'Etat à l'épreuve des mutations du droit international*, Thèse de Doctorat, Université de Strasbourg, février 2012, p. 36.

l'État, supposée être la « volonté générale formée de leurs propres volontés ». L'individu doit obéir à la volonté de l'État, car c'est sa volonté. Si le respect de la volonté de l'individu correspond à sa liberté, il ne sera vraiment libre dans cette conception que s'il obéit passivement à l'État « s'il s'y refuse, il refuse d'être libre.» »[98].

Dans l'optique de ROUSSEAU, ayant servi de base originelle à la formation de la conception classique de la souveraineté de l'Etat, si l'individu conteste le pouvoir de l'Etat, cela veut dire qu'il commet un acte qui porte préjudice à sa propre liberté.

En d'autres termes, l'individu n'est libre que s'il obéît aux normes produites par l'Etat. Pour ROUSSEAU, la volonté générale ne peut se tromper car chaque individu en détient, de manière arithmétique, une parcelle égale à celles que détiennent ses semblables.

La greffe de la théorie du contrat social de ROUSSEAU à l'ordre international a forgé la notion, d'origine westphalienne, de la souveraineté de l'Etat, laquelle notion a rendu la régulation de l'espace international par le droit, impliquant nécessairement la soumission du sujet de droit à une réelle reddition des comptes et à la responsabilité, une question sans enjeu stratégique, pour ne pas dire superflue.

Sur la base d'une conception pragmatique des relations internationales, préconisant la suprématie du politique sur le positivisme juridique, l'ordre international s'est exposé, depuis sa genèse, et sans cesse, à un problème structurel s'incarnant dans l'ineffectivité de ses normes. Il en a découlé une acception traditionnelle de la souveraineté conférant à l'Etat une impunité quasi-totale en droit international.

Le postulat de souveraineté se trouve expressément énoncé par la Charte des Nations Unies indiquant dans son article 2 : « l'Organisation des Nations Unies et ses

[98]Même source.

Membres, dans la poursuite des buts énoncés à l'article 1, doivent agir conformément aux principes suivants :

1. L'Organisation est fondée sur le principe de l'égalité souveraine de tous ses Membres »[99].

De plus, le même article consentit à l'Etat un pouvoir discrétionnaire en indiquant qu'« aucune disposition de la Charte n'autorise les Nations Unies à intervenir dans des affaires qui relèvent essentiellement de la compétence nationale d'un Etat (…) »[100].

B. LES CONSÉQUENCES DE LA JUDICIARISATION DU DROIT INTERNATIONAL SUR L'ÉTENDUE DE LA SOUVERAINETÉ DE L'ÉTAT

L'évolution du processus de codification et de développement progressif du droit international affecte la souveraineté de l'Etat qui obéit, désormais, à un encadrement judiciaire de plus en plus important.

Ainsi conviendrait-il de rappeler dans ce contexte que l'activité juridictionnelle de la CIJ a été considérée comme une norme de référence par la CDI lors de la confection du projet d'articles relatifs à la responsabilité internationale tant de l'Etat que de l'organisation internationale. « L'organe judiciaire principal des Nations Unies et celui auquel l'Assemblée générale a confié la codification et le développement progressif du droit international entretiennent des relations étroites, qui sont bien connues du juriste et unanimement célébrées comme apportant une contribution essentielle à la cause du droit des gens »[101].

---

[99]Article 2 de la Charte des Nations Unies.

[100]Même source.

[101]VILLALPANDO (S), *Le codificateur et le juge face à la responsabilité internationale de l'Etat : interactionentre la CDI et la CIJ dans la détermination des règles secondaires*, AFDI, Vol. 55, 2009, p. 39.

En préparant le texte final du projet d'articles relatifs à la responsabilité de l'Etat pour fait internationalement illicite, la CDI « prend appui sur les décisions judiciaires et notamment la jurisprudence de la CIJ, chef de file des juges internationaux »[102].

Les décisions et les avis émanant de la CIJ et des autres juridictions internationales, façonnent les articles apprêtés par la CDI relatifs à la responsabilité de l'Etat pour acte internationalement illicite. Elles en constituent un des fondements exponentiels. C'est ainsi que le projet d'articles renvoie à une pluralité de références et d'œuvres juridictionnelles « incluant des sentences arbitrales inter-étatiques récentes (dont l'affaire du Rainbow Warrior), mais également des décisions du Tribunal du droit de la mer, de l'Organe d'appel de l'OMC, de Cours régionales des droits de l'Homme, ainsi que de tribunaux arbitraux dans le cadre du CIRDI et de tribunaux pénaux internationaux. »[103].

C'est dire qu'en rédigeant le projet d'articles relatifs à la responsabilité de l'Etat auteur d'un acte contraire au droit international, la CDI s'est notoirement reposée sur les arrêts édictés par l'organe judiciaire principal des Nations Unies. A titre d'exemple, nous pouvons évoquer le commentaire que la CDI a réservé à l'article premier à l'occasion duquel, elle a motivé l'engagement de la responsabilité de l'Etat pour acte internationalement illicite par les arrêts édictés en la matière tant par la CIJ que par sa devancière la CPJI.

Aussi, la CDI motive foncièrement son projet d'articles par l'existence dans la pratique découlant de l'activité juridictionnelle et consultative de la CIJ d'un régime de responsabilité vis-à-vis de la communauté internationale, celle-ci étant animée par plusieurs acteurs : Etats,

[102] Même source, p. 40.
[103] Même source, p. 42.

organisations internationales, ONG, individus, firmes multinationales etc.

Un exemple édifiant, chargé de sens, et matérialisant le recours fréquent de la CDI auxœuvres jurisprudentielles de la CIJ dans le cadre de ce que nous avons appelé, dans le cadre du présent paragraphe, la judiciarisation de la souveraineté étatique, mérite d'être soulevé dans la mesure où il comporte un cas de désactivation du principe général régissant l'application dans le temps d'une norme juridique, à savoir le principe de non-rétroactivité.

Ainsi, dans l'article 11 dédié au comportement reconnu et adopté par l'Etat comme étant sien disposant qu'« un comportement qui n'est pas attribuable à l'Etat selon les articlesprécédents est néanmoins considéré comme un fait de cet Etat d'après le droit international si, et dans la mesure où, cet Etat reconnaît et adopte ledit comportement comme sien »[104], la CDI fait intervenir l'arrêt de la CIJ relatif au personnel diplomatique et consulaire des USA à Téhéran comme exemple de l'adoption rétroactive par l'Etat d'un comportement contrariant les règles du droit international. « La Commission cite, à l'appui, le passage de l'arrêt affirmant que la décision par laquelle l'ayatollah Khomeini avait donné le sceau de l'approbation officielle aux actions des étudiants, treize jours après l'attaque à l'ambassade des Etats Unis, avait eu pour effet de « transformer radicalement la nature juridique de la situation créée par l'occupation de l'ambassade et la détention de membres de son personnel diplomatique et consulaire en otages », qui avaient dès lors « pris le caractères d'actes » de l'Iran »[105].

---

[104]Article 11, projet d'articles relatifs à la responsabilité de l'Etat pour fait internationalement illicite, ACDI2001, vol II (*2ème partie*).

[105]VILLAPANDO, *Le codificateur et le juge face à la responsabilité internationale de l'Etat : interaction entre la CDI et la CIJ dans la détermination des règles secondaires*, op.cit, p. 44.

En résumé, en entérinant un acte internationalement illicite antérieur, l'Iran a engagé sa responsabilité de manière rétroactive. La CDI a, donc, motivé ce cas consistant en la désactivation d'un principe général de droit, par un arrêt de la CIJ.

Il est intéressant de mentionner que le raisonnement, suivi par la CIJ, et corroboré par la CDI, soulève une originalité juridique à part entière car il créé une sorte de hiérarchie entre deux normes de référence qui encadrent substantiellement la production du droit en l'occurrence, les principes généraux d'une part et la jurisprudence d'autre part[106] et ce, bien que la théorie de la hiérarchie des normes soit difficilement applicable sur le terrain du droit international. Les professeurs COMBACAU et SUR nous expliquent à cet égard que « les normes internationales ne sont pas indifférenciées. Leur validité comme leurs effets n'ayant d'autre fondement ultime que la volonté ou

---

[106]Rappelons dans ce sillage que l'article 38 du Statut de la Cour internationale de justice énonce que :

« *1. La Cour, dont la mission est de régler conformément au droit international les différends qui lui sont soumis, applique :*

a. Les conventions internationales, soit générales, soit spéciales, établissant des règles expressément reconnuespar les Etats en litige ;

b. La coutume internationale comme preuve d'une pratique générale acceptée comme étant le droit ;

c. Les principes généraux de droit reconnus par les nations civilisées ;

d. Sous réserve de la disposition de l'Article 59, les décisions judiciaires et la doctrine des publicistes les plus qualifiés des différentes nations, comme moyen auxiliaire de détermination des règles de droit.

1. La présente disposition ne porte pas atteinte à la faculté pour la Cour, si les parties sont d'accord, de statuerex aequo et bono ».

Il ressort des stipulations, dudit article, que les principes généraux de droit et la jurisprudence, constituent des normes de référence que la Cour peut mobiliser pour statuer sur les différends qui lui sont déférés. L'article sus- indiqué n'établit pas expressément une hiérarchie entre les normes de référence qui y sont contenues.

l'acceptation des Etats pour qui elles font droit, aucune articulation hiérarchique n'est concevable entre elles suivant le mécanisme du droit interne »[107].

Si la désactivation du mécanisme de la hiérarchie des normes, tel qu'il se déploie dans les ordres juridiques nationaux, a une existence omnipotente en droit international dans lequel la souveraineté étatique jouit d'une importance loin d'être secondaire, le raisonnement, au moyen duquel la CDI a reconnu, et admis, la responsabilité étatique sur la base d'un comportement illicite antérieur à l'introduction de l'action contentieuse devant une juridictioninternationale, établit les bases d'une redéfinition de la souveraineté du créateur primaire du droit international qu'est l'Etat et ce, moyennant une application, au cas par cas, de la théorie de la hiérarchie des normes, sur les différends internationaux.

A l'occasion du commentaire de l'article 11 du projet d'articles relatifs à la responsabilité de l'Etat pour acte internationalement illicite, la CDI s'est référée à l'affaire portant sur le personnel diplomatique des USA en Iran, pour reconnaître une hiérarchie, quoique ponctuelle, entre le principe de non-rétroactivité et la jurisprudence et sur ce, nous pouvons conclure que la CDI, en préparant ledit projet d'articles, a suivi la méthode de l'encadrement de la souveraineté de l'Etat par le biais de sa judiciarisation.

En outre, le 2ème paragraphe de l'article 33 du projet d'articles relatifs à la responsabilité de l'Etat pour acte internationalement illicite, indique que la mise en jeu de la responsabilité internationale indemnitaire « est sans préjudice de tout droit que la responsabilité internationale de l'Etat peut faire naître directement au profit d'une

---

[107]COMBACAU (J), SUR (S), *Droit international public*, Paris, 8ème édition, Montchrestien, p. 25.

personne »[108]. Par voie de conséquence, l'acte dommageable, générateur de la responsabilité de l'Etat, peut porter préjudice à des « droits dont l'individu jouirait sur le plan interne et qui ne sauraient garantis dans l'ordre juridique international qu'au travers de réclamations étatiques »[109].

Pour légitimer le cas donnant à l'individu l'accès au contentieux relatif au DIP, la CDI s'est considérablement inspirée de la solution que la CIJ avait conférée à l'affaire LaGrand[110]. Dans cette affaire, deux ressortissants allemands ont été exécutés par les autorités fédérées de l'Etat d'Arizona aux USA et ce, malgré le fait que le consulat allemand, territorialement compétent, n'ait pas été informé de leur arrestation et de l'engagement à leur encontre d'une poursuite judiciaire pénale.

Les juridictions américaines, en se référant au mécanisme de la carence procédurale imputée aux accusés et à leur défense, ont refusé d'appliquer l'ordonnance de la CIJ obligeant les USA à prendre les mesures conservatoires urgentes, et l'exécution des deux personnes allemandes a été effectuée. Cet arrêt a permis à deux individus d'être, par l'entremise de l'Etat dont ils détiennent la nationalité, justiciables de la CIJ.

Il est énoncé dans ledit arrêt : « l'Allemagne soutient ensuite que «la violation de l'article 36 par les Etats-Unis ne porte pas seulement atteinte [a ses] droits ... en tant qu'Etat partie à la convention, mais constitue également une violation des droits individuels des frères LaGrand ».

---

[108]Projet d'articles sur la responsabilité de l'Etat pour fait internationalement illicite et commentaire y relatif,ACDI 2001, op.cit, p. 101.

[109]VIALPANDO, *Le codificateur et le juge face à la responsabilité internationale de l'Etat : interaction entrela CDI et la CIJ dans la détermination des règles secondaires*, op.cit, p. 45.

[110]Arrêt du 27 juin 2001, Recueil des arrêts, avis consultatifs et ordonnances de la Cour internationale de justice,2001, p. 466.

Agissant au titre de la protection diplomatique, elle demande également la condamnation des Etats-Unis sur ce terrain. Pour l'Allemagne, le droit d'être informé au moment de son arrestation des droits conférés par l'alinéa 6) du paragraphe 1 de l'article 36 de la convention de Vienne [111] est un droit qui appartient à tout ressortissant d'un Etat partie à la convention de Vienne, lorsqu'il pénètre sur le territoire d'un autre Etat partie »[112].

L'affaire LaGrand a apporté une élucidation indéniable à une question largement controversée tant sur le plan de sa forme que de sa substance, en l'occurrence la justiciabilité subsidiaire de l'individu dans l'ordre juridique couvert par la compétence judiciaire de la CIJ.

D'abord, un débat doctrinal épineux est attisé par le statut juridique qu'il faudrait prodiguer à l'individu au plan du droit international. Le professeur Alain PELLET précise à cet égard qu'« à la suite des révolutions des droits de l'homme, «l'éminente dignité de la personne humaine» apparaît comme une donnée immanente ; l'individu n'est pas une création juridique, il existe en soi et, en tant que tel, il a certainement des droits, peut-être aussi des devoirs ; cette idée ne s'est pas encore complètement imposée dans la sphère internationale ; certes, au regard du droit

---

[111]La Convention de Vienne du 24 avril 1963 régissant les relations consulaires dont l'article 36 énonce que :
« (…) *les autorités compétentes de l'Etat de résidence doivent avertir sans retard le poste consulaire de l'Etat d'envoi lorsque, dans sa circonscription consulaire, un ressortissant de cet Etat est arrêté, incarcéré ou mis en état de détention préventive ou toute autre forme de détention. Toute communication adressée au poste consulaire par la personne arrêtée, incarcérée ou mise en état de détention préventive ou toute autre forme de détention doit également être transmise sans retard par lesdites autorités. Celles-ci doivent sans retard informer l'intéressé de ses droits aux termes du présent alinéa* (…) ».

[112]*Arrêt du 27 juin 2001*, Recueil des arrêts, avis consultatifs et ordonnances de la Cour internationale de justice, 2001, op.cit, pp. 492 et 493.

international contemporain, l'individu est aussi un sujet de droit ; mais les droits qui lui sont reconnus le sont par l'Etat et il n'a eu longtemps que ceux qui lui sont reconnus par lui ; jusqu'à une époque très récente, il n'a été considéré que comme un sujet secondaire, dérivé, dont les droits varient et sont modulés en fonction de la volonté de l'État dont il est ressortissant »[113].

En raison des divergences doctrinales et des imprécisions conventionnelles quant au statut juridique duquel peut se prévaloir l'individu en droit international, la CIJ a développé une solution médiane consistant à contrôler la protection des droits individuels par l'entremise des Etats.

L'efficacité de cette solution réside dans le fait qu'elle remplit deux fonctions importantes : d'une part, elle est respectueuse d'une tendance, en mutation, mais, tout de même, omniprésente, faisant de l'Etat et du collectif d'Etats, à savoir les organisations internationales, les sujets de droit international, et d'autre part, elle offre à l'individu une voie l'habilitant à faire prévaloir ses droits devant la CIJ.

La préservation des droits individuels à travers l'Etat est, donc, l'apport cardinal de l'arrêt LaGrand, lequel apport a été reconnu et admis par la CDI dans son projet d'articles relatifs à la responsabilité de l'Etat pour fait internationalement illicite.

Dans le commentaire qu'il a réservé à l'article 33, la CDI précise expressément que « lorsqu'une obligation de réparation est due à un Etat, la réparation n'est pas nécessairement effectuée au bénéfice de cet Etat. Par exemple, la responsabilité d'un Etat peut être engagée pour la violation d'une obligation conventionnelle concernant la

---

[113]PELLET (A), *Le droit international à l'aube du XXIème siècle : La société internationale contemporaine – Permanences et tendances nouvelles*, 1997, op.cit. p. 41.

protection des droits de l'homme envers toutes les autres parties du traité en question, mais les individus concernés doivent être considérés comme les bénéficiaires ultimes et, en ce sens, comme les titulaires, des droits en question.

Des droits individuels peuvent aussi, en droit international, naître en dehors du domaine des droits de l'homme. L'éventail des possibilités est attesté par l'arrêt rendu par la Cour internationale de Justice dans l'affaire LaGrand, dans lequel la Cour a jugé que l'article 36 de la Convention de Vienne sur les relations consulaires « cré[ait] des droits individuels qui, en vertu de l'article 1er du Protocole de signature facultative, peuvent être invoqués devant la Cour par l'Etat dont la personne détenue a la nationalité »[114].

Si elle s'analyse conformément au prisme du DIP, la justiciabilité de l'individu revêt un caractère dérivé et subsidiaire, et la CIJ y consacre des solutions médianes par lesquelles elle cherche à établir un équilibre prudent, mais fluctuant, entre le Souverain classique des relations internationales qu'est l'Etat, et l'acteur qui s'impose de plus en plus à savoir l'individu. Néanmoins, la même justiciabilité prend un contenu différent dès lors que les normes du DIDH interviennent.

Sous l'égide du DIDH, l'individu n'a pas besoin d'un agent de canalisation pour protéger ses droits et ses intérêts dans la mesure où il peut directement saisir le juge en cas de violation, de quelque nature que ce puisse être, et quel qu'il en soit l'auteur, de ses droits.

En termes succincts, l'individu est sujet à part entière de l'ordre juridique établi par le DIDH. A cet égard, la CDI ne manque pas de mentionner que les traités relatifs aux droits de l'Homme autorisent l'individu à saisir des organes de contrôle.

---

[114]L'article 33 et le commentaire s'y rapportant, op.cit, p. 252.

Aussi, les accords bilatéraux ou multilatéraux relatifs au commerce international habilitent les personnes de droit privé à saisir des organes juridictionnels en vue de la préservation de leurs droits face aux décisions lésionnaires que pourrait occasionner l'action d'un Etat ou d'un collectif d'Etats.

L'ossature argumentaire du projet d'articles préparés par la CDI se constitue fondamentalement de décisions rendues par les juridictions internationales. Ce constat génère, à notre sens, deux conclusions essentielles :

- D'une part, la judiciarisation constitue l'instrument essentiel par lequel la CDI soumet les souverainetés étatiques aux normes du droit international ;
- D'autre part, et malgré le fait que l'instauration de la responsabilité en droit international soit une restructuration foncière du principe de consentement, la place de choix accordée à l'œuvre jurisprudentielle résulte non seulement de la probité de la norme établie par le juge, mais aussi de son caractère consensualiste dans la mesure où le recours au règlement judiciaire est conditionnée par une acceptation étatique préalable. En effet, tant qu'il s'agit de la CIJ ou de l'arbitrage, le consentement étatique préalable d'y recourir constitue la condition sine qua non de recevabilité.

L'influence déterminante exercée par le juge sur le codificateur, si l'on utilise les termes du professeur Santiago VILLAPANDO, montre que les projets d'articles, tant ceux de l'organisation internationale que ceux de l'Etat, nécessitent l'adoption d'une convention, sous l'égide de l'ONU, pour qu'ils puissent renforcer réellement l'ordonnancement juridique international.

Or, les juristes de la CDI, et sur la base des résultats des anciennes tentatives de codification de la responsabilité du sujet primaire du droit international qu'est l'Etat, savaient que le couronnement de la codification par l'adoption et l'opérationnalisation d'une convention, à l'instar de la Convention des Nations Unies relative à l'immunité de juridiction de l'Etat sur le terrain du droit international, ne constituerait pas une œuvre facile.

La pratique des relations internationales montre que les Etats demeurent fidèles à la conception de désengagement pragmatique quant à la définition de leurs intérêts, et préfèrent, de ce fait, ne pas détacher, de manière entière, le droit international de la logique de coordination pour le soumettre à une logique de subordination impliquant non seulement l'effectivité de la norme internationale mais aussi sa suprématie par rapport à l'ordre juridique étatique.

Le processus de codification, bien qu'il s'assigne comme objectif central la consolidation de l'effectivité normative du droit international à travers la délimitation des domaines dans lesquels il faudrait adopter des conventions, demeure soucieux des intérêts inter-étatiques parmi lesquels figure celui d'appartenir à l'ensemble normatif régissant les relations internationales. Dans ce sillage, l'article 15 du Statut de la CDI énonce : « l'expression « développement progressif du droit international » est employée, pour la commodité, pour couvrir les cas où il s'agit de rédiger des conventions sur des sujets qui ne sont pas encore réglés par le droit international ou relativement auxquels le droit n'est pas encore suffisamment développé dans la pratique des Etats. De même, l'expression « codification du droit international » est employée, pour la commodité, pour couvrir les cas oùil s'agit de formuler avec plus de précision et de systématiser les règles du droit international dans des domaines dans lesquels il existe déjà une pratique étatique considérable, des précédents et des opinions doctrinales »[115].

---

[115]Article 15 du Statut de la CDI, énonçant que : « *Dans les articles qui suivent, l'expression « développementprogressif droit international », est employée, pour la commodité, pour couvrir les cas où il s'agit de*

La pratique des Etats constitue, donc, une référence importante que la CDI fait intervenir en vue de l'accomplissement des tâches qui lui incombent. Par conséquent, la CDI s'oriente par le comportement étatique qui, force est de le mentionner, n'adhère pas à la thèse brandissant la codification de tous les aspects des relations internationales.

En résumé, l'Etat refuse que la codification supplante la régulation négociée (politique) des tensions et différends internationaux.

Il importe de mentionner que la vocation étatique consistant en la restriction du domaine de la codification au moyen de l'extension de celui du développement progressif, concerne non seulement l'ordre international mais également l'ordre étatique lui-même dans lequel les personnes juridiques privilégient les modes alternatifs de règlement des conflits, basés sur la négociation et la quête d'arrangements, et réduisent, de ce fait, les cas de recours à la voie proprement judiciaire.

De plus, l'article 10 du Statut de la CDI énonce : « les membres de la Commission sont élus pour cinq ans ; ils sont rééligibles »[116]. La rééligibilité porte, à notre sens, atteinte à l'indépendance des membres de la CDI dans la mesure où un membre désireux d'en bénéficier peut être poussé à

---

rédiger desconventions sur des sujets qui ne sont pas encore réglés par le droit international ou relativement auxquels le droit n'est pas encore suffisamment développé dans la pratique des Etats. De même, l'expression « codificationdu droit international » est employée, pour la commodité, pour couvrir les cas où il s'agit de formuler avec plus de précision et de systématiser les règles du droit international dans des domaines dans lesquels il existe déjà une pratique étatique considérable, des précédents et des opinions doctrinales ». Voy. Statut de la CDI, http://legal.un.org/ilc/texts/instruments/french/statute/statute.pdf

[116] L'article 10 du Statut de la CDI.

entreprendre des rapports florissants avec l'Etat l'ayant proposé.

Le mécanisme de rééligibilité permet, donc, aux Etats d'exercer des pressions efficaces sur les travaux de la CDI.

Outre la rééligibilité, l'autonomie de l'institution de l'ONU chargée de codifier le droitinternational peut être supplantée par le pouvoir reconnu à l'Etat de retirer la candidature d'une personne qu'il a déjà proposée.

La judiciarisation de la souveraineté ne revêt pas, donc, une portée absolue. L'Etat ne peut être soumis à la justice ni s'en exonérer, intégralement. L'efficacité de la régulation juridique des relations internationales, produisant, entre autres, une réelle normativité du droit international, ne signifie pas, automatiquement, une suppression totale de la régulation politique.

Quoique qu'il soit le moyen le plus sûr qui permettrait à la norme internationale d'avoir une portée coercitive, le règlement judiciaire ne peut abolir totalement la négociation inter- étatique et cette réalité s'explique fondamentalement par l'inexistence d'un consensus inter-étatique sur la portée et les moyens d'opérationnalisation d'un « **intérêt général universel** ». Il s'ensuit que « les relations entre Etats ressemblent fort à celles qu'entretiennent dans l'ordre interne les particuliers et qu'elles en diffèrent sur un point fondamental. Dans la mesure où, pas plus qu'un être juridiquement supérieur (un super-Etat), la réunion de fait d'un grand nombre d'entre eux, ou à la limite leur quasi-totalité, n'est légalement qualifiée pour dégager une expression autorisée de l'intérêt général, comme l'est l'Etat face à ses sujets de droit interne, ce sont les intérêts particuliers des Etats qui animent leur action ou, au mieux, la représentation particulière que chacun se fait de l'intérêt général. Il s'ensuit que les rapports entre Etats obéissent à la logique de droit privé, si l'on entend par là celui qui régit les relations entre particuliers, mais que cette logique n'est encadrée ou contrecarrée par aucun droit public comme l'est en droit interne »[117].

Pour qu'elle soit efficace et pour qu'elle puisse se développer, la régulation juridique des relations internationales, dont la codification de la responsabilité de l'Etat est une manifestation fondamentale, « doit coexister avec une régulation non juridique des relations internationales – car l'absence de droit n'est pas l'absence de régulation. La puissance, inégalement répartie mais prise en considération par les différents acteurs, est aussi un élément important de régulation »[118].

PARAGRAPHE 2. LA CONSÉCRATION DE LA RESPONSABILITÉ DES ORGANISATIONS INTERNATIONALES

La soumission de l'Etat, à l'échelle du droit international, à la responsabilité n'a pas été une œuvre facile ne serait- ce que parce qu'il est le sujet primaire de ce droit et le créateur des normes qui en constituent la substance. C'est pourquoi, l'adoption du projet d'articles relatifs à la responsabilité internationale étatique (A) a facilité et servi de catalyseur à l'avènement des articles appelés à régir la responsabilité des sujets dérivés du droit international, en l'occurrence les organisations internationales (B).

---

[117]COMBACAU (J), SUR (S), *Droit international public*, 8ème édiction, Montchrestien, pp. 23 et 24.
[118]Même source, p. 28.

A. LA CODIFICATION DE LA RESPONSABILITÉ ÉTATIQUE POUR FAIT INTERNATIONALEMENT ILLICITE

Précisons d'emblée que le droit international « n'est plus cette discipline ésotérique qui se dérobait au commun des mortels, il parle un langage plus humain (…) ; il est descendu de l'Olympe pour se mêler à la foule »[119].

Le droit international ne constitue plus une porte fermée, et ne se fonde pas exclusivement sur l'interétatisme ; bien au contraire, il s'est notoirement inscrit dans un processus d'individualisation et de restructuration qui le transforme en un ordre juridique gouverné non par des arrangements à caractère politique mais plutôt par des règles codifiées dont l'inobservation entraine des sanctions.

Le droit international se transforme, de plus en plus, en un ensemble juridique hétéroclite au sein duquel les juges mènent le rôle de régulation et parfois celui de production de normes[122].

Il semble entrer dans les mœurs que pour qu'une norme juridique puisse revêtir effectivement son caractère coercitif, elle doit être surveillée par une autorité impartiale et indépendante, en l'occurrence, le juge. Celui-ci, en constatant la violation d'une règle de droit, édicte des décisions coercitives.

Aussi, il est important de rappeler que le caractère contraignant est fondamentalement retenu par la doctrine pour marquer l'autonomie de la fonction régulatrice de la règle juridique et du coup, la distinguer des autres règles poursuivant la même finalité telles que la religion et la morale.

---

[119]LANKARANI EL ZEIN (L), *Les contrats d'Etat à l'épreuve du droit international*, Coll. droit international, Bruxelles, Editions Bruylant, Editions de l'Université de Bruxelles, 2001, p. 120.

En propos succincts, si elle n'est pas contraignante, la règle juridique serait inexistante.

La judiciarisation de la souveraineté étatique constitue, donc, un des phénomènes capitaux des relations internationales contemporaines. Elle introduit le mécanisme de la responsabilité dans l'ordre juridique international et ne manque pas, force est de le reconnaître, d'affecter le statut des organisations internationales. Le professeur Yves DAUDET précise à cet égard que « le principe selon lequel chacun répond de ses actes, qui connait dans l'ordre juridique interne une fortune si considérable – peut-être même excessive – concerne aujourd'hui tout autant l'ordre international. Le développement de la justice pénale internationale, les interrogations sur l'immunité dont jouissent divers représentants de m'Etat ou sur les modalités d'exercice de la souveraineté de l'Etat, pour ne prendre que ces exemples, en constituent des signes clairs. **Il n'y a donc aucune raison pour que les Organisations internationales (...) échappent à ce mouvement d'ensemble.** ».[120]

Il convient de rappeler que l'intérêt que suscite la soumission de l'Etat, sujet originairede droit international, à la reddition des comptes, via le mécanisme de la responsabilité juridique, est très ancien dans la mesure où la CPJI l'avait clairement évoqué dans l'affaire relative à l'Usine de Chorzów en 1927, en précisant que « c'est un principe général de droit international que la violation d'un engagement entraine l'obligation de réparer dans une forme adéquate. La réparation est donc le complément indispensable d'un manquement à l'application d'une

[120]DAUDET (Y), *La responsabilité des Nations Unies*, in La responsabilité en droit public. Aspects contemporains, Bruxelles, Bruylant, 2005, p. 251.

convention, sans qu'il soit nécessaire que cela soit inscrit dans la convention même »[121].

Il en découle que la responsabilité juridique est un principe général qui, pour être opérationnalisé, n'a pas nécessairement besoin d'être prévu par une Convention. L'existence de l'ordre juridique en dépend dans la mesure où la négation de la responsabilité de répondre d'actes illicites est synonyme d'anarchie et de désordre.

Aussi, « dans l'affaire des Phosphates du Maroc », la CPJI « a affirmé que, lorsqu'un État commet un fait internationalement illicite à l'encontre d'un autre État, la responsabilité internationale s'établit « directement dans le plan des relations entre ces États ».

De son côté, la CIJ a appliqué ce principe à diverses reprises (par exemple dans les affaires du Détroit de Corfou.). La Cour a également invoqué ce principe dans ses avis consultatifs sur la réparation des dommages subis au service des Nations-Unies et sur l'interprétation des traités de paix conclus entre la Bulgarie, la Hongrie et la Roumanie, où elle a déclaré qu'« il est clair que le refus de s'acquitter d'une obligation conventionnelle est de nature à engager la responsabilité internationale »[122].

L'analyse du raisonnement suivi par la CIJ et par sa devancière la CPJI établit une observation importante. La CPJI a précisé que l'obligation de réparation d'un préjudice ne figure pas ipso facto dans le texte juridique contenant la norme violée. Et ce contrairement au soubassement conventionnel exigé par la CIJ avant de mettre en jeu la responsabilité de l'auteur d'un comportement dommageable.

---

[121]Ordonnance du 21 novembre 1927 CPJI (série. A), n° 12, p. 21.

[122]Projet d'articles sur la responsabilité de l'Etat pour fait internationalement illicite et commentaires y relatifs,ACDI, 2001, Vol II (2), p. 66.

Aucune antinomie ne peut être soulevée entre le raisonnement suivi par la CPJI et celui de la juridiction qui lui a succédé dans la mesure où les projets decodification de la responsabilité internationale tant de l'Etat que des organisations internationales, stipulent que cette dernière ne peut être engagée, que si une règle codifiée n'a pas été respectée.

De plus, il est utile de rappeler que la codification du droit international représente une des fonctions que les Nations-Unies poursuivent au moyen de la CDI.

Aussi, il est important de préciser que le passage suivant : « il est clair que le refus de s'acquitter d'une obligation conventionnelle est de nature à engager la responsabilité internationale » soulève un constat cardinal. En effet, il se peut en résulter que la CIJ confère àla responsabilité internationale un contenu civil en la transformant en une source d'indemnisation de la victime du dommage causé.

Le substrat indemnitaire découlant du droit civil conditionne, force est de le rappeler,la mise en œuvre de la responsabilité par l'existence préalable d'une norme contractuelle. Par voie de conséquence, la CIJ écarte la responsabilité délictuelle qui intervient suite à un acte créateur certes de dommage, mais qui n'est pas interdit par le contrat conclu entre l'auteur du dommage et la victime.

La mise à l'écart de la responsabilité délictuelle ne traduit pas une tendance statique dela CIJ dans la mesure où les affaires évoquées, ci-dessus, se situent dans un contexte historique correspondant à la phase embryonnaire de la judiciarisation du droit international durant laquelle les deux ensembles normatifs, se trouvant à la base de l'individualisation du droit international, à savoir le DIDH et le DIH, n'étaient pas suffisamment élaborés.

En outre, tant le projet d'articles sur la responsabilité de l'Etat pour fait internationalement illicite que celui afférent à la responsabilité des organisations internationales, n'écartent pas les cas d'engagement de la responsabilité personnelle, et, à notre sens, l'emploi du vocable « fait » n'est pas hasardeux dans la mesure où s'il est extensivement interprété, en référence à l'acception qu'il revêt en droit civil, il peut signifier que la CDI, sur la base des arrêts édictés par la CIJ, admet les deux régimes de responsabilité, celle qui découle d'un contrat et celle n'en résultant pas.

En propos succincts, « l'institution de la responsabilité pour fait illicite est au cœur de tout ordre juridique. S'il n'existe pas de règles définissant les effets juridiques d'une violationdu droit, la notion d'ordre juridique est vide de sens, car il n'y a pas de différence entre le comportement conforme au droit et celui qui ne l'est pas »[123].

Malgré le fait que la reconnaissance jurisprudentielle de la responsabilité de l'Etat, en tant que principe général devant régir les relations internationales, remonte aux débuts du siècle passé, la communauté internationale ne s'est dotée d'un texte régissant la responsabilité étatique pour fait internationalement illicite qu'à partir de 2001, l'année en laquelle l'Assemblée générale de l'ONU a pris note du projet d'articles apprêtés par la CDI. Cette lenteur dans la codification de la responsabilité étatique s'explique par le recours quasi- permanent aux techniques de la régulation politique de l'espace conflictuel international, durant la Guerre froide.

Sous les auspices de la rivalité américano-soviétique, le recours à la justice, pour déclarer un Etat débiteur en raison de l'inobservation d'une obligation conventionnelle, était minutieusement contrôlé par les Etats dans la mesure où sa

---

[123] *L'ordre juridique international entre tradition et innovation*, op.cit, p. 261.

mise en œuvre était tributaire de l'acceptation préalable des parties en situation litigieuse.

Le juge a, donc, soulevé l'importance de la codification de la responsabilité de l'Etat, en se référant à un principe général se trouvant à la base même de chaque ordre juridique, en l'occurrence la reddition des comptes à travers les différentes manifestations qu'elle pourrait revêtir et notamment celle se matérialisant dans l'obligation de réparer les dommages résultant d'actes illicites.

Toutefois, et comme nous l'avons évoqué précédemment, l'inscription de la responsabilité de l'Etat dans l'ordonnancement juridique reste une œuvre récente, nécessitant une consolidation réelle à travers les efforts jurisprudentiels, en particulier ceux destinés à fournir un encadrement précis aux domaines que la CDI a inscrits dans le giron du développement progressif du droit international.

B. L'INSCRIPTION DE LA RESPONSABILITÉ DES ORGANISATIONS INTERNATIONALES DANS LE SILLAGE DU DÉVELOPPEMENT PROGRESSIF DU DROIT INTERNATIONAL

L'article 57 relatif à la responsabilité de l'Etat pour fait internationalement illicite dispose : « les présents articles sont sans préjudice de toute question relative à la responsabilité d'après le droit international d'une organisation internationale ou d'un Etat pour le comportement d'une organisation internationale ».

L'article, sus-indiqué, pose les jalons du processus de codification de la responsabilité juridique des organisations internationales. Dans son commentaire circonstancié, la CDI a examiné les cas dans lesquels la responsabilité du sujet dérivé du droit international peut être engagée. Ainsi, un Etat peut détacher certains de ses fonctionnaires auprès d'une organisation internationale, et dans ce cas « leur comportement est attribuable à l'organisation et non à l'Etat d'envoi »[124].

Il ressort, également, de l'article 57 que l'organisation internationale peut engager sa responsabilité juridique et que celle-ci est le résultat du fait que l'organisation internationale est titulaire d'une personnalité juridique propre et indépendante.

« La personnalité juridique internationale reconnue par la Cour[125] confère à l'Organisation un ensemble des droits et devoirs et donc y compris celui d'être responsablede ses actes »[126], l'ossature argumentaire de l'avis de la CIJ repose sur la nécessité de reconnaître au profit de l'organisation internationale une existence juridique propre et autonome, afin qu'elle puisse réaliser de manière impartiale ses fonctions.

L'autonomie fonctionnelle tant intrinsèque, s'incarnant dans la gestion de son personnel conformément au droit administratif international, qu'extrinsèque, s'incarnant dans le fait qu'elle est bénéficiaire de la personnalité juridique internationale, « milite en faveur de l'application aux Nations-Unies des règles de la responsabilité internationale conduisant à la réparation d'un dommage causé par une activité illicite. »[127].

Les professeurs COMBACAU et SUR indiquent que « si en effet la qualité de sujet consiste dans l'aptitude à

---

[124] Projet d'articles sur la responsabilité de l'Etat pour fait internationalement illicite et commentaires y relatifs,op.cit, p. 389.

[125]Il s'agit de l'avis consultatif de la CIJ portant sur : « *La réparation des dommages subis au service des Nations Unies* », et dans lequel la juridiction internationale a prodigué à l'ONU une personnalité juridique internationale propre l'habilitant à être titulaire de droits et d'obligations. La CIJ a précisé que l'ONU ne peut exercer pleinement ses missions que si elle bénéficie d'une personnalité juridique fonctionnelle.

[126] DAUDET (Y), *La responsabilité des Nations Unies*, op.cit, p. 252.

[127] Même source.

recevoir de l'ordre juridique duquel on la tient des droits, des pouvoirs et des obligations (…), rien ne fait obstacle à ce que des règles de droit international créent à la charge des organisations des obligations, des pouvoirs et des droits, et les tiennent ainsi pour leurs destinataires « immédiats » comme le sont les Etats et dans certains cas les sujets de ces derniers »[128].

L'accréditation de la responsabilité de l'organisation internationale est, donc, le corollaire de sa personnalité juridique internationale. Etant investies d'une immunité de juridiction absolue [129] et de la prérogative les habilitant à émettre des actes normatifs opposables à leurs Etats-membres, la responsabilité serait un mécanisme qui redéfinit l'autorité, ou encore la souveraineté fonctionnelle des organisations internationales, en soumettant leur action dommageable à l'obligation de réparation.

Evidemment, la soumission du sujet dérivé du droit international, qu'est l'organisation internationale, à l'obligation de réparation de ses actes illicites, prend en considération les particularités qui s'y rapportent, lesquelles particularités se ramènent, comme le soulève le

---

[128]COMBACAU (J) et SUR (S), *Droit international public*, 8ème édition, p. 715.

[129]Beaucoup d'auteurs évoquent l'existence, au profit des organisations internationales, non d'une protection diplomatique telle que classiquement appliquée à l'Etat, mais plutôt d'une protection fonctionnelle en ce sens que l'organisation internationale ne peut se prévaloir des privilèges et immunités que lui confèrent les conventions et traités (de création ou d'établissement du siège) que pour satisfaire aux exigences de la mise en œuvre autonome des objectifs ayant présidé à sa mise en place. Or, les juridictions étatiques et celles des droits de l'Homme, comme nous l'avons montré dans la section 1 du présent chapitre, refusent de contrôler la proportionnalité entre l'immunité invoquée et le but recherché et, au final, les organisations internationales se dotent d'une compétence discrétionnaire absolue échappant au contrôle judiciaire et fragilisant la normativité des droits humains, en particulier le droit au juge.

professeur DAUDET, au fait que « la personnalité d'un être collectif se caractérise par sa double qualité d'être corporatif et de sujet de droit »[130].

Il importe de mentionner, à la lumière des développements du professeur DAUDET, cités ci-dessus, que le principe général de réparation des préjudices nés d'une action ou, éventuellement d'une inaction, tel qu'interprété par le juge, ne concerne pas exclusivement l'Etat, et si on fait intervenir, encore une fois, le contenu que la CPJI avait donné à la responsabilité, on peut facilement en dégager que l'acquisition de la qualité de sujet, dans un ordre juridique donné, implique nécessairement la mise en œuvre de la responsabilité en cas de violation des ensembles normatifs constitutifs dudit ordre juridique.

La portée de l'article 57 sus-indiqué nous met devant deux situations importantes :

- La responsabilité de l'organisation internationale pour un acte contraire au droitinternational ;
- La responsabilité de l'Etat-membre du fait de l'action dommageable d'une organisation internationale.

Aux termes de l'article 57 sus-rapporté, les deux situations n'obéissent pas aux règles fixant la responsabilité de l'Etat pour fait internationalement illicite. Leur règlement doit, donc, relever d'un autre ensemble normatif dont les contours y sont, tout de même, annoncés.

Dans son commentaire du projet d'articles relatifs à la responsabilité internationale de l'Etat, la CDI met en évidence l'identité dudit ensemble normatif en précisant que : « l'article 57 exclut (...) du champ des articles les questions relatives à la responsabilité de l'Etat pour les actes d'une organisation internationale, c'est-à-dire les cas

---

[130]CAMBACAU (J), SUR (S), *Droit international public*, 8ème édition, p. 711.

dans lesquels l'organisation internationale est l'acteur et l'Etat est déclaré responsable du fait de son implication dans le comportement de l'organisation ou du fait de sa qualité de membre de celle-ci. Formellement, de telles questions pourraient entrer dans le champ des présents articles puisqu'elles concernent des problèmes de responsabilité des Etats. Mais elles soulèvent des controverses de fond quant au fonctionnement des organisations internationales et aux relations entre leurs membres, questions qu'il est plus judicieux de traiter dans le cadre du droit desorganisations internationales »[131].

Le commentaire de la CDI, réservé à la portée de l'article 57 pré-cité, établit les bases fondamentales de ce qui va devenir, un peu plus tard, le projet d'articles sur la responsabilité des organisations internationales.

En propos succincts, les articles afférents à la responsabilité étatique fournissent la circonférence de ceux qui seront, ultérieurement, impartis à la responsabilité des organisationsinternationales, moyennant la reconnaissance solennelle de l'existence de cas litigieux échappant au domaine d'application des articles relatifs à la responsabilité de l'Etat d'une part, lesquels cas devant être, d'après la CDI, réglés conformément au droit des organisations internationales d'autre part.

C'est dire que l'article 57 pré-cité définit l'étendue de la responsabilité de l'organisation internationale pour un acte internationalement illicite en en déterminant le champ de mise en œuvre.

En se référant expressément aux dispositions de l'article 57 ci-dessus, l'article premierdu projet d'articles sur la responsabilité des organisations internationales énonce :

---

[131]Projet d'articles sur la responsabilité de l'Etat pour fait internationalement illicite et commentaires y relatifs,op.cit., pp. 389 et 390.

« 1. Le présent projet d'articles s'applique à la responsabilité internationale d'une organisation internationale pour un fait internationalement illicite.

2. Le présent projet d'articles s'applique aussi à la responsabilité internationale de l'État pour un fait internationalement illicite à raison du fait d'une organisation internationale »[132].

Le champ d'application du projet d'articles réglementant la responsabilité des organisations internationales est, donc, délimité par les exceptions instituées par l'article 57 du projet d'articles relatifs à la responsabilité de l'Etat.

C'est la conclusion à laquelle adhère la CDI en commentant l'article premier du projet d'articles concernant les organisations internationales, comme suit « en 2001, la Commission du droit international a adopté un ensemble d'articles sur la responsabilité de l'État pour fait internationalement illicite. Ainsi qu'il est indiqué dans ces articles, ceux-ci « sont sans préjudice de toute question relative à la responsabilité d'après le droit international d'une organisation internationale ou d'un État pour le comportement d'une organisationinternationale » (art. 57). Étant donné le nombre d'organisations internationales existantes et leurs fonctions toujours croissantes, il est apparu que ces questions revêtaient une importance particulière. Ainsi, la Commission a décidé en 2002 de poursuivre son travail de codification et de développement progressif du droit de la responsabilité internationale en se saisissant de deux questions qui avaient été laissées de côté sans préjudice d'un examen futur dans l'article 57 des articles sur la responsabilité de l'État »[133].

Dans une formule synthétique et concluante, la CDI indique que « le champ d'application du présent projet

---

[132]Projet d'articles sur la responsabilité des organisations internationales et commentaires y relatifs, ACDI, 2011,Vol. II (2).
[133]Même source.

d'articles[134] se rapporte à ce qui avait été laissé en suspens à l'article 57 des articles sur la responsabilité de l'État »[135], ou encore « le paragraphe 2 » de l'article premier du projets d'articles relatifs à la responsabilité internationale de l'organisation internationale « fait entrer dans le champ d'application du présent projet d'articles des questions qui ont été signalées, mais non traitées, dans les articles sur la responsabilité de l'État pour fait internationalement illicite »[136].

Il découle des développements précédents que l'encadrement juridique de la responsabilité internationale de l'Etat a infléchi celui réservé à la responsabilité du sujet qu'ila créé, à savoir, l'organisation internationale.

Par son existence même, l'article 57 faisant partie du projet d'articles relatifs à la responsabilité internationale de l'Etat, montre que la codification du droit international devrait concerner indistinctement ses deux sujets, en l'occurrence, l'Etat et le collectif d'Etat (organisations internationales) dans la mesure où la protection de l'effectivité normative[137] d'un ordre juridique repose

---

[134]Il s'agit du projet d'articles régissant la responsabilité des organisations internationales.

[135]Projet d'articles sur la responsabilité des organisations internationales et commentaires y relatifs, ACDI, 2011,Vol. II (2).

[136]Même source.

[137]Nous estimons, à l'instar de plusieurs auteurs, l'ineffectivité normative du droit international devrait être sensiblement nuancée. Bien qu'elle soit une entrave structurelle à une opérationnalisation stable du droit international, « *le droit international existe ni plus ni moins que les autres droits. On n'enseigne pas que le droit constitutionnel ou que le droit fiscal est imparfait, note René de La Charrière, (et pourtant) ! L'ineffectivité massive de nombreuses règles fiscales ne conduit pas à faire le constat de l'inexistence du « droit » fiscal. L'absence de « différenciation » entre le juge administratif français et l'administration et la capacité du pouvoir politique d'écarter du contentieux les « actes de gouvernement », de faire « valider » les dispositions annulées par le juge, et de modifier, à son gré, les règlements administratifs, ne débouchent pas sur l'inexistence du «*

fondamentalement sur la soumission de ses sujets et, plus extensivement, de ses acteurs au principe de responsabilité. Chaque sujet doit, de ce fait, se soumettre à l'obligation de rendre compte de ses comportements irréguliers et d'en réparer les conséquences dommageables.

Aussi, il est utile de préciser que la consécration de la responsabilité juridique prend un intérêt d'envergure s'agissant des organisations internationales dans la mesure où celles-ci sont habilitées à édicter des actes unilatéraux, en particulier, dans le cas des organisations internationales dotées d'un processus d'intégration avancé. Il existe de nombreux cas, établis par leurs traités créateurs respectifs, à l'occasion desquelles les organisations internationales se voient confier le pouvoir de produire des actes normatifs unilatéraux opposables, dès leur édiction, à leurs destinataires qui pourraient être des Etats ou d'autres organisations internationales.

La diversité des actes normatifs qu'une organisation internationale peut édicter rend sasoumission au principe de la responsabilité juridique une nécessité impérieuse de sécurité juridique.

Nous pouvons constater, sur la base de ce qui précède, une restructuration de la sociétéinternationale tendant à la soumettre à un positivisme juridique objectif. Ainsi, « tout fait international illicite oblige son auteur à réparation, qu'il s'agisse ou non d'une faute »[138]. Par voie de conséquence, le mécanisme de risque potentiel s'ingère dans les contenus conférés à la notion de responsabilité tant par le juge que par la CDI.

---

droit » administratif », Cf. BENCHIKH (M), CHARVIN (R) et DEMICHEL (F), *Introduction critique au droit international*, Collection « Critique du droit », Presses universitaires de Lyon, p. 18.

[138]BENCHIKH (M), CHARVIN (R) et DEMICHEL (F), *Introduction critique au droit international*, op.cit, p.77.

L'adhésion à la théorie du risque potentiel lors de la détermination de l'étendue de la responsabilité juridique se vérifie, comme nous venons de le préciser, dans l'admission de la responsabilité sans faute en droit international.

Le fait générateur de la responsabilité n'est pas conditionné par la mise à mal d'un intérêt abstrait mais plutôt par l'atteinte à une situation juridiquement protégée. L'évolution de l'objectivité du droit international ne peut que consolider l'encadrement juridique du caractère coercitif du droit international et partant, celui de son effectivité.

Le professeur Alain PELLET considère qu'« on passe ainsi d'une conception purement inter-personnelle, « civile » si l'on veut, de la responsabilité internationale, à une approche plus « objective » : peu importent les conséquences d'une violation du droit international, celui-ci doit être respecté et tout manquement engage la responsabilité de son auteur, les conséquences de celle-ci variant selon que le fait internationalement illicite a ou non causé un dommage et en fonction de la nature de la norme violée »[139].

Le contenu que confère le processus de codification à la responsabilité internationale tend à en faire une responsabilité objective que déclenche la mise à mal d'une norme résultant du droit positif international.

De façon concise, dès qu'il y a violation d'une règle conventionnelle, la responsabilité devient invocable.

En propos davantage précis, nous pouvons remarquer que « le régime juridique de la responsabilité internationales des organisations inter-gouvernementales s'inspire, dans les grandes lignes, de celui des Etats.[140] », et

---

[139]PELLET (A), op.cit.

[140]KOLB (R), PORRETTO (G) et VITE (S), *L'application du droit international humanitaire et des droits de l'homme aux organisations*

les juridictions internationales, avec, la CIJ comme chef de file, affirment qu'à l'instar de l'Etat, le collectif d'Etats est responsable des dommages engendrés par ses activités.

SECTION 3. LES ORGANISATIONS INTERNATIONALES FACE AUX RÉGIMES DE RESPONSABILITÉ RELATIFSAU DIDH ET AU DIH[141]

Le contexte juridique international a subi une profonde mutation marquant le passage, en progression, d'un droit international strictement inter-gouvernemental à un droit international des droits humains dont le but prioritaire est de protéger les intérêts licites de l'individu, face aux décisions irrégulières et dommageables provenant d'un organe étatique ouinter-étatique.

Le mouvement individualisateur du droit international, exerçant des influences directes sur l'étendue des pouvoirs de ses deux sujets à savoir l'Etat et le collectif d'Etats qu'est l'organisation internationale, s'incarne, entre autres, dans le développement du DIDH et du DIH dont, d'ailleurs, l'effectivité normative est contrôlée par des instances juridictionnelles permanentes.

Ainsi, la création de la Cour pénale internationale (CPI) et le renforcement des instruments de contrôle effectif du respect des droits de l'Homme, tant par les Etats à l'intérieur de leurs régimes juridiques respectifs que par les organisations internationales, à l'occasion de la conduite d'opérations de maintien de paix, s'inscrivent dans les profondes mutations ayant affecté les soubassements du

---

internationales : Forces de paix et administrations civiles transitoires, Bruylant, 2005, p. 324.

[141]Voir dans ce sens notre article intitulé : *L'indépendance de la Cour Pénale Internationale (CPI) : Mythe ou réalité ?* Magazine of Political Studies and International Relations (***ISSN 2410 – 3962***), JIL Scientific Research Center, An III, N° 12, Novembre 2017, pp. 107-119

droit international qui est devenu, de ce fait, davantage attentif au rôle de l'individu et ce, après avoir été, pendant longtemps, un temple fermé, superstructurel et « holiste »[142] des affaires inter-étatiques, dans lequel l'existence de l'individu n'était qu'exceptionnellement évoquée.

Loin et désuète est, donc, l'époque des traités de Westphalie du 24 octobre 1648 ayant posé les bases du droit international classique qui, en étant un corpus juridique destiné à pacifier les rapports reliant les Etats, apparaissait, dans les faits,comme une règle supplétive dont l'effectivité normative dépendait d'une acceptation préalable.

Pour, justement, conférer une sorte de puissance emphatique au consensualisme circonscrivant le droit international classique, il est stipulé dans les traités pré-cités :« nulle loiou interprétation de loi, nulle déclaration de guerre d'Empire, nulle paix ou alliance d'Empire, nulle taxe, levée, construction de forts, etc., ne peut avoir lieu sans le consentement des co-États réunis en diète »[143].

Or, dans l'état actuel des rapports internationaux, la stabilité planétaire se veut l'affaire du monde d'ici-bas, animé par les comportements individuels (les chefs d'Etats, les fonctionnaires des organisations internationales, les

---

[142]Nous empruntons ces deux termes « *superstructurel* » et « *holiste* » à la littérature relative à la théorie développementaliste, plus précisément, sa répercussion sur le droit international, selon laquelle la régulation des relations internationales s'assure fondamentalement par les Etats.

[143]Rappelons que la CPJI (organe judiciaire de l'ex-SdN) affirme dans l'affaire du LOTUS que « *les règles de droit liant les Etats procèdent, donc, de la volonté de ceux-ci, volonté manifestée dans des conventions ou dans des usages acceptés généralement comme consacrant des principes de droit, et établis en vue de régler la coexistence de ces communautés indépendantes, ou en vue de la poursuite de buts communs. Les limitations de l'indépendance des Etats ne se présument, donc, pas* ». En suivant ce raisonnement, la Cour s'est profondément inspirée de l'ordre westphalien fondé sur le consensualisme comme évoqué en haut.

hauts gradés de l'armée, les militants des droits humain etc.) et se détache, de ce fait, de la tutelle du monde de là-haut jalonné, lui, par des relations strictement inter-gouvernementales.

L'individualisation du droit international, selon toutes les acceptions qu'elle puisse revêtir, a été, pendant longtemps, scandée par des mobilisations et structures sociales que crée l'initiative individuelle à l'image des ONG, tant locales que planétaires, qui considèrent quele droit international strictement interétatique est désormais incapable de rendre compte d'une évolution fondamentale des relations internationales, laquelle évolution se matérialisant dans l'irruption qu'a fait l'individu sur l'échiquier des interactions et rapports mondiaux.

Il est vrai que l'ordre juridique westphalien a mis fin à l'ordre médiéval et ce par le biais de la mise en place des bases premières des temps modernes, et de la souveraineté étatique. Mais, il n'est pas difficile, tout de même, de constater que la souveraineté telle qu'elle est accréditée par le droit international classique, se voit altérer par l'usure du temps.

En effet, son caractère substantiellement holiste et superstructurel, l'entache d'anachronisme et de déphasage vis-à-vis de la montée continuelle de l'action individuelle, accompagnée de mobilisations collectives[144] ne manquant pas d'influencer le dispositif juridique international.

---

[144]Le professeur Richard BANEGAS estime que les mobilisations collectives sont marquées par deux facteurs déterminants, l'importance cardinale prodiguée à l'initiative individuelle d'une part et une forte demande du droit et de la justice en tant que cadre propice à l'épanouissement individuel et à la stabilité collective d'autre part. De ce fait, les mobilisations collectives sont une tendance revendicative particulièrement soucieuse du droit et de la justice et qui a exercé une influence considérable sur le DIP, donc, sur les Etats, pour, en guise d'exemples, se voir reconnaître le droit de saisine individuelle des mécanismes de suivi du respect des droits humains [Voy. BANEGAS

Le monde d'aujourd'hui se présente comme une société internationale composée d'une pluralité d'acteurs qui s'interagissent de façon bien évidemment inégale. Autrement dit,le monde est un système hétéroclite au sein duquel l'individu « constructeur », donc, réclamant des droits et libertés, et l'individu « prétendu coupable », auteur d'infractions, jouent un rôle loin d'être secondaire.

En d'autres termes plus succincts, « le droit international public s'intéresse de plus en plus aux individus et, donc, ne se limite plus aux seules relations inter-étatiques »[145]. Les Etats étaient les acteurs les plus influents qui accaparaient l'échiquier mondial.

Néanmoins, et compte tenu des bouleversements, tous azimuts, en particulier l'émergence et la propagation des organisations internationales et des associations de la société civile interne et internationale (composée de personnes morales de droit privé faut-il le remarquer[146]), prétendre que les Etats continuent de s'arroger la scène internationale n'est plus de mise.

Aussi est-il important d'observer que la théorie de la préservation de la paix internationale a notoirement changé. Durant la moitié du siècle passé, ayant succédé à la mise en place du système des Nations Unies, elle [la théorie de la paix] était tributaire du principe de l'autonomie constitutionnelle des Etats, tel que posé par les 1er et 7ème paragraphes de l'article 2 de la Charte des Nations-Unies, consacrés, respectivement, à l'égalité souveraine et

---

(R), *Les transitions démocratiques : mobilisations collectives et fluidité politique*, in Cultures et Conflits, 1993/4 (n° 12) pp. 105-140.].

[145]Voir dans ce sens, Marie-Claire PONTHOREAU, *Trois interprétations de la globalisation juridique : approche critique des mutations de droit public*, A.J.D.A., 1-2006, p. 20.

[146]Notons, avec intérêt, que le CICR est une institution privée à laquelle le droit international a reconnu un statut particulier dans le contrôle de la mise en œuvre des règles protectrices.

au respect de la compétence nationale ou « domaine réservé » des Etats[147].

Il s'ensuit que quelle que soit la forme constitutionnelle du gouvernement, le droit international n'exige que l'effectivité de l'autorité exercée sur un espace territorial, pour qu'il soit internationalement reconnu.

Toutefois, dans des situations diverses, en Afrique, en Asie et en Amérique latine, l'intervention de l'ONU et des puissances occidentales dans la formation des gouvernementsa conduit une partie de la doctrine à employer l'expression controversée d'« internationalisation du pouvoir constituant ».

La régulation des relations internationales, donc la quête de la paix, par le jeu des alliances politiques, correspondant au bipolarisme révolu, s'est effritée au profit d'une régulation par démocratisation comportant, entre autres corollaires, la judiciarisation.

Compte tenu de leur importance indéniable, la mise en œuvre du DIDH et du DIH façonnent la notion de responsabilité internationale en ajoutant à son volet indemnitaire instauré par la CPJI et la CIJ un volet, en plein essor, en l'occurrence la responsabilité personnelle.

Nous examinerons, donc, la justiciabilité de l'organisation internationale dans l'ordre juridique issu du DIDH (1er paragraphe) avant de nous intéresser aux

---

[147]Il importe de remarquer que « *la compétence nationale* », terme évoqué par la Charte de l'ONU et renvoyant à la sphère de l'exercice du pouvoir discrétionnaire de l'Etat en sa qualité de sujet de droit international, est appelée en littérature française : « *domaine réservé* ». Historiquement, le concept de « *domaine réservé* » n'est pas étranger à celui de souveraineté nationale. Le domaine réservé étant, force est de le remarquer, la sphère d'action politique détenue par le dépositaire du pouvoir temporel. Il est par conséquent soutenable de dire que la Charte des Nations-Unies, en reconnaissant la compétence nationale, soulage les craintes émises par certaines puissances à propos d'une internationalisation complète du droit public interne.

impacts de la création de la justice pénale internationale, en particulier dans les limites du rôle de protecteur de l'effectivité du DIH dévolue aux juridictions internationales pénales, sur l'engagement et le contenu de la responsabilité de l'organisation internationale (2ème paragraphe).

PARAGRAPHE 1. LE DROIT AU JUGE FACE A L'IMMUNITÉ JURIDICTIONNELLE ABSOLUE

Le droit au juge est garanti par les conventions et traités relatifs aux droits de l'Homme. Son opposabilité aux Etats n'attise pas de problèmes juridiques particuliers car ces derniers sont les créateurs des textes composant le DIDH et en sont « parties contractantes ». Mais, dès lors qu'il s'étend aux organisations internationales, le droit au juge se heurte à l'immunité juridictionnelle absolue conférée à ces sujets dérivés du droit international et oppose, en conséquence, les partisans de la suprématie normative du DIDH découlant de son appartenance au jus cogens (A), aux juridictions qui, elles, tendent à établir des équilibres prudents entre le DIP, en tant que source de l'immunité de juridiction, et le DIDH, en tant que source du droit au juge, d'un côté, et à se conformer au caractère horizontal de la structure normative du droit international (B).

A. L'APPARTENANCE CONTROVERSÉE DU DIDH AU JUS COGENS

L'émergence du DIDH est étroitement liée au processus de régulation juridique de l'espace international[148]. En

---

[148]L'article 1 de la Charte des Nations Unies énonce que « *Les buts des Nations Unies sont les suivants :(...)*
Réalisation la coopération internationale en résolvant les problèmes internationaux d'ordre économique, social, intellectuel ou humanitaire, en développant et en encourageant les respects des droits de l'Homme et des libertés fondamentale (...) ».
Il ressort des dispositions de cet article que le développement et la protection des droits de l'Homme constitue un but onusien pour la réalisation duquel il est inévitable de reconnaitre la responsabilité de l'Etat et de l'organisation internationale en cas d'inobservation des normes s'y rapportant. La préservation réelle de ce but s'est concrétisée dans les efforts jurisprudentiels et de codification engagés par les

effet, la protection juridique des libertés et droits résulte des efforts engagés par les acteurs des relations internationales (Etats, organisations internationales, organisations non-gouvernementales etc.) en vue de la redéfinition des concepts westphaliens classiques de la coopération internationale et de la garantie de l'effectivité normative du droit international.

La substance juridique du DIDH comprend plusieurs conventions et traités présentant des portées : transversale (droits civils, politiques, économiques et culturels etc.), thématique (incrimination de la torture etc.) et catégorielle (intéressant des catégories d'hommes et de femmes présentant des vulnérabilités particulières : femmes, enfants, travailleurs migrants etc.).

L'adoption des conventions, pactes et traités relatifs aux droits humains et la mise en place d'organes chargés du contrôle de leur respect ont notoirement influé sur les contenus et les moyens d'application du droit international.

Si l'opposabilité du DIDH aux Etats ne suscite pas des ambigüités formelles considérables, l'extension de leur emprise à l'autre sujet du droit international, en l'occurrence les organisations internationales[149], soulève un débat doctrinal omnipotent, et génère des solutions jurisprudentielles variées voire antinomiques, dans la mesure où « la capacité d'une organisation d'être destinataire des droits et des obligations découlant des normes internationales ainsi que sa capacité d'agir sur le plan international ne peuvent pas faire l'objet d'un constat général, comme pour les Etats »[150].

---

organes compétents des Nations Unies et des Organisations d'intégration à vocation régionale, en particulier, l'Union européenne.

[149]Voir l'observation relative à l'emploi des expressions : « organisations internationales », « organisations interétatiques » et « organisations intergouvernementaux », mentionnée dans l'introduction.

[150]KOLB (R), PORRETTO (G) et VITE (S), *L'application du droit international humanitaire et des droits de l'homme aux organisations*

Globalement, deux positions orientent les analyses consacrées à la soumission d'une organisation internationale aux textes juridiques internationaux relatifs aux droits de l'Homme.

D'un côté, la doctrine fait intervenir l'argument d'assimilation à l'Etat, et, de l'autre, la position judiciaire établit des équilibres fragiles entre l'immunité absolue dévolue à l'organisation internationale et un droit humain fondamental à savoir le droit au juge.

Nous observerons dans les développements, ci-dessous, que le juge a même utilisé unesorte de subterfuge juridique pour assurer l'application des droits de l'Homme sans, pour autant, préjudicier l'immunité accordée à l'organisation internationale.

Les particularismes résultant de son statut de personne juridique fonctionnelle, titulaire d'une immunité de juridiction absolue, et de sujet dérivé de droit international, entravent l'engagement de la responsabilité directe d'une organisation internationale en raison de l'inobservation des normes du DIDH.

Si l'Etat exerce son autorité sur un espace territorial délimité au sein duquel il détient le monopole de la contrainte tant normative que physique, l'organisation internationale, elle, ne détient pas un territoire propre en ce sens que ses activités sont menées sur le territoire d'un Etat. Dans ce sillage, la Charte des Nations Unies dispose que l'Organisation détient sur les territoires respectifs des Etats membres les immunités, et les outils juridiques en découlant, nécessaires à la réalisation de ses missions.

Toutefois, l'inexistence d'un territoire afférent à l'organisation internationale ne signifie pas qu'elle est complètement « déterritorialisée ». Bien au contraire, dans plusieurs cas, l'organisation internationale administre des

---

internationales : Forces de paix et administrations civiles transitoires, Bruylant, 2005, op.cit., p. 20.

territoires et y exerce des fonctions souveraines dévolues normalement à l'appareil étatique.

En fonction des conventions et traités les ayant instituées, les organisations inter- gouvernementales accomplissent des missions qui leur « donnent un pouvoir direct sur les individus »[151].

Pour illustration, dans le régime de sécurité collective tel qu'accrédité par la Charte des Nations Unies, l'emploi de la force en vue de la préservation de la paix ne relève pas d'un quelconque pouvoir individuel de l'Etat[152], mais plutôt de la structure décisionnelle plurielle qu'offre l'édifice onusien, ou, en termes plus exacts, le droit institutionnel de l'ONU. La Charte des Nations Unies établit donc une redistribution du pouvoir qui « tend à aller des Etats uti singuli vers l'Organisation mondiale »[153].

Compte tenu de l'évolution du DIDH et de l'instauration de mécanismes institutionnels permanents chargés de surveiller son effectivité normative, la justiciabilité de l'organisation internationale dans l'ordre normatif résultant du DIDH se pose avec acuité, et soulève des interrogations lancinantes dans la mesure où elle met en évidence le rôle

---

[151]KOLB (R), PORRETTO (G) et VITE (S), *L'application du droit international humanitaire et des droits de l'homme aux organisations internationales : Forces de paix et administrations civiles transitoires*, op.cit.

[152]Ceci demeure sans préjudice du droit reconnu à un ensemble d'Etats d'utiliser la force militaire en vue de la préservation de la paix sur la base d'une délégation provenant du Conseil de sécurité de l'ONU. Ce dernier, étantle délégataire de l'Humanité pour garantir la paix et la sécurité à l'échelle planétaire, peut subdéléguer cette mission afin que soient mises en œuvre des interventions ponctuelles de rétablissement de paix.

[153]KOLB (R), PORRETTO (G) et VITE (S), *L'application du droit international humanitaire et des droits de l'homme aux organisations internationales : Forces de paix et administrations civiles transitoires*, op.cit, p. 29.

de créateur de normes et d'actes, de portée unilatérale, incombant à cette organisation internationale.

La doctrine soutient que l'exercice de fonctions d'autorité, similaires à celles dévolues à l'Etat, impose à l'organisation internationale le respect des normes du DIDH à l'occasion de la mise en œuvre de missions impliquant l'administration d'intérêts individuels.

L'organisation internationale, étant habilitée à opérationnaliser des missions souveraines (édiction d'actes normatifs unilatéraux, gestion administrative et financière d'un territoire, mise en œuvre des pouvoirs d'Etat dans le cadre d'administrations civiles transitoires (ACT)), doit, par conséquent, rendre compte de ses activités et assurer le respect du DIDH.

Le cas de l'ONU présente un intérêt particulier car elle est chargée, entre autres missions, du développement et de la préservation du dispositif juridique dédié à la protection des droits de l'Homme.

B. LA SUBSTITUTION D'UNE VOIE DE RECOURS AU DROIT AU JUGE

Contrairement à la doctrine, les juges considèrent que la résolution des litiges, relatifs aux droits humains, déclenchés par l'action d'une organisation internationale, doit s'effectuer de manière prudente, et en tenant compte des particularismes de chaque cas litigieux, et ce, pour ne pas mettre à mal la souveraineté fonctionnelle reconnue aux organisations internationales.

Les juges refusent, donc, de contrôler la proportionnalité qui doit exister entre l'immunité invoquée par l'organisation internationale et l'objectif qu'elle assigne à son activité.

Aussi, les juridictions nationales et celles des droits de l'Homme s'opposent à l'emploi du mécanisme de distinction entre les actes d'autorité et les actes de gestion dans le cas de différends occasionnés par l'activité d'une organisation internationale en attribuant, in fine, à celle-ci un très large pouvoir discrétionnaire lui permettant d'apprécier unilatéralement l'étendue de l'immunité dont elle jouit, et la corrélation qui doit exister entre cette dernière et l'objectif envisagé.

L'ambigüité qui circonscrit la soumission des organisations internationales au DIDH et l'hétérogénéité des positions judiciaires, engendrent des situations conflictuelles entrel'immunité accordée à ces organisations d'une part, et le principe de responsabilité et du droit humain au juge d'autre part.

En dépit des débats formels et des réticences judiciaires, la responsabilité demeure un principe général du jus cogens auquel nul ne peut déroger dès lors qu'il est créateur et/ou destinataire d'une norme juridique impliquant des obligations. De ce fait, en exerçant ses activités, l'organisation internationale engagera sa responsabilité si elle commet des actes dommageables.

Dans son avis consultatif relatif aux dommages subis aux services des Nations Unies, la Cour internationale de justice (CIJ) a reconnu aux organisations internationales victimes d'actes dommageables le droit d'en demander réparation aux auteurs.

Aussi, le Secrétaire général des Nations Unies a, tout solennellement, précisé que la responsabilité internationale de l'ONU est le corollaire de « sa personnalité juridique internationale et de sa capacité d'exercer des droits et d'assumer des obligations au niveau international[154] ».

---

[154]*Rapport du Secrétaire général de l'ONU sur les aspects administratifs et budgétaires du financement des opérations de maintien de paix des Nations Unies*, Doc. UN A/51/389 du 20 septembre 1996, paragraphe n° 6.

Il découle de ce qui précède que l'organe administratif et l'organe judiciaire de l'ONUreconnaissent le principe de la responsabilité de l'Organisation mondiale en cas d'accomplissements d'actes illicites. Et cette reconnaissance, faisant également l'unanimité dela doctrine contemporaine, concerne non seulement le domaine indemnitaire reposant sur la réparation des conséquences préjudiciables d'une activité illégale mais aussi la préservation des droits de l'Homme.

Les Pactes internationaux relatifs aux droits de l'Homme instaurent des obligations concrètes de réparation à l'égard des Etats[155]. Toutefois, leur extension aux organisations internationales demeure un débat épineux.

D'emblée, nous pouvons constater que les organisations internationales « ne sont pasà l'heure actuelle parties aux instruments internationaux pour la protection des droits e l'Homme – ni au niveau régional ni au niveau universel –

---

[155]En ce qui concerne la protection du droit à un environnement sain, en tant que droit fondamental de la 3ème génération des droits de l'Homme, nous relevons que la protection de l'environnement n'est pas encore inscrite intégralement dans l'ordonnancement juridique, et ce constat nous pousse à poser les questions suivantes :

- Existe-t-il réellement un dommage écologique en droit tant international que national ?
- Est-il admis par le juge en tant que fait générateur de la responsabilité juridique de son auteur ?
- Et quel est le régime coercitif applicable aux comportements générateurs de dommages écologiques ?

Nous considérons que la protection de l'environnement ne peut effectivement s'opérationnaliser que si les dommages causés par l'action, ou l'inaction éventuellement, de l'Etat ou d'une autre entité juridique, quel que soit son statut au regard du droit (*sujet de droit international ou sujet de droit interne*), engagent la responsabilité indemnitaire ou personnelle de leurs auteurs. La judiciarisation de la préservation de l'environnement nécessite une conventionnalisation claire du préjudice écologique et ce, pour permettre aux juridictions d'assurer une protection effective au respect des équilibres écologiques en tant que droit humain (*droit à un environnement sain*) et cela nonobstant qu'elles aient souvent un rôle fondamental dans la promotion, l'élaboration et la mise en œuvre de ces traités »[156].

En dépit de leur rôle central dans la codification du DIDH et bien que le développement des droits de l'Homme soit un des objectifs essentiels assignés à l'organisation internationale fondamentale, à savoir, l'ONU[157], les organisations internationales ne peuvent pas devenir « parties » aux conventions et traités relatifs aux droits de l'Homme. En conséquence, la protection desdits droits constitue une obligation strictement étatique et il serait inenvisageable d'invoquer la responsabilité de l'organisation internationaleen raison du non-respect des dispositions du DIDH.

Dans la pratique internationale, les organisations internationales peuvent exercer des missions d'autorité territorialisée à travers lesquelles elles s'assimilent complètement à l'Etat. Tel est le cas des prérogatives de puissance publique attribuées aux forces de maintien de paix. Tel est, aussi, le cas d'une organisation internationale chargée d'une Administration civile internationale transitoire (ACIT).

Une organisation internationale peut donc opérationnaliser des prérogatives étatiques et mener sur un territoire donné les compétences tant personnelles que territoriales dévolues normalement à la collectivité étatique.

Au moyen du monopole de la contrainte normative, se matérialisant dans la productionde la règle de droit, et physique, se matérialisant dans l'emploi légitime de la force à l'encontre des destinataires récalcitrants, l'organisation

---

[156]KOLB (R), PORRETTO (G) et VITE (S), *L'application du droit international humanitaire et des droits de l'homme aux organisations internationales : Forces de paix et administrations civiles transitoires*, op.cit, p. 239.

[157]Voir article 1 de la Charte de l'ONU fixant les buts et les principes de l'Organisation.

internationale s'identifie à l'Etat et, du point de vue technique, et via une symétrie juridique, rien ne s'oppose à ce que la responsabilité de l'organisation internationale soit engagée en cas de l'inobservation des dispositions conventionnelles destinées à la protection des droits de l'Homme.

La question posée demeure, pour autant, entière dans la mesure où les conventions et traités relatifs aux droits humains n'accordent le statut de « partie » qu'aux Etats. En conséquence, le droit conventionnel des droits humains n'est pas applicable aux organisations inter-gouvernementales et ce malgré le fait que l'évolution des relations internationales ait montré que celles-ci peuvent mettre en œuvre des activités de puissance publique identiques à celles exercées par le pouvoir étatique dans plusieurs cas, en particulier, les Opérations de maintien de paix (OMP) et l'administration transitoire d'un territoire.

En vue d'une détermination précise de la responsabilité des organisations internationales en DIDH, la doctrine et la jurisprudence développent une variété de solutions.

Du point de vue doctrinal, l'adhésion des organisations internationales aux conventions et traités constitutifs du DIDH doit être autorisée au moyen d'une adéquation générale desdits conventions et traités. Cette solution se trouve réconfortée par le projet d'articles relatifs à la responsabilité internationale des organisations internationales élaboré par la Commission de droit international (CDI) dont l'article 6 énonce : « le comportement d'un organe ou agent d'une organisation internationale dans l'exercice des fonctions de cet organe ou agent est considéré comme un fait de cette organisation d'après le droit international quelle que soit la position de l'organe ou l'agent dans l'organisation »[158].

[158]ACDI. Vol. II, 2011.

Le projet de la CDI reconnait l'existence de la responsabilité en raison de l'action individuelle d'un agent qui peut se voir investi de prérogatives de puissance publique l'habilitant à édicter des actes normatifs unilatéraux, lesquels actes pourraient porter préjudiceaux conventions et traités de protection des droits de l'Homme.

Trois observations méritent d'être étayées :

1. Les conventions et traités relatifs aux droits de l'Homme établissent des droits, des prérogatives inaliénables au profit de l'individu. Leur application ne peut, par conséquent, dépendre du statut ou de la qualification juridique de la structure d'autorité à laquelle ledit individu se rattache. Dès lors que la structure chargée de l'administration du territoire mène des prérogatives de puissance publique, elle se soumet aux prescriptions du DIDH ;
2. L'organisation internationale est tenue de préserver les droits de ses fonctionnaires et de ses agents. Dans ce sens, l'article 10 du projet d'articles préparé par la CDI précise : « 1. Il y a violation d'une obligation internationale par une organisation internationale lorsqu'un fait de l'organisation n'est pas conforme à ce qui est requis d'elle en vertu de cette obligation, quelle qu'en soit l'origine ou la nature. 2. Le paragraphe 1 s'applique également à la violation de toute obligation internationale envers ses membres qui peut découler des règles de l'obligation »[159] ;
3. L'inexistence d'une voie d'adhésion formelle et procédurale aux conventions et traités relatifs aux droits de l'Homme par les organisations internationales ne signifie pas que les Etats ne veulent pas que le sujet dérivé du droit international en soit écarté. « Les clauses d'adhésion à ces conventions ne mentionnent que les Etats pour la simple raison qu'au moment de leur élaboration le phénomène de

---

[159]Même source.

l'exercice de fonctions étatiques par les organisations internationales ne s'était pas encore manifesté dans la pratique »[160].

Nous pouvons ajouter à l'argument historique invoqué par le professeur Robert KOLBqu'aux yeux des rédacteurs des conventions et traités relatifs aux droits de l'Homme, il n'était pas envisageable que la violation du DIDH soit l'œuvre d'un être juridique auquel échoit la mission de l'élaborer et de le protéger.

Dans le contexte international ayant présidé à l'élaboration de l'assise conventionnelle du DIDH, l'organisation internationale était unanimement conçue comme le protecteur des droits de l'Homme et l'instigateur de leur codification et, compte tenu de ces deux missions consistant en la création de la règle de droit et en sa surveillance, il était inimaginable que l'organisation internationale puisse violer le DIDH.

Dans l'état actuel des rapports internationaux, les organisations internationales exercent des prérogatives d'administration des territoires, lesquelles prérogatives les habilitent à édicter des normes obligatoires destinées à des individus que le DIDH protège.

Bien qu'une voie formelle d'adhésion aux conventions et traités relatifs aux droits de l'Homme ne leur soit accessible, les organisations internationales demeurent liées par les dispositions conventionnelles du DIDH.

Outre le plaidoyer doctrinal basé comme nous venons de le montrer sur un mécanisme d'assimilation à l'Etat, la soumission des organisations inter-étatiques aux

---

[160]KOLB (R), PORRETTO (G) et VITE (S), *L'application du droit international humanitaire et des droits del'homme aux organisations internationales : Forces de paix et administrations civiles transitoires*, op.cit, p. 240.

prescriptions découlant du DIDH repose sur un effort jurisprudentiel d'envergure.

En l'absence d'une assise juridique obligeant les organisations internationales à respecter les textes constitutifs de la substance normative du DIDH, les juridictions développent des solutions médianes revêtues d'une fonction ambivalente consistant en la protection des droits individuels garantis par le DIDH sans se substituer aux Etats dans l'œuvre qui en relèvent en l'occurrence la préparation d'une convention qui impose aux souverainetés fonctionnelles dérivées des Etats, à savoir, les organisations internationales, le respect de la suprématie normative des règles du DIDH.

Faute d'une convention régissant l'applicabilité du DIDH aux organisations internationales, le juge procède à l'élargissement du domaine d'opposabilité des droits de l'Homme aux Etats. C'est ainsi qu'il a à maintes reprises admis la responsabilité extraterritoriale étatique. En effet, l'Etat engage sa responsabilité au regard du DIDH même à l'extérieur de son territoire national dès lors que des organes ou agents sur lesquels il exerce un contrôle effectif commettent des actions ou des comportements attentatoires aux droits de l'Homme.

A la question de savoir si les conventions et traités relatifs aux droits de l'Homme ne sont opposables à l'appareil étatique qu'à l'intérieur de son territoire national, la Cour européenne des droits de l'Homme(CEDH) précise dans plusieurs arrêts que la responsabilité étatique peut s'engager en raison d'actions illicites entreprises en dehors de ses frontières.

Pour illustration, dans l'arrêt Loizidou c. Turquie[161] la juridiction européenne des droits de l'Homme a précisé que si l'article 1 de la Convention européenne de sauvegarde des droits de l'Homme oblige les Etats parties à respecter

---

[161]CEDH, arrêt Loizidou c. Turquie, 23 mars 1995, paragraphe. 62.

les droits des personnes relevant de leurs juridictions respectives, « la notion de juridiction au sens de cette disposition ne se circonscrit pas au territoire national des Hautes Parties Contractantes. Par exemple, selon sa jurisprudence constante, l'extradition ou l'expulsion d'une personne par un Etat contractant peut soulever un problème au regard de l'article 3, donc engager la responsabilité de l'Etaten cause au titre de la Convention (…).

De plus, la responsabilité des Parties contractantes peut entrer en jeu à raison d'actes émanant de leurs organes et se produisant sur ou en dehors de leur territoire.

Compte tenu de l'objet et du but de la Convention, une Partie contractante peut également voir engager sa responsabilité lorsque, par suite d'une action militaire – légale ou non -, elle exerce en pratique le contrôle sur une zone située en dehors de son territoire national. L'obligation d'assurer dans une telle région le respect des droits et libertés (…) découle du fait de ce contrôle, qu'il s'exerce directement, par l'intermédiaire des forces armées de l'Etat concerné ou par le biais d'une administration locale subordonnée »[162].

Il ressort du raisonnement suivi par la Cour que la protection des droits de l'Homme doit recevoir application sur tous les territoires quel que soit le statut juridique de l'autorité gestionnaire du territoire. Ce raisonnement se rapproche de celui emprunté par les recherches doctrinales ayant établi que l'organisation internationale se soumet à l'obligation générale de respect des droits de l'Homme dès lors qu'elle est investie de prérogatives de puissance publique étant précisé que deux cas opérationnels illustrent le transfert du pouvoir étatique à une organisation internationale, en l'occurrence, les ACIT et les opérations de maintien de paix sous les auspices desquelles les agents

---

[162]Même source.

dépendant de l'organisation internationale peuvent exercer les compétences de police préventive ou judiciaire.

Un territoire dirigé par une organisation internationale ne pourrait, au regard du DIDH, être une zone de « non-droit ».

Par ailleurs, le juge a opéré des solutions importantes pour imposer aux organisations internationales le respect des droits de l'Homme malgré le fait qu'elles bénéficient, en raison de leur personnalité juridique fonctionnelle, d'une immunité de juridiction absolue.

L'invocation de l'immunité de juridiction génère un déni de justice qui porte dangereusement atteinte à un droit fondamental inhérent à la personne humaine, à savoir, le droit à la protection judiciaire effective ou tout clairement le droit au juge, lequel droit est garanti par plusieurs textes juridiques de valeur morale et de valeur contraignante.

Ainsi, l'article 8 de la Déclaration universelle des droits de l'Homme (DUDH) énonce : « toute personne a droit à un recours effectif devant les juridictions nationales compétentes contre les actes violant les droits fondamentaux qui lui sont reconnus par la Constitution ou par la loi »[163].

Au plus, l'article 14 du Pacte international relatif aux droits civils et politiques (PIDCP) indique : « tous sont égaux devant les tribunaux et les cours de justice. Toute personne a droit à ce que sa cause soit entendue équitablement par un tribunal compétent, indépendant et impartial, établi par la loi, qui décidera soit du bien-fondé de toute accusation en matière pénale dirigée contre elle, soit des contestations sur ses droits et obligations de caractère civil »[164].

Aussi, l'article 6 de la Convention européenne relative aux droits de l'Homme, dédié intégralement au droit à un

[163] Art. 8 de la DUDH.
[164] Article 14 du PIDCP.

procès équitable reproduit les dispositions instaurées par l'article

14 du PIDCP sus-rapporté[165]. La Convention européenne donne également une portée normative aux dispositions de l'article 8 de la DUDH en reconnaissant le droit à un procès équitable[166].

La question structurelle qui se pose est de savoir comment le juge a concilié entre l'immunité de juridiction conférée à l'organisation internationale d'une part, et le droit au juge conféré par le DIDH aux individus d'autre part. Ce dilemme, conjugué à l'inexistence d'une convention énumérant limitativement les cas d'application des immunités de juridiction accorées aux organisations internationales, a obligé les juridictions, en particulier la Cour européenne des droits de l'Homme ayant consacré une

---

[165]Dans les mêmes termes que le PIDCP, l'article 6 de la Convention européenne relative aux droits de l'Homme énonce que « *toute personne a droit à ce que sa cause soit entendue équitablement, publiquement et dans un délai raisonnable, par un tribunal indépendant et impartial, établi par la loi, qui décidera, soit des contestations sur ses droits et obligations de caractère civil, soit du bien-fondé de toute accusation en matière pénale dirigée contre elle. Le jugement doit être rendu publiquement, mais l'accès de la salle d'audience peut être interdit à la presse et au public pendant la totalité ou une partie du procès dans l'intérêt de la moralité, de l'ordre public ou de la sécurité nationale dans une société démocratique, lorsque les intérêts des mineurs ou la protection de la vie privée des parties au procès l'exigent, ou dans la mesure jugée strictement nécessaire par le tribunal, lorsque dans des circonstances spéciales la publicité serait de nature à porter atteinte aux intérêts de la justice* ».

[166]L'article 13 de la Convention européenne des droits de l'Homme, qui s'inspire de manière quasi-intégrale de l'article 8 de la DUDH assurant, de ce fait, la transition de celle-ci du rang d'engagement moral à celui de norme impérative, énonce que « *toute personne dont les droits et libertés reconnus dans la présente Convention ont été violés, a droit à l'octroi d'un recours effectif devant une instance nationale, alors même que la violation aurait été commise par des personnes agissant dans l'exercice de leurs fonctions officielles* ».

jurisprudence conséquente en la matière, à emprunter des raisonnements prudents.

Dans un premier temps, la juridiction des droits de l'Homme a déclaré les recours dirigés contre les organisations internationales pour inobservation du DIDH irrecevables au motif que ces dernières sont investies d'une immunité de juridiction absolue, laquelle immunité ne pouvant être levée que si l'organisation internationale intéressée y renonce[167].

Le juge des droits de l'Homme a donc considéré que les immunités accordées aux organisations internationales appartiennent au jus cogens, une position qui a soulevé un débat doctrinal houleux dans la mesure où les normes du DIDH font également partie du jus cogens et n'y occupent pas un niveau inférieur à celui occupé par les règles régissant les immunités[168].

Un revirement jurisprudentiel s'est opérationnalisé après la mise en place de la Convention encadrant l'immunité juridictionnelle accordée aux Etats en vertu laquelle ceux-ci[les Etats] exercent deux ensembles d'actes : d'une part des actes d'autorité bénéficiant des immunités et d'autre part des actes de gestion, accomplis dans les mêmes conditions et similairement aux personnes morales de droit privé interne, qui, eux, sont soustraits au droit des privilèges et immunités.

L'ordre judiciaire dédié à la protection des droits de l'Homme refuse donc de mettre les Etats devant le dilemme suivant :

---

[167]Voir : paragraphe 2 de la section première du présent Chapitre.

[168]Le professeur Laure MILANO estime que la référence au jus cogens pour conclure à l'injusticiabilité de l'organisation internationale dans l'ordre juridique né du DIDH est « *pour le moins étonnante* », in Revue trimestrielle des droits de l'Homme (76/2008), p. 1065.

- Soit lever l'immunité de juridiction accordée à l'organisation internationale et dans ce cas appliquer le DIDH au détriment du DIP ;
- Soit accepter l'immunité de juridiction et dans ce cas appliquer le DIP aux dépens du DIDH.

Pour résoudre ce dilemme, le juge des droits de l'Homme fait intervenir le plus souvent des engagements conventionnels établis entre les Etats et les organisations internationales pour inciter les parties en situation litigieuse à utiliser les modes de règlement de différends qui y sont contenus.

Bien que dans plusieurs situations, le litige attisé par l'action de l'organisation internationale est passible du mécanisme de séparation entre actes d'autorité et actes de gestion applicable aux immunités étatiques, le juge des droits de l'Homme, à l'instar des juridictions nationales, conclut à l'immunité de juridiction absolue de l'organisation internationale et demande à ce que les désaccords qui lui sont déférés soient solutionnés dans le cadre de procédures conventionnelles à l'occasion desquelles l'organisation internationale accepte de se détacher de son immunité.

PARAGRAPHE 2. L'OPPOSABILITÉ DU DIH AUX OMP

L'applicabilité du DIH aux organisations internationales, notamment dans le cas de la mise en œuvre d'une Opération de Maintien de Paix (OMP), suscite beaucoup d'interrogations tant de forme que de substance. Dans ce sillage, la pratique et la doctrine sont orientées par deux courants.

Le premier courant fait intervenir des motifs de forme pour soustraire les organisationsinternationales aux règles du DIH. Dans l'optique de ce courant, fidèle à l'interprétation consensualiste du droit International, les organisations internationales ne constituent pas des « parties contractantes » au sens des conventions et traités du DIH et, par conséquent, elles ne peuvent y être assujetties. Cette position bénéficiait du soutien de l'Organisation des Nations Unies (ONU) qui a, pendant longtemps, affirmé que les OMP, ayant pour but la préservation objective de la paix, ne peuvent commettre des actions attentatoires au DIH.

Le second courant, lui, estime que le DIH, en raison de sa finalité purement humanitaire, doit recevoir application en toutes circonstances, et que, de ce fait, des formalités juridiques ne peuvent faire barrage à sa mise en œuvre. Le Comité International de la Croix Rouge (CICR) entérine cette attitude doctrinale en précisant que la normativité du DIH prime sur les débats formels déclenchés par son opposabilité aux organisations internationales (A).

Faute d'un texte juridique contraignant imposant expressément aux organisations internationales le respect du DIH, et compte tenu de la nécessité d'assurer la suprématie normative des règles du DIH, l'ONU modifie sa position, et décide de soumettre les agents affectés à une OMP à l'obligation d'observer les règles du DIH à peine de l'engagement de leurs responsabilités pénales individuelles. Bien que cette orientation ne règle pas définitivement la question de soumission des organisations internationales au DIH, elle constitue, pour autant, une consécration de la part de l'Organisation mondiale du mouvement de codification et de renforcement de l'effectivité normative du droit international dans sa globalité (B).

A. LE MONOPOLE DE LA VIOLENCE LÉGITIME

La soumission des organisations intergouvernementales aux normes du DIH se rattache à la problématique traditionnelle du droit international dans son entièreté en l'occurrence l'effectivité normative. Des obstacles d'ordre formel et d'autres appartenant à des considérations substantielles fragilisent la réalité normative du droit international.

La consolidation de l'effectivité[169] normative du droit international, par le biais de la fortification des institutions intervenant dans le contrôle de l'exécution de ses normes, constitue une transformation notoire ayant jalonné l'ordre juridique international qui, de ce fait, n'est plus perçu ou appréhendé comme un ensemble normatif holiste[170] n'intéressant que les Etats.

En résumé, le maintien de l'équilibre planétaire, dans tous ses états, ou encore la préservation de la paix et de la sécurité internationales si l'on utilise la formule de la Charte onusienne, n'est plus l'apanage des Etats[171]. Une

---

[169]La notion d'« *effectivité* » renvoie à la finalité et la téléologie de l'édiction d'une règle de droit dont le caractère obligatoire la distingue des autres règles destinées à la régulation sociale telle que la morale. Une règle ne peut donc être qualifiée de « *juridique* » que si elle est opposable à son destinataire. Le professeur Yann LEROY précise dans ce sillage que « *l'effectivité vise (...) ce qui se réalise en fait pour être valable ou opposable aux tiers, ce qui prévaut dans les faits et dont l'existence indiscutable justifie la reconnaissance ou l'opposabilité* », LEROY Yann, *La notion d'effectivité du droit*, in droit et Société 2011/3, n° 79, p. 716.

[170]Voir supra.

[171]Le rétrécissement de la souveraineté de l'Etat résulte du développement des organisations internationales en tant qu'outil de gestion et de régulation plutôt juridique que politique de l'espace conflictuel international. Le professeur Robert KOLB mentionne dans cet ordre d'idées qu'« *avec la Société des Nations s'ouvre une nouvelle phase dans laquelle les besoins d'ordre de l''humanité et*

variété d'acteurs non moins importants que l'Etat-Nation y prend part considérablement. Nous pouvons en citer les organisations internationales, les ONG et, assurément, les différentes dynamiques créées par la société civile tant locale que mondiale.

De nos jours, le monde est considéré comme une société animée par plusieurs acteurs qui s'interagissent de façon bien évidemment inégale et qui, force est de le rappeler, relèvent d'ordres normatifs qui ne sont pas nécessairement identiques.

Plus précisément, le monde revêt la forme et le contenu d'un système hétéroclite au sein duquel beaucoup d'acteurs, appartenant à des régimes juridiques différents, agissent les uns sur les autres. En conséquence, la question de l'encadrement juridique des actes accomplis par lesdits acteurs se pose avec acuité.

Aussi, il est important d'observer, comme nous l'avons indiqué auparavant, que les mécanismes de la préservation de la paix internationale ont notoirement évolué. Certes, lesdits mécanismes étaient durant la deuxième moitié du 20ème siècle subordonnés au principe de l'autonomie constitutionnelle des Etats, prévu par les 1er et 7ème paragraphes de l'article 2 de la Charte de l'Organisation des Nations Unies (ONU), relatifs, respectivement, à l'égalité souveraine et au respect de la compétence nationale ou « domaine réservé » des Etats[172]. Mais, dans plusieurs cas en Afrique, en Asie et en Amérique

---

d'organisation de la société internationale exigent la présence d'un droit fort, directif, innovateur, limitant la souveraineté étatique – cette souveraineté agressive qui avait plongé le monde dans le cataclysme de la Première Guerre Mondiale. Il faut un fond de droitobjectif, qui lie les Etats en toute circonstance et qui en organise fondamentalement la vie sociale (...). », KOLB Robert, *Mondialisation et droit international*, in Relations internationales 2005/3, n° 123, p. 74.

[172]Voir le paragraphe 1 de la présente Section.

latine, l'ingérence de l'ONU dans l'élaboration des constitutions et dans la formation des gouvernements, a poussé nombre d'observateurs à évoquer un phénomène d'internationalisation du pouvoir constituant.

L'organisation des relations internationales, donc, la quête de la paix, par le jeu des négociations politiques recule au moment où les outils de la régulation par démocratisation comportant, entre autres, la judiciarisation, réalisent des avancées non-négligeables.

En conséquence, des institutions juridiques pérennes telles que les organisations et les juridictions internationales, incarnant l'idée d'un ordre international respectueux des principes de responsabilité et de reddition des comptes, commencent à se proliférer et à se consacrer en tant que régulateurs déterminants du droit international.

Ainsi, la violation des conventions et traités garantissant les droits de l'Homme peut engager la responsabilité de son auteur qu'il soit un Etat ou une organisation internationale. Il en est de même pour les violations au DIH dont l'auteur peut se voir infliger un sort coercitif qu'il soit agent étatique ou mis à la disposition d'une organisation internationale.

Si le DIH s'applique aux Etats sans susciter des problèmes juridiques formels substantiels, son applicabilité aux organisations internationales, elle, s'assujettit à un débat à la fois doctrinal et judiciaire épineux. A l'instar du DIDH, la soumission des organisations internationales aux dispositions des conventions et traités constitutifs du DIH soulève beaucoup de difficultés juridiques et pratiques.

De prime abord, il convient de relever que l'individu ayant commis un comportement attentatoire au DIH, ou au DIDH, n'est pas systématiquement rattaché ou, plus précisément, soumis au contrôle d'un Etat. Dans plusieurs situations, l'individu auquel sont imputées des violations au DIH, ou au DIDH, relève d'une organisation internationale.

Quel serait, donc, le sort juridique d'une violation du DIH par un fonctionnaire ou un agent d'une organisation internationale ?

D'emblée, les réponses pouvant être données à la question sus-indiquée détermineraient l'applicabilité des règles du DIH aux organisations internationales. Cependant, la problématique de la normativité du DIH par rapport aux organisations internationales demeure irrésoluble dans la mesure où la qualification d'un comportement par rapport à un ordre juridique donné, ne signifie pas, automatiquement, que l'auteur dudit comportement soit soumis au régime coercitif instauré par cet ordre juridique.

En guise d'illustration, nous pouvons invoquer le cas d'une organisation internationale qui licencie abusivement une personne qu'elle a recrutée par voie contractuelle. L'acte illicite résultant du comportement de l'organisation internationale est qualifiable selon le droit privé, étant une relation engageant un employeur et un salarié, mais l'organisation internationale peut se soustraire aux conséquences juridiques découlant de la qualification de sa faute, en tant qu'acte de gestion, en recourant à son immunité de juridiction. Le même schéma peut, donc, être extrapolé sur une Opération de maintien de paix (OMP).

Bien que l'OMP repose sur l'emploi de la force militaire et de la participation à la régulation d'un conflit armé, elle pourrait exciper aux normes du DIH en raison de son rattachement à une organisation internationale, en l'occurrence, l'ONU.

Il faut observer que l'étendue et les moyens d'action des OMP, assurées ou assumées[173] par l'ONU, ont

[173]Les OMP peuvent être diligentées directement par l'ONU, c'est le cas que nous avons appelé une « *OMP assurée par l'ONU* », comme elle peut faire l'objet d'une délégation à une autre organisation internationale, le plus souvent à l'OTAN, c'est le cas que nous avons

considérablement évolué. En effet, « le spectre des opérations auxquelles participent les forces multinationales qu'elles soient menées sous les auspices des Nations Unies (ONU) ou sous commandement et contrôle de l'ONU n'a cessé de s'étendre jusqu'à englober des aspects aussi divers que la prévention des conflits, le maintien de la paix, le rétablissement de la paix, l'imposition de la paix et la consolidation de la paix »[174].

En accomplissant leur mandat, les OMP ne se limitent pas à la fonction traditionnelleconsistant en la préservation mécanique d'un cessez-le-feu, mais « se caractéris[ent] par leur engagement dans des opérations militaires destinées à éradiquer les menaces émanant de différents côtés, en particulier de groupes non-étatiques engagés dans un conflit armé non-international (CANI) »[175].

Une force de maintien de paix placée sous l'autorité de l'ONU n'exerce plus un rôle plutôt passif ne pouvant pas dépasser la protection du statut quo sur le terrain, bien au contraire, elle est investie de pouvoirs de police s'incarnant dans les actions préventives des conflits, et à caractère judiciaire dans la mesure où elle peut arrêter des individus dont les comportements portent préjudice à la paix rétablie.

La doctrine est traversée par deux courants. Certains auteurs estiment que les OMP opérationnalisées sous le contrôle de l'ONU relèvent de l'exercice des missions déléguées par la Communauté internationale à l'Organisation mondiale consistant en la préservation opérationnelle de la paix. Etant le moyen d'action de la délégataire de la Communauté internationale en entier,

---

appelé une « *OMP assumée par l'ONU* » en ce sens que l'OTAN a l'obligation d'agir conformément aux instructions contenues dans le mandat de l'ONU.

[174]FERRARO (T), *Applicabilité et application du droit international humanitaire aux forces multinationales*, RICR, volume 95, Sélection française 3 et 4, pp. 71 et 72.

[175]FERRARO, op.cit, p. 72.

l'OMP, conduite par l'ONU, n'est pas concernée par les normes régissant les conflits armés.

Pour que les dispositions du DIH reçoivent application, il faut qu'il y ait des « parties » ou des « puissances » participant à un conflit armé et ce, conformément aux dispositions des Conventions de Genève. A titre d'illustration, nous pouvons citer l'article 1erde la Convention de Genève pour l'amélioration du sort des blessés et des malades dans les forces armées en campagne du 12 août 1949, énonçant : « (...) la présente convention s'appliquera en cas de guerre déclarée ou de tout autre conflit armé surgissant entre deux ou plusieurs des Hautes parties contractantes même si l'état de guerre n'est pas reconnu par l'une d'elles »[176].

La Convention utilise l'expression « haute partie contractante » qui signifie, tout clairement, l'Etat. Et étant donné qu'une OMP n'est pas mise en œuvre par une structure étatique, elle ne peut être assujettie aux obligations contenues dans les quatre (04) Conventionde Genève constitutives du droit des conflits armés.

L'organisation internationale qui administre une OMP ne saurait être « une partie » ou « une puissance » en application des dispositions conventionnelles pré-citées. En établissant des OMP, l'ONU met en œuvre les missions que lui assigne sa Charte constitutive. De plus, lerôle de l'OMP se limite à la protection de la paix de manière objective, neutre et impartiale n'impliquant strictement pas une quelconque participation aux hostilités.

Les partisans de l'inapplication des règles du DIH aux organisations internationales avancent que dans l'objectif

---

[176]L'article premier la Convention de Genève pour l'amélioration du sort des blessés et des malades dans lesforcées armées en campagne du 12 août 1949, Les Conventions de Genève du 12 août 1949, Publication
« REFERENCE », Comité International de la Croix Rouge (CICR), p. 37

de garantir la légalité et la légitimité de leurs actions, les forces armées impliquées dans les OMP ont la stricte obligation d'être « exclusivement dévouées au rétablissement et au maintien de la paix et de la sécurité internationales. Cette position a été adoptée par certains États contributeurs de troupes (ECT) qui ont participé aux opérations del'OTAN en Afghanistan et en Libye »[177].

L'applicabilité du DIH aux organisations internationales est, donc, mise à mal par le statut juridique des forces multinationales engagées dans une OMP sous le contrôle de l'ONU. Ces forces ne constituent pas, du point de vue d'une partie de la doctrine, des « parties » à un conflit armé, mais, plutôt des agents employés par l'Organisation mondiale afin de protéger le DIH et en appliquer l'esprit et les principes fondamentaux.

Le raisonnement justifiant l'inapplication du DIH aux organisations internationales parle motif qu'elles n'ont pas la qualité de « parties contractantes », a été, pendant longtemps, suivi par les Nations Unies[178] pour soustraire les

[177]FERRARO, op.cit, p. 73.

[178]En vue d'un avis émanant d'un praticien, voir ; Entretien avec le Général Babacar GAYE, conseiller de l'ONU pour les opérations de maintien de la paix, in Revue Internationale de la Croix-Rouge, Volume 95, Sélection française, 2013/3 et 4, p. 15. A la question de soumission des OMP aux règles constitutives du DIH, le Général GAYE précise : « *c'est une question qui est aujourd'hui devenue cruciale. Tant que les forces de maintien de la paix étaient des forces d'interposition entre deux armées conventionnelles, il n'y avait pratiquement de problèmes de la sorte. Mais depuis que les forces de maintien de la paix sont engagées dans des conflits internes au sein d'Etats, elles doivent faire face à de nouvelles menaces (...). Quand il nous a été demandé d'aider l'armée congolaise à désarmer des groupes armés, certains ont considéré que nous étions devenus parties au conflit. Mais à un certain moment, il est parfois inévitable de devenir partie à un conflit pour le résoudre. Il n'y a donc aucun obstacle à devenir engagé dans un conflit, tant que cet engagement est en conformité avec le droit* » (*RICR, Volume 95, Sélection française, 2013/3 et 4, op.cit, p. 20*).

forces multinationales affectées à une OMP à l'emprise du DIH.

Etant chargées exclusivement de rétablir la paix, et compte tenu du fait que leur présence sur le terrain est le résultat du consentement solennel des parties au conflit armé, les forces agissant sous l'égide d'une OMP ne peuvent être considérées comme des belligérants conformément aux conventions et traités relatifs au DIH.

De surcroît, l'emploi de la force par les militaires affectés à une OMP n'est autorisé qu'en cas de légitime défense.

D'emblée, nous pouvons constater que l'affectation d'une force militaire à une organisation internationale chargée essentiellement de garantir la paix, en l'occurrence l'ONU, fait l'objet de débats. Néanmoins, sa justification historique revêt une importance particulière. Il importe de rappeler, dans ce sillage, que la Société des Nations (SdN), n'était pas dotée d'une assise conventionnelle l'habilitant à faire intervenir la force en vue de la préservation de la paix et, par conséquent, sa contribution à la garantie de la paix et de la sécurité sur le plan international était limitée et inefficace. Pour éviter une inertie analogue à celle ayant freiné l'action de la SdN, les préparateurs de la Charte de l'ONU étaient davantage réalistes, et ce réalisme s'incarne, fondamentalement, dans l'adoption du mécanisme de la sécurité collective.

Par l'instauration du mécanisme de la sécurité collective, la Communauté internationale délègue à l'ONU la mission de la préservation de la paix, et cette délégation n'est pas confinée dans les limites qu'impose la quête d'arrangements inter-étatiques, elle est, bien au contraire, dotée du pouvoir de recourir à la force pour offrir à la paix une protection effective.

« Le système de sécurité collective repose sur trois volets : primo, que l'utilisation de la force soit interdite aux sujets uti singuli qui composent la société sauf en cas de légitime défense ; secundo, qu'en cas de violation de l'obligation de ne pas recourir à la force, ou dans tout autre cas de menace prévu, un organe collectif siège pour qualifier la situation en cause et pour décider au nom de la collectivité des mesures à adopter ; tertio, le devoir de tous les Etats de se liguer contre « l'agresseur » tel que déterminé par l'organe collectif, en particulier en exécutant les sanctions décidées »[179].

Dans le système de régulation juridique de l'ONU, l'Etat ne peut se faire justice lui- même. Le recours à la répression de l'auteur d'un acte dommageable doit, nécessairement, passer par une structure chargée de la préservation de l'intérêt universel et qui détient, pour justement protéger cet intérêt universel, le monopole de la violence légitime.

En conséquence, l'emploi de la force est transféré à l'ONU et c'est à elle, seule, que revient le droit d'activer le recours à la force pour rappeler à l'ordre un Etat récalcitrant.

Sur la base de la mission qui y est dévolue, consistant en la préservation de la paix, et en raison de la non-intervention de ses OMP dans des actions comportant des caractères belliqueux, l'ONU s'opposait à la soumission des OMP aux normes du DIH.

---

[179]KOLB (R), PORRETTO (G) et VITE (S), *L'application du droit international humanitaire et des droits del'homme aux organisations internationales : Forces de paix et administrations civiles transitoires*, op.cit., p. 28.

B. LE REVIREMENT LIMITÉ

Or, la pratique découlant des OMP montre que les forces multinationales entreprennent des actions affectant le combat, lesquelles actions les transforment, si l'on fait intervenir le critère matériel adopté par les conventions et traités constitutifs du DIH, en de vrais justiciables du DIH.

Pour Tristan FERRARO, Conseiller juridique au CICR, la distinction entre le jus in bellum et le jus ad bellum apporte des solutions pratiques à la question de l'applicabilité du DIH aux OMP. Sur la base de cette distinction « l'applicabilité du DIH aux forces multinationales, comme à tout autre acteur, dépend uniquement des circonstances sur le terrain, quel que soit le mandat international confié à ces forces par le Conseil de sécurité ou le terme utilisé pour désigner leurs adversaires potentiels. Cette détermination dépendra de la réalisation de certaines conditions juridiques issues des normes pertinentes du DIH, en particulier des articles 2 et 3 communs aux Conventions de Genève de 1949. Le mandat et la légitimité de la mission confiée à une force internationale relèvent du jus ad bellum et n'ont aucune incidence sur l'applicabilité du DIH aux opérations de paix. La légitimité ou l'illégitimité du recours à la force ne saurait exempter l'une des parties, pas même les forces multinationales, de ses obligations en vertu du DIH, ni priver quiconque de la protection offerte par cette branche du droit »[180].

Le DIH est, donc, un droit matériel qui régit le déroulement d'une hostilité et les considérations d'ordre formel ne peuvent faire barrage à la mise en œuvre de ses normes. S'il est vrai que l'organisation internationale n'est pas « haute partie contractante » des conventions et traités relatifs au DIH et ne peut y adhérer, pour des raisons

---

[180]FERRARO (T), op.cit, p. 75.

purement formelles qui sont elles-mêmes controversables, cette organisation internationale peut entreprendre des activités réglementées par le DIH et dans un tel cas, elle aura l'obligation de s'y soumettre.

En d'autres termes, le DIH est peu soucieux du statut juridique des acteurs impliqués dans les conflits armés, il s'attache, plutôt, aux nécessités d'atténuation des souffrances occasionnées par les guerres. Et pour atteindre cet objectif, les OMP doivent en observer les règles.

Dans son avis consultatif du 11 avril 1949[181] la Cour internationale de justice (CIJ) a indiqué que l'ONU détient la personnalité juridique et est habilité, de ce fait, à être débitrice d'obligations internationales et destinataire des droits institués par les différents ordres juridiques du droit International (DIP, DIH, DIDH etc.).

Etant titulaire de la personnalité juridique et des capacités qui s'y rapportent, l'ONU est, d'emblée, destinataire des règles constitutives du DIH. Aussi, la mise en œuvre des OMP expose l'Organisation mondiale à des situations d'affrontement et de conflits armés dans lesquelles elle doit observer les conventions et traités du DIH.

Il importe de souligner, dans cet ordre d'idées, que l'Institut de droit international (IDI) a précisé depuis 1973 que la capacité contractuelle habilite l'organisation internationale à conclure des accords internationaux. D'après l'IDI, « les dispositions de la Convention de Vienne sur le droit des traités, du 23 mai 1969, sont en principe applicables aux accords internationaux conclus par les Organisations internationales, soit avec d'autres

---

[181]*Réparation des dommages subis au service des Nations Unies*, Avis consultatif : CIJ. Recueil 1949, p. 174.

Organisations internationales, soit avec l'un ou plusieurs Etats »[182].

L'IDI a, également, mentionné que « toute organisation internationale peut conclure des accords conformément à ses règles pertinentes et à la pratique générale en la matière ».

Le professeur KOLB établit, dans ce sillage, une distinction pertinente entre la capacité subjective de l'organisation internationale à être destinataire des obligations instituées par le régime conventionnel organisant les conflits armés, et la participation pratique et opérationnelle à de tels conflits. De ce fait, « il n'est pas nécessaire que la force soit effectivement utilisée. La capacité subjective de l'Organisation doit être évaluée abstraitement, c'est-à-dire que la possibilité de participer à un conflit armé suffit. En d'autres termes, la capacité matérielle d'avoir recours à des forces armées entraîne la capacité subjective d'être destinataire des normes du droit international humanitaire »[183].

Sur la base de sa capacité à conclure des textes juridiques internationaux, l'organisation internationale peut adhérer aux conventions et traités relatifs au DIH. Toutefois, cette possibilité d'adhésion demeure inutilisable dans la mesure où elle peut rentrer en contradiction avec les dispositions du droit conventionnel des immunités consenties aux organisations internationales et poser, par la suite, des problèmes entiers de hiérarchie et de primauté entre les

---

[182]IDI, Session du Centenaire - Rome – 1973, *Résolution relative à l'application des règles du droitinternational général des traités aux accords internationaux conclus par les Organisations internationales*,Annuaire de l'IDI, Vol-55, 1973, p. 718.

[183]KOLB (R), PORRETTO (G) et VITE (S), *L'application du droit international humanitaire et des droits del'homme aux organisations internationales : Forces de paix et administrations civiles transitoires*, op.cit, p. 124.

différents registres juridiques conventionnels qui affectent l'action de l'organisation internationale.

Il ressort de l'analyse du professeur KOLB que la responsabilité de l'organisation internationale n'est pas, nécessairement, liée à l'existence préalable d'un dommage ou d'un acte illicite.

Si l'organisation internationale est habilitée, par le droit international, à agir dans un domaine donné, elle devient comptable des actes qu'elle pourra accomplir dans ledit domaine.Ce raisonnement se ramène, en quelque sorte, à l'existence d'une responsabilité subjectivedès lors que le texte positif habilite le sujet de droit à exercer des compétences et le dote des moyens nécessaires à leur opérationnalisation.

Dans cet ordre d'idées, le docteur Awalou OUEDRAOGO nous rapporte le passage significatif suivant : « in ancient systems of laws, liability was to arise as a consequence of loss that was causally related a human act. The subjective elements of injurious behavior were factors of a second moment. Imputability of the actor and voluntariness of the act were presumed or simply ignored »[184]. En conséquence, le droit contemporain doit prendre en considération la subjectivité de la responsabilité.

La théorie de la responsabilité subjective ayant été foncièrement appliquée lors de la codification du régime juridique applicable à l'action internationale de l'Etat, et qui s'est incarnée dans la redéfinition de sa souveraineté, des immunités et privilèges dont il peut se prévaloir et de sa soumission à l'intégralité des sous-ensembles spécialisés du droit international, peut, donc, être appliquée à la question de l'applicabilité du DIH à l'ONU en tant que sujet dérivé de droit international.

---

[184]Cité par Awalou OUEDRAOGO, *L'évolution du concept de faute dans la théorie de la responsabilitéinternationale des Etats*, in RQDI, (2008) 21.2, p. 132.

Outre le fondement de responsabilité subjective, le Comité International de la Croix Rouge (CICR) a, à maintes reprises, édicté des résolutions par lesquelles il demande à l'ONU d'observer les normes du droit des conflits armés lors de la mise en œuvre de forces armées en vue de la préservation de la paix.

Conscient de l'inexistence d'une obligation conventionnelle dans les textes formant le DIH imposant aux organisations internationales le respect de ses normes, le CICR a, répétitivement, demandé à l'Organisation mondiale d'adopter des mesures appropriées, se matérialisant, à titre d'exemple, dans des accords bilatéraux ou multilatéraux adéquats avec les parties aux conflits armés en vue de soumettre tous les acteurs aux normes impératives du droit des conflits armés, et du coup, préserver la finalité proprement humanitaire de ce droit[185].

Face à la lacune conventionnelle, l'engagement bilatéral ou multilatéral, à travers des accords de type international, peut être utilisé pour conférer aux règles du DIH la réalité normative escomptée.

A travers ses résolutions basées sur l'application de l'intégralité des Conventions de Genève à l'ONU, le CICR s'est opposé à l'attitude de celle-ci, ayant prévalu jusqu'à la fin desannées 90, et par laquelle l'Organisation mondiale refusait de soumettre le personnel armé mobilisé dans le cadre des OMP aux normes du DIH au motif qu'il est exclusivement chargé de l'observation des principes et des buts du DIH.

Dans l'optique du CICR, le DIH ne se constitue pas d'un ensemble normatif programmatique et déclaratoire et, de ce fait, tant la téléologie de ce corps de droit que les moyens opérationnels de sa mise en œuvre, doivent être appliqués

---

[185]L'extension des Conventions de Genève aux OMP, Résolution XXV, 20ème conférence internationale de la Croix-Rouge, CICR, 1994

sous peine des sanctions et des répressions qui y sont contenues.

De son côté, l'Institut de droit international (IDI) adopte en 1971 une résolution par laquelle il entérine l'extension des normes du DIH à l'ONU en cas de recours à une OMP. Ainsi, l'article 2 de la résolution de l'IDI énonce : « les règles relatives aux conflits armés, même si elles ne présentent pas un caractère spécifiquement humanitaire, s'appliquent aux hostilités dans lesquelles les Forces des Nations Unies sont engagées, sous réserve desexceptions prévues aux articles suivants ».

L'article 6 de la même résolution fait peser la responsabilité de réparer sur l'ONU en énonçant que « les parties visées dans la présente Résolution sont tenues de réparer les dommages qu'elles causent en violation des règles relatives aux conflits armés »[186].

L'IDI achève sa résolution par l'expression de deux vœux relatifs aux problématiques centrales posées par l'applicabilité du DIH à l'ONU quand elle emploie la force militaire en vue de la protection de la paix. L'IDI énonce, à cet égard, qu'« il est souhaitable que l'Organisation des Nations Unies donne suite à la Résolution I de la Conférence intergouvernementale pour la protection des biens culturels, en imposant à ses Forces le respect de la Convention de La Haye du 14 mai 1954, relative à la protection des biens culturels en cas de conflit armé »[190] et que « l'Organisation des Nations Unies constate, sous une forme appropriée, qu'elle se considère comme liée par les Conventions de Genève de 1949 dans toutes les opérations auxquelles ses Forces pourraient être parties »[187].

---

[186] *Résolution portant sur les conditions d'application des règles humanitaires relatives aux conflits armés aux hostilités dans lesquelles les Forces des Nations Unies peuvent être engagées*, IDI, Annuaire de 1971, tome 45- II.

[187] Même source.

L'IDI approuve les résolutions adoptées par le CICR et à l'instar de celui-ci, il invite les Nations Unies à dépasser les carences formelles de l'inexistence d'une obligation dans le régime juridique positif du DIH, obligeant les organisations internationales à l'observer, via la mise en œuvre de moyens contractuels adéquats tels que les accords internationaux conclus sur la base de la capacité contractuelle reconnue à l'ONU en vue de l'exercice optimal des missions que lui assigne sa Charte constitutive.

Le Secrétaire général de l'ONU a, également, entériné la soumission des Nations Unies au DIH au moyen de sa Circulaire de 1999 dans laquelle il précise, expressément, que les règles relatives au DIH, énoncées dans la circulaire, sont applicables aux forces des Nations Unies lorsque, dans les situations de conflit armé, elles participent activement aux combats, dans les limites et pendant la durée de leur participation.

Les règles contenues dans la circulaire, se ramenant essentiellement à la protection de la population, des prisonniers, des malades, des blessés, et généralement, des personnes ne participant, ou plus, aux hostilités d'une part et à la restriction des moyens et des méthodes decombat d'autre part, s'appliquent dans les interventions de contrainte et dans les OMP quand l'emploi de la force est autorisé dans l'exercice de la légitime défense.

Aussi, le Secrétaire général précise qu'à l'occasion d'accords conclus avec l'Etat sur le territoire duquel une OMP sera dépêchée, l'ONU s'engage à faire en sorte que la force affectée à l'OMP mène ses opérations dans l'entier respect des principes et des règles énoncées dans les conventions générales applicables aux comportements du personnel militaire.

L'Organisation mondiale s'engage également à faire en sorte que les membres de la force armée de l'OMP aient pleinement connaissance des principes et des règles énoncées dansces instruments internationaux.

La disposition la plus intéressante prévue par la circulaire du Chef de l'administration de l'ONU est celle dans laquelle il indique solennellement que l'Organisation mondiale s'engage à respecter les normes du DIH même en l'absence d'accords sur le statut des forces mobilisées pour la concrétisation d'une OMP[188].

L'applicabilité du DIH à l'ONU a, donc, pour principal corollaire, l'engagement de la responsabilité de celle-ci en cas de violation de ses règles et commandements. La responsabilité pesant sur l'ONU s'extrapole sur le personnel militaire engagé sous l'égide d'une OMP en cas de non-respect des règles du DIH.

Dans la circulaire du Secrétaire général sus-rapportée et qui, faut-il le relever, assure lecommandement des forces armées affectées à une OMP, il est expressément stipulé qu'en cas de violation du DIH, les membres du personnel militaire d'une force des Nations Unies encourent des poursuites devant les juridictions de leurs pays[189].

La circulaire autorise, donc, les victimes des violations au DIH commises par le personnel militaire affilié à une OMP à invoquer leurs responsabilités pénales devant leurs juridictions nationales respectives. Il s'ensuit que le soldat affecté à une OMP cesse d'y appartenir du point de vue fonctionnel dès lors qu'il commet un comportement prohibé par lesrègles du DIH.

La question de la soumission des organisations internationales, autre que l'ONU, aux normes posées par le

---

[188]Voir : RYNIKER (A), *Respect du droit international humanitaire par les forces des Nations Unies – Quelquescommentaires à propos de la circulaire du Secrétaire général des Nations Unies du 6 août 1999*, RICR, Volume 81, n° 836, 1999, p. 795.

[189]Même source.

DIH est organiquement dépendante du sort définitif qui sera réservé aux OMP conduites par l'ONU.

Dès lors que l'Organisation universelle fondamentale se soumet aux obligations contenues dans le DIH, les autres organisations internationales la suivront. En effet, nul ne peut nier que la pratique de l'ONU constitue une des références essentielles de la réception des ensembles normatifs internationaux par les sujets dérivés du droit international.

Les règles impliquant des obligations générales auxquelles l'ONU accepte d'adhérer seront opposables aux organisations internationales qui partagent avec l'Organisation mondiale la qualité juridique, d'origine jurisprudentielle, de personne juridique autonome et à part entière du droit international.

Il serait, donc, utile dans ce sens de rappeler que dans sa résolution de 1999, l'IDI indique que « toutes les parties aux conflits armés auxquels prennent part des entités non étatiques, indépendamment de leur statut juridique, de même que les Nations Unies et les organisations régionales et autres organisations internationales compétentes, ont l'obligation de respecter le droit international humanitaire de même que les droits fondamentaux de l'homme. L'application des principes et des règles pertinentes n'affecte pas le statut juridique des parties au conflit et ne dépend pas de la reconnaissance de belligérance ou du statut d'insurgés »[190].

En outre, l'IDI a précisé que « toute violation grave du droit international humanitaire dans les conflits armés auxquels prennent part des entités non étatiques engage la responsabilité individuelle des personnes responsables,

---

[190]IDI, Session de Berlin 1999, *Résolution relative à l'application du droit international humanitaire et des droits fondamentaux des droits de l'Homme dans les conflits armés auxquels prennent part des entités non étatiques*, Quatorzième Commission, Recueil de 1999, 68-II.

quels que soient leur statut ou leur position officielle, en accord avec les instruments internationaux qui confient la répression de ces actes aux juridictions nationales ou internationales »[191].

C'est dire que la soumission de l'ONU aux normes du droit international, en particulier, celles dont la violation peut entraîner la mise en jeu de la responsabilité individuelle des agents internationaux, ou affectés à des activités se rapportant à l'ordre juridique international, renforce notoirement le processus de codification de droit international et, du coup, la consécration de son effectivité normative.

---

[191]Même source.

CHAPITRE 2. LA DIVERSITÉ DES ORDRES JURIDIQUES AFFECTANT L'ACTION DES ORGANISATIONSINTERNATIONALES

L'organisation internationale est titulaire de la personnalité juridique internationale. De ce fait, elle est considérée comme un sujet de droit international qui est, par là même, destinataire des droits et obligations qui découlent de ce droit international.

Cependant, l'organisation internationale, et à la différence du sujet primaire du droit international, à savoir, l'Etat, n'est pas dotée d'une assise territoriale sur laquelle elle exerce les pouvoirs d'autorité, conférés à l'appareil étatique.

S'il est vrai que les organisations interétatiques sont habilitées à exercer une variété de compétences et d'actions et sont titulaires d'une existence juridique distincte et s'il est, aussi, vrai que l'espace international connait une prolifération et une spécialisation du phénomène d'organisation interétatique, il n'est pas moins vrai que pour qu'elle puisse exercer les missions qui lui incombent, l'organisation internationale a inévitablement besoin du concours des Etats.

Etant dans l'obligation d'avoir un espace territorial dans lequel elle peut agir et mettre en œuvre ses activités, lequel espace territorial ne pouvant lui être assuré que par les Etats, les activités menées par une organisation internationale s'exercent toujours sur un territoire mis sous le joug d'un Etat.

D'emblée, l'existence juridique de l'organisation internationale dépend de la volonté de l'Etat et c'est justement cet Etat qui accepte, au moyen d'un accord de volonté, se matérialisant dans un traité ou une convention de portée bilatérale ou multilatérale, de renoncer à une partie de sa souveraineté pour, in fine, donner naissance à l'organisation interétatique.

L'organisation internationale dérive, donc, de la volonté étatique exprimée solennellement dans un texte juridique à part entière. La particularité d'être sujet de droit dérivé façonne le régime juridique applicable à l'action, aux compétences et à la responsabilité de l'organisation internationale.

Pour s'en tenir à l'essentiel, l'organisation internationale est l'incarnation de la gestion multilatérale des affaires internationales, accréditée par les Etats depuis la fin du Second conflit mondial. Il a été établi après de longs siècles de guerre et de violence que la régulation de l'espace conflictuel international, doit être assuré par un outil institutionnalisé, donc, permanent et représentatif des volontés étatiques. Cet outil de coopération interétatique, étant le produit de traités multilatéraux, s'est concrétisé dans l'organisation intergouvernementale.

« Le rapport entre les traités multilatéraux et les organisations internationales est si évident qu'il est inutile d'insister sur ce point. Il suffit de souligner que ces traités ont été les moyens qui ont permis de créer de telles organisations[192] ».

Dans son avis consultatif du 11 avril 1949 portant sur la réparation des dommages subis au service des Nations Unies, la CIJ a distancié l'organisation internationale de l'Etat enprécisant qu'« on doit admettre que les Membres de l'Organisation, en lui assignant certaines fonctions, avec les devoirs et les responsabilités qui les accompagnent, l'ont revêtuede la compétence nécessaire pour lui permettre de s'acquitter effectivement de ses fonctions (...). En

[192]*Document : A/CN.4/161 and Add.1, Premier rapport sur les relations entre les Etats et les organisations intergouvernementales*, sujet : « ***Relations entre les Etats et les Organisations internationales*** », ACDI, 1963, Vol. II, p. 171.

conséquence, la Cour arrive à la conclusion que l'Organisation est une personne internationale. Cela n'équivaut pas à dire que l'Organisation soit un Etat, ce qu'elle n'est certainement pas, ou que sa personnalité juridique, ses droits et ses devoirs soient les mêmes que ceux d'un Etat. Cela signifie que l'Organisation est un sujet de droit international, qu'elle a la capacité d'être titulaire de droits et de devoirs internationaux »[193].

Elle ne constitue pas un Etat et elle est dotée d'une personnalité juridique distincte de celle de l'Etat. Mais, son action demeure étroitement liée à l'ordre juridique interne de l'Etat.

Tel est le dilemme dans lequel s'inscrit l'existence de l'organisation intergouvernementale. Et ce dilemme soulève avec acuité la question de l'étendue réelle de l'autonomie fonctionnelle, de la capacité juridique et du contrôle judiciaire de l'organisation internationale.

Dès lors que toutes ses actions se basent sur le concours des Etats, l'organisation internationale se trouve en relation permanente et substantielle avec les régimes juridiques respectifs des souverainetés qui la composent.

Beaucoup d'interrogations sont attisées par les particularismes de la gouvernance institutionnelle de l'organisation internationale, par, en d'autres termes plus précis, son droit constitutionnel.

L'organisation internationale n'existe qu'en vertu de la volonté des Etats et il est surréaliste à notre sens de soutenir que son action peut se détacher complètement de la volonté des êtres juridiques qui se trouvent à l'origine tant de sa genèse que de son fonctionnement.

S'il est évident que l'action extrinsèque de l'organisation internationale s'exerce sur les territoires des Etats, son fonctionnement interne dépend également des Etats ne

---

[193]Ibid., p. 188.

serait-ce que sur le plan de la contribution en termes de moyens financiers et humains, assurée par ceux-ci afin que l'organisation internationale puisse être opérationnelle.

SECTION 1. L'ÉTENDUE DE L'AUTONOMIE DES ORGANISATIONS INTERNATIONALES

Nombreux sont les écrits et les recherches qui font de l'autonomie de l'organisation internationale un primat du droit des organisations internationales de façon générale. Le plus souvent, le principe d'autonomie est automatiquement rattaché à la personnalité juridique que la pratique judiciaire a conférée aux sujets dérivés de l'ordre international.

Le raisonnement adopté par les partisans de l'autonomie est celui de la nécessité impérieuse de cet attribut en l'absence duquel l'organisation internationale ne peut mettre en œuvre ses missions. Si elle n'est pas autonome, l'organisation internationale ne peut agir. Tel est l'argument capital invoqué par une partie de la doctrine pour justifier l'octroi d'une personnalité juridique de type fonctionnel à l'organisation interétatique.

Si la doctrine se montre quasi-unanime quant à l'importance de l'autonomie fonctionnelle accordée à l'organisation internationale, un débat important demeure, tout de même, d'actualité récurrente entre deux grands courants doctrinaux.

Un courant considère que l'autonomie fonctionnelle ne confère à l'organisation internationale que des facilités institutionnelles nécessaires à son bon fonctionnement d'une part, et un autre courant qui, sur la base de la complexité caractérisant le phénomène d'organisation internationale, en particulier, l'accroissement de son pouvoir unilatéral, estime que l'organisation internationale est devenue, dans les faits, une organisation supra-étatique, d'autre part.

PARAGRAPHE 1. L'AUTONOMIE EN TANT QU'OUTIL DE DÉCENTRALISATION DE L'ORDRE JURIDIQUEINTERNATIONAL

Un sujet de droit ne peut être comptable d'un acte que s'il en est le vrai auteur. La mise en œuvre de la responsabilité d'une personne juridique, qu'elle soit morale ou physique, de droit interne ou de droit international, est, de prime abord, tributaire de l'imputation de l'acte dommageable à sa volonté, laquelle volonté devant être exprimée et exercée de manièreautonome.

Le substrat de l'intention, ayant donné naissance à l'acte générateur de préjudices, en l'occurrence le principe de l'autonomie de la volonté, alimente inépuisablement un débat inachevé, et des divergences entières quant à son applicabilité à l'organisation intergouvernementale.

S'il constitue le fondement majeur de l'ordre juridique interne, et du droit privé de façon générale, l'extension du principe de l'autonomie de volonté à l'organisation internationale en tant que sujet de droit international, attise des désaccords doctrinaux considérables qui se nourrissent de plusieurs interrogations structurelles :

- Les organisations internationales sont-elles réellement autonomes vis-à-vis des Etats ?
- Leur action juridique est-elle négatrice des inégalités en termes de puissance entre les souverainetés étatiques ?
- Pourraient-elles, au moyen de leurs fonctions variées cimenter les efforts de codification du droit international en inscrivant son support physique, à savoir, l'espace international, dans un processus d'intégration ?

Si elle est titulaire de la qualité de sujet de droit international, l'autonomie fonctionnelle qui doit se rapporter nécessairement à cette qualité n'est pas aisément vérifiable dans le cas d'une organisation internationale.

« L'autonomie de l'Organisation parait justifier son existence juridique distincte, ou plutôt cette existence est considérée comme dénuée de toute raison en l'absence de cette autonomie »[194].

Il importe de remarquer que dans son avis consultatif de 1949 ayant institué au profit de l'organisation internationale une personnalité juridique distincte, la CIJ n'a pas soulevé son autonomie.

L'organe judiciaire principal de l'ONU s'est donc limité à l'octroi d'un attribut strictement fonctionnel à l'organisation internationale pour lui permettre d'accomplir ses missions. De plus, bien qu'« en droit international, la notion d'autonomie ne comporte pas de définition précise »[195], cette même notion génère dans les faits non une personnalité juridique statique mais plutôt une personnalité juridique dynamique et variable.

En guise d'illustration, le contenu de la personnalité juridique de l'Union européenne n'est pas identique à celui de la personnalité juridique de l'Union africaine ou de la Ligue des pays arabes et ce malgré le fait que toutes ces entités soient des organisations intergouvernementales dotées, chacune, d'une existence juridique propre.

La question qui se pose, avec véhémence, est de savoir si l'organisation internationale peut être réellement et authentiquement responsable d'un acte dommageable en particulier quand on se réfère au postulat dictant que son émergence est l'œuvre exclusive, et la manifestation conventionnelle, de la volonté des Etats.

A partir du moment où elle est considérée comme un miroir ou un écran reproduisant fidèlement la volonté des

---

[194]*Traité de droit des Organisations internationales*, S/la direction d'Evelyne LAGRANGE et de Jean MarcSOREL, LGDJ, op.cit, p. 459.

[195]MORIN (J-Y), *La personnalité internationale du Québec*, RQDI, 1984, p. 176.

Etats l'ayant créée, le mécanisme de la responsabilité, impliquant entre autres la volonté de commettre une faute génératrice de lésions, est-il applicable à l'organisation internationale ?

L'autonomie fonctionnelle de l'organisation internationale soulève, donc, des controverses et des désaccords considérables. Le contenu et les outils d'opérationnalisation de l'aspect autonomique de l'organisation internationale demeurent fluctuants et ce, en fonction des doctrines régissant les relations internationales et en fonction, également, des enjeux de force qui caractérisent les rapports entre l'organisation internationale et les Etats-membres.

Les deux sujets de droit international agissent selon des ensembles normatifs spécifiques, mais leurs rapports réciproques sont plutôt interdépendants et n'obéissent pas à une stagnation fonctionnelle ou à une spécialisation immuable.

La création et la prolifération des organisations intergouvernementales expriment, pour une partie de la doctrine, un transfert de pouvoir à partir de l'Etat vers une structure délibérante et collégiale, lequel transfert s'analysant comme la décentralisation territoriale que l'Etat met en œuvre pour décongestionner le pouvoir central d'une part, et pour territorialiser ses politiques de développement d'autre part.

A l'instar de la décentralisation territoriale régie par le droit public national, la création des organisations internationales est un procédé par lequel l'espace juridique international se détache de l'hégémonie étatique en conférant des compétences importantes à de nouvelles collectivités de droit, en l'occurrence, les organisations internationales.

Ainsi, « le déplacement du pouvoir vers la sphère internationale a imposé la constitution d'administrations internationales stables, formées de fonctionnaires dont le statutet les privilèges diplomatiques sont garantis par le droit international »[196]. (B)

Cependant, la redistribution du pouvoir résultant de la création des organisations internationales ne peut remplacer entièrement la mission originelle des organisations internationales. En effet, celles-ci « sont en premier lieu des instruments des États, qui les utilisent à des fins de négociation et de coopération multilatérales. Ils ont notamment besoin d'elles pour créer les conditions de la paix et de la sécurité, pour promouvoir des régimes internationaux, pour réaliser des projets communs en matière économique, sociale, culturelle, écologique ou humanitaire, pour partager des connaissances et harmoniser leurs politiques publiques, pour gérer des programmes de coopération scientifique et technique »[197].

Il s'ensuit que malgré leur nombre croissant et l'intensification de leurs spécialités fonctionnelles, les organisations internationales demeurent des créatures étatiques. (A)

A. L'AUTONOMIE, UNE CHIMÈRE JURIDIQUE ?

L'origine d'une organisation internationale se situe dans la volonté des Etats et son autonomie ne saurait être, par conséquent, appréhendée en dehors des accords interétatiques qui l'ont instituée. De ce fait, l'autonomie accordée à l'organisation internationale est confinée dans le rôle de régulation et de canalisation que les Etats lui attribuent. **En science politique, on dirait que les organisations internationales exercent le rôle d'un agent de conflit.**

---

[196]DE SENARCLENS (P), *Les organisations internationales face aux défis de la mondialisation*, RISS 2001/4,n° 170, p. 560.
[197]Même source, p. 562.

Par conséquent, la personnalité juridique consentie à l'organisation internationale n'est, dans les faits, qu'une fiction juridique d'origine étatique n'y attribuant aucune souveraineté dans la mesure où « la souveraineté est une qualité particulière de la personnalité juridique des Etats, mais la personnalité juridique stricto sensu est simplement la possibilité d'avoir des droits et des obligations dans un système juridique donné. On peut avoir une personnalité juridique en droit international sans être souverain »[198].

Autrement dit, les organisations internationales ne peuvent se détacher de l'obligation de représentation des intérêts de leurs Etats-membres bien qu'elles soient dotées et investies d'une personnalité juridique propre et distincte.

Compte tenu de l'origine étatique de l'organisation internationale et de ses moyens d'action, en particulier ceux se rapportant aux fonds financiers nécessaires à son fonctionnement, la doctrine réfractaire à l'autonomie de l'organisation interétatique, étant fondamentalement attachée au réalisme, assimile cette dernière à une chimère sans effets juridiques réels, et se veut, ainsi, fidèle au postulat doctrinal selon lequel l'ordre international ne peut être régulé que par les Etats eux-mêmes, ou par le truchement de structures collégiales qu'ils créent et contrôlent, à savoir les organisations internationales.

Les internationalistes affiliés au courant réaliste donnent un rôle superflu aux organisations internationales et les réduisent à de simples instruments inventés et contrôlés par les Etats. Les réalistes « limitent bien souvent l'apport et l'impact de ces organisations à quelques économies potentielles de coûts de transactions. Les organisations internationales ne seraient qu'un instrument à disposition des Etats. Elles seraient tributaires de leurs rapports de force

---

[198] *Traité de droit des Organisations internationales*, S/la dir. d'Evelyne LAGRANGE et de Jean Marc SOREL,LGDJ, op.cit, p. 26.

qui non seulement en produiraient les contours, mais décideraient de surcroît de leurs (non) usages »[199].

Dans l'optique des auteurs réalistes, « international anarchy fosters competition and conflict among states and inhibits their willingness to cooperate even when they share common interests. Realist theory also argues that international institutions are unable to mitigate anarchy's constraining effects on inter-state cooperation. Realism, then, presents a pessimistic analysis of the prospects for international cooperation and of the capabilities of international institution »[200].

Outre l'argument de l'origine étatique de l'organisation internationale, la doctrine réaliste met en avant l'inertie totale qui façonne l'action des organisations internationales, notamment, l'ONU et les institutions qui s'y rattachent, en cas de crises.

Ainsi, durant la Guerre froide, les rivalités américano-soviétiques ont totalement bloqué le système des Nations Unies et son mécanisme de sécurité collective. L'inertie des organisations internationales s'est également étendue à la période post-bipolaire. Les exemples concrets ne manquent pas dans ce sillage. Les crises en Syrie, en Afghanistan, en Iraq et en d'autres pays de part et d'autre dans le monde s'amplifient continuellement par rapport à une action onusienne qui, elle, se caractérise par une lenteur indéniable.

---

[199]AMBROSETTI (D) et DE NEUILLY (YB), *Les organisations internationales au cœur des crises*, in Cultureset Conflits, n° 75, 2009, p. 8.

[200]M. GRIECO (J), *Anarchy and the Limits of Cooperation*: *A Realist Critique of the Newest Liberal Institutionalism*, International Organization, Vol. 42, No. 3 (*Summer, 1988*), p: 485.

Dans les crises sus-rapportées, les violations du DIH et du DIDH se commettent de manière massive et ce sans que les personnes les ayant perpétrées soient sanctionnées.

La doctrine réaliste explique la dépendance de l'organisation internationale non seulement par le fait qu'elle est l'œuvre de l'Etat mais aussi et surtout par son incapacité à exercer pleinement ses missions sans l'adhésion des souverainetés étatiques.

Une structure autonome doit exercer réellement ses missions. Or, dans plusieurs situations conflictuelles, l'organisation internationale est restée inopérante. La pléthore des textes juridiques portant codification du droit international ne s'inscrivant pas dans la réalité des relations internationales montre, d'après les contradicteurs de l'autonomie de l'organisation internationale, que la régulation internationale s'effectue non par la force coercitive de la règle de droit mais fondamentalement par les Etats à travers la poursuite de leurs intérêts.

Dans l'optique réaliste, l'Etat demeure l'unique dépositaire et l'ultime vicaire de la mission de régulation de l'espace international. De ce fait, l'organisation internationale, qui n'est que la représentation institutionnalisée des intérêts divergents des Etats, ne peut être réellement autonome.

Concrètement, les organisations internationales ne peuvent exercer des fonctions déterminantes se rapportant à la fixation des normes et valeurs régissant l'ordre juridique international qu'à travers le consentement préalable de l'Etat, lequel consentement peut être renégocié ou revisité en ce sens que l'Etat est habilité à se retirer des conventions et traités et à les modifier. Il convient de rappeler dans cet ordre d'idée que les dispositions de la Convention de Vienne relative au droit des traités habilitent les Etats à modifier les accords de volonté les liant.

L'article 39 de ladite Convention énonce : « un traité peut être amendé par accord entre parties. »[201].

Aussi, le droit des traités autorise les Etats à apporter des aménagements normatifs auxtraités pour les adapter à leurs relations mutuelles. En effet, l'article 41 de la Convention pré-citée, intitulé « Accords ayant pour objet de modifier des traités multilatéraux dans les relations entre certaines parties seulement », dispose : « deux ou plusieurs parties à un traité multilatéral peuvent conclure un accord ayant pour objet de modifier le traité dans leurs relations mutuelles »[202].

Il est, à notre sens, loisible de constater que la possibilité reconnue aux Etats de modifier l'opposabilité des dispositions d'un traité, étant précisé que le traité est le moyen déployé par les Etats en vue de la création d'une organisation internationale, renforce l'argument de la doctrine réaliste à la suite duquel l'action internationale des Etats, se manifestant entre autre dans la mise en place d'organisations intergouvernementales, n'est que la somatisation de la divergence et de la variété de leurs intérêts.

Les organisations internationales sont donc instrumentalisables par les Etats les plus puissants, économiquement et militairement, lesquels Etats peuvent en conditionner les processus décisionnels. C'est le cas, à titre d'illustration, du FMI au sein duquel les économies les plus importantes contrôlent le processus décisionnel. C'est le cas également du Conseil de sécurité de l'ONU contrôlé par les cinq membres permanents.

En faisant de l'Etat l'acteur omnipotent de l'échiquier conflictuel international, la doctrine réaliste, réfractaire à l'autonomie de l'organisation internationale, estime que le

---

[201]Article 39, Convention de Vienne sur le droit des traités du 23 mai 1969.

[202]Article 41 de la Convention de Vienne sur le droit des traités.

droit, qu'exerce l'organisation internationale via des actes normatifs, demeure la résultante d'un rapport de force. Le droit international n'est, donc, que le produit des politiques engagées par les Etats et de ce fait « se retrancher derrière des abstractions kelséniennes fait oublier que le droit est avant tout un phénomène social ancré dans la réalité qu'il ne peut ignorer et dont il est la résultante »[203].

Les arguments invoqués par la doctrine réaliste, appliquée à l'action des organisations internationales, sont importants et exercent des répercussions directes sur l'objet de notre recherche en l'occurrence la responsabilité des sujets dérivés du droit international dans les ordres juridiques internes de leurs créateurs. **En effet, nous considérons que les rapports de force instaurent et entretiennent un décalage entre le processus de codification du droit international et celui afférent à la garantiede son effectivité normative.**

Pour illustration, les projets d'articles relatifs tant à la responsabilité de l'Etat pour faitinternationalement illicite qu'à celle des organisations internationales ne sont pas encore insérés dans l'ordonnancement juridique contraignant parce que les Etats refusent de les rendre obligatoires dans la mesure où lesdits articles ne sont pas encore transformés en traités et ce bien que leur élaboration s'est achevée voici déjà presque deux décennies.

En outre, l'inopérance du mécanisme de la sécurité collective, impliquant l'engagement de la responsabilité de tout acteur, qu'il soit Etat, organisation internationale ou individu, en fonction des ordres répressifs correspondants à chaque acteur, dans plusieurs crises, justifie le débat sur l'effectivité de la responsabilité juridique qualifiée conformément au droit international, et alimente

[203]*Traité de droit des Organisations internationales*, S/la direction d'Evelyne LAGRANGE et de Jean MarcSOREL, LGDJ, op.cit, p. 33.

considérablement la controverse se rapportant à la responsabilité d'une organisation internationale pour inaction.

Serait-il donc envisageable d'engager la responsabilité de l'ONU pour inaction ?

La réponse à cette question ne peut être tranchée, mais nous estimons que l'inaction ou plus concrètement l'inefficacité, produisent des préjudices et des dommages et, par conséquent, leur rattachement à un régime de responsabilités ne doit pas être écarté.

Sur la base de son rattachement à la volonté des Etats ayant décidé de la faire naître, l'autonomie de l'organisation internationale demeure un concept controversé. Comme nous l'avons mentionné précédemment, la doctrine réaliste continue à faire de l'Etat national l'acteur fondamental des relations internationales.

Par ses capacités économiques, financières, scientifiques, militaires, l'Etat affecte la répartition des rôles à l'échelle planétaire. Le monde ne peut donc être stabilisé par le phénomène d'organisation internationale défini comme un moyen facilitant la coopération institutionnalisée, mais plutôt par les velléités hégémoniques des Etats.

B. LE RÔLE INTÉGRATIF

A la différence des contradicteurs de l'autonomie, une autre partie de la doctrine estime que l'organisation internationale, étant un sujet de droit international autonome, dispose d'un ordre et d'une existence juridiques propres.

Les rapports étroits qu'elles entretiennent avec l'Etat-Nation ne devraient pas empaumer l'ampleur des rôles exercés par les organisations intergouvernementales dans les procédures de régulation juridique de l'espace international, lesquels rôles déterminent, dans plusieurs cas, la distribution du pouvoir sur le plan international.

Parmi les manifestations fondamentales du caractère autonomique de l'action de l'organisation intergouvernementale, nous pouvons citer les processus d'intégration internationale qu'elle génère et promeut.

Conduit sous l'égide d'organisations interétatiques plus particulièrement régionales, le processus d'intégration régionale constitue un des pivots de la doctrine qui soutient l'autonomie de l'organisation internationale, et la définit comme une réalité observable dans les relations internationales.

En tant que concept largement analysé par les différents champs juridiques, « l'intégration internationale est le processus par lequel les décisions qui étaient prises auparavant par des responsables d'Etats-Nations distincts sont (...) prises par des personnes qui relèvent d'un centre nouveau[204] » en l'occurrence les organisations intergouvernementales.

L'intégration internationale, en tant que manifestation observable de l'exercice autonomique par l'organisation internationale des activités et des missions qui lui sont dévolues, marque l'indépendance du processus décisionnel d'une organisation internationale. Celle-ci en exerçant des compétences dévolues antérieurement aux souverainetés étatiques s'en distancie pour se doter, in fine, d'un pouvoir propre, d'une autorité véridique, laquelle autorité, étant le corollaire de sa personnalité juridique, permet d'en questionner les comportements et les actions et, du coup, en engager la responsabilité juridique dans le cas où lesdits comportements ou actions engendreraient des préjudices.

L'intégration internationale, consolidée, fondamentalement, par les structures interétatiques régionales, prouve, par la force des faits, que l'organisation

---

[204]Même source, p. 30.

internationale peut concurrencer l'Etat westphalien en supplantant ses moyens traditionnels d'action se manifestant essentiellement dans l'unilatéralisme à l'intérieur, évidemment, de son ordre juridique propre, et dans l'autonomie de la volonté au plan, cette fois-ci, du droit international.

« Le régionalisme, tout particulièrement, s'avère le cadre privilégié par lequel bon nombre d'États exploitent aujourd'hui leurs objectifs de croissance économique et de promotion d'intérêts politiques. Ce phénomène s'accélère, au fur et à mesure que le commerce et les investissements intra-régionaux augmentent et que la proximité géographique et les affinités politiques et culturelles favorisent de tels regroupements. »[205].

Les organisations régionales fournissent, donc, un espace de régulation et d'interaction propice au développement économique, à la floraison des échanges commerciaux et à la préservation des intérêts politiques communs. Cet espace régional n'est pas tributaire de modes de régulation traditionnelle basée sur la coopération confinée dans des structures ad hoc et momentanées, mais participe, plutôt, d'une coopération institutionnalisée se concrétisant dans l'émergence d'une nouvelle créature juridique pérenne et distincte à savoir l'organisation internationale.

Perçue largement « comme source de sécurité et de stabilité »[206], l'intégration régionale, mise en œuvre par les organisations internationales régionales, contribue significativement à la codification du droit international en particulier dans les domaines se rapportant aux rapports économiques et aux droits de l'Homme.

---

[205]DAVID (C-F) et BENESSAIH (A), *La paix par l'intégration ? Théories sur l'interdépendance et lesnouveaux problèmes de sécurité*, in Etudes Internationales, Volume XXVIII, n°2, juin 1997, p. 227.
[206]Même source.

En offrant des structures institutionnelles caractérisées par leur permanence et dotées d'un pouvoir normatif distinct de ceux exercés par les Etats, les organisations internationales d'intégration renforcent la portée supra-étatique de la norme internationale et, en conséquence, le caractère contraignant de cette norme se consolide et se consacre davantage.

Ainsi, « en Europe occidentale, les rivalités nationales sont, malgré les obstacles toujours nombreux, atténuées par des efforts intenses d'harmonisation économique, politique et sécuritaire. En Asie, les facteurs intégratifs bien qu'embryonnaires et sujets (contrairement à l'Europe) à des incertitudes géopolitiques prononcées n'en demeurent pas moins influents, dans la mesure où les guerres sont en déclin dans une région ayant subi de graves conflits tout au long de son histoire »[207].

L'intégration en tant que processus d'atténuation des souverainismes étatiques classiques confère à l'organisation internationale un rôle autonomique considérable et déterminant, en l'occurrence la gestion en tant qu'entité supra-étatique des intérêts des Etats-membres.

Nous considérons que la coopération interétatique transforme les relations internationales en un espace de régulation politique dans lequel la canalisation des différends par la règle de droit est reléguée au second rang. En effet, l'approche westphalienne de l'espace international ligote la normativité du droit international et ce, par opposition à la régulation au moyen de l'intégration, dont le moyen d'opérationnalisation, faut-il le rappeler, est l'organisation internationale, qui, elle, essaie de transposer les mécanismes de gestion de l'ordre étatique à l'ordre international.

---

[207]Même source.

Plus précisément, l'existence d'un centre uniforme d'impulsion permettrait à la règle de droit international, à l'instar de la règle de droit interne de l'Etat, d'obtenir un effet contraignant et normatif réel.

D'aucuns estiment que le rôle intégratif de l'organisation internationale est confronté àdes écarts importants dans la réalité et ne constitue pas, de ce fait, un moyen de définition d'une quelconque existence autonomique de l'organisation intergouvernementale et encore moins d'un régime juridique réglementant sa responsabilité en cas de commission d'un acte créateur de dommages.

A travers les expériences d'intégration, menées sous les auspices de l'Etat sous la forme de gestion décentralisée de son territoire national ou qu'il délègue à des structures délibérantes composées d'autres Etats, nous pouvons constater que « l'intégration renvoie principalement à l'idée de lier une ou plusieurs parties en un tout. Le concept décrirait une réalité qui peut être à la fois d'ordre statique et dynamique, c'est-à-dire qu'on peut parler d'intégration comme d'un état achevé, ou encore pour désigner un processus en cours »[208],ou, ramenée à l'échelle régionale, l'intégration serait « le regroupement, plus ou moins formalisé au plan institutionnel, de plusieurs États appartenant à une aire géographique délimitée, à des fins de coopération économique et/ou politique à long terme »[209].

L'intégration ne constitue donc pas un objectif ou un processus limité dans le temps ence sens qu'elle a un début et une fin. Elle renvoie, plutôt, à une évolution et une progression dans la répartition du pouvoir entre les parties qui s'engagent dans le cadre d'un projet d'intégration

[208]Même source, p. 230.

[209]PETITEVILLE (F), *Les processus d'intégration régionale, vecteurs de structuration du système international*,Revue Etudes Internationales, Volume XXVIII, n° 3, septembre 1997, p. 512.

duquel résulte un centre autonomique d'impulsion vers lequel ils transfèrent leurs pouvoirs.

En réunissant les intérêts étatiques, l'organisation internationale peut les inscrire dans un support juridique uniforme obéissant à un régime administratif durable. En conséquence, elle devient une structure décisionnelle autonome capable d'être destinataire de droits et de répondre de ses actes en cas de violation de l'ordre juridique issu, d'ailleurs, de son rôle de précurseur institutionnel de l'intégration et de la convergence.

Ramenée à l'objet de notre recherche, à savoir la responsabilité juridique de l'organisation internationale, le phénomène de l'intégration sert de catalyseur au mouvement codificateur du droit international qui, par le truchement d'organisations internationales autonomiques et disposant d'une existence juridique indépendante, s'approche des caractères distinctifs de l'ordre juridique étatique.

Dans cet ordre d'idées, « Bertrand Badie estime (…) que la régulation économique et politique pourrait retrouver, au sein d'entités régionales multiétatiques, l'impact qu'elle tend à perdre entre l'exiguïté des cadres stato-nationaux et la vastitude de l'espace ouvert par la mondialisation de l'économie. De même, pour Zaki Laïdi « selon toute vraisemblance, c'est la région qui s'imposera demain comme le référentiel majeur du système mondial, l'unité de compte décisive de la compétition internationale. (...) C'est dans l'espace régional que le sens et la puissance ont les meilleures chances de se réconcilier »[210].

Le rôle régulateur et intégratif, ou intégrationniste, des organisations internationales est, indéniable. S'il n'est pas encore inscrit en totalité dans un ordonnancement juridique

---

[210]PETITEVILLE (F), *Les processus d'intégration régionale, vecteurs de structuration du système international*,Revue Etudes Internationales, Volume XXVIII, n° 3, septembre 1997, p. 512.

stable, il montre, pour autant, que l'être institutionnel qui l'exerce et le façonne, en l'occurrence, l'organisation internationale, est devenu inévitable dans la conduite des relations des relations internationales.

Ainsi, l'organisation internationale est une structure de pouvoir et de coopération qui s'est transformée en un sujet de droit, détenteur, en conséquence, d'une existence et d'une reconnaissance juridiques propres.

Outre les rôles de régulation et d'intégration, l'autonomie de l'organisation internationale se vérifie sur le plan de son action normative en tant que sujet de l'ordre juridique international. Le professeur KLEIN précise, dans ce sillage, que « les actes par lesquels les Etats-membres permettent l'adoption d'un comportement illicite sont susceptible d'engager leur responsabilité individuelle au titre de la complicité ou d'un manquement à leur obligation de vigilance (...). Il s'agit alors d'une responsabilité distincte de celle de l'organisation, qui coexiste avec cette dernière sans que l'une absorbe l'autre. Chacun des sujets impliqués peut, en règle générale, être tenu de la réparation totale des dommages causés à cette occasion, sans que cela s'oppose à ce que la charge ultime de la réparationsoit réparties entre eux par la suite »[211].

La responsabilité, étant susceptible de répartition sur l'organisation internationale et l'Etat-membre, donne naissance à une responsabilité solidaire. La mise en jeu de la responsabilité étatique dans ce cas n'est pas la résultante de son statut de membre de l'organisation internationale ayant participé à la commission de l'acte dommageable, mais, plutôt de sa qualité de sujet de droit international.

Par conséquent, l'autonomie de l'organisation internationale est accréditée par le droit de la responsabilité

---

[211]KLEIN (P), *La responsabilité des Organisations internationales dans les ordres juridiques internes et en droitdes gens*, p. 625.

internationale, régissant les conséquences des faits illicites commis tant par le sujet primaire que par le sujet dérivé, à travers l'adoption du mécanisme de la responsabilité solidaire.

En dépit de la dichotomie doctrinale qui circonscrit la notion de l'autonomie des organisations internationales, nous pouvons soutenir que deux grands ensembles d'indicateurs nous permettent de manier le caractère autonomique de l'action des sujets dérivés du droit international.

Le premier ensemble d'indicateurs se rattache à la fonction d'intégration que l'organisation internationale peut exercer qui, en atténuant les propensions souveraines des Etats, brise les carcans de la coopération classique. Le modèle européen d'intégration est porteur de beaucoup d'importance dans ce sillage. En effet, l'Organisation régionale précitée s'est imposée en tant qu'acteur et sujet de l'ordre juridique européen et son activité normative est complètement opposable aux Etats-membres.

Le second ensemble d'indicateurs peut être puisé dans les fondements du droit réglementant la responsabilité internationale ayant reconnu l'existence d'une responsabilité solidaire entre l'organisation internationale et l'Etat-membre.

La réparation du dommage né d'une action illicite peut être supportée par les co- auteurs en fonction du degré de leur contribution, chacun en ce qui le concerne, à la réalisation de l'acte proscrit. Il s'ensuit que la CDI, en exerçant sa mission de codification du droit international, confère à l'Etat et au collectif d'Etats une personnalité juridique ayant des contenus, du point de vue procédural et opérationnel, identiques.

PARAGRAPHE 2. LA VARIABILITÉ DE L'ORDRE JURIDIQUE INTERNE DES ORGANISATIONS INTERNATIONALES

Précisons d'emblée, que dans le cadre de notre recherche, l'expression « variations structurelles » se rapporte exclusivement à la structure normative de l'ordre juridique interne de l'organisation internationale, comparé à l'ordre juridique interne de l'Etat.

L'accent sera, donc, mis sur la présence d'éléments distinctifs d'un ordre juridique à part entière tels : la hiérarchie des normes (B) et l'accessibilité des personnes privées au modede règlement des différends et au processus décisionnel (A). L'étude de ces éléments à travers le droit interne de l'organisation internationale et le débat doctrinal s'y rattachant, permet de mesurer l'autonomie de la volonté du sujet dérivé du droit international et, par la suite, cerner l'invocabilité de sa responsabilité en cas de commission d'actes illicites.

A. LA DISTINCTION ENTRE « LA PERSONNALITÉ JURIDIQUE » ET « LA CAPACITÉ JURIDIQUE »

Il est à noter que le débat doctrinal relatif à l'autonomie de l'organisation internationale n'a pas manqué de se répercuter sur le régime de responsabilité régissant son activité. Comme nous l'avons soulevé dans le paragraphe précédent, une scissiparité doctrinale circonscrit le caractère autonomique de l'organisation intergouvernementale.

Entre les partisans de l'autonomie et ceux qui s'y opposent, l'organisation internationale ne cesse, pourtant, de développer une pratique contractuelle qui, malgré le fait qu'elle ait pour support physique le territoire d'un Etat et son tissu national d'entreprises, se soumet au droit international, duquel émanent, faut-il le rappeler, les règles régissant le droit interne de l'organisation internationale, et les principes généraux de droit que celle-ci applique, en cas de litiges, aux contrats passés avec des personnes ne détenant pas la personnalité juridique internationale.

Aussi, le mouvement de codification du droit international a accrédité la tradition contractuelle poursuivie par l'ONU qui en écarte formellement la question de sa justiciabilité dans les ordres juridiques étatiques.

Une personne privée qui passe un contrat avec l'Etat, dans le cas, pour illustration, par exemple d'un marché public, se soumet aux lois étatiques réglementant la commande publique. Mais, une organisation internationale qui conclut le même contrat avec une personne privée pourra le soumettre, en cas de différends, à des solutions puisant leur substance juridique dans le droit international.

Par ailleurs, l'intérêt du débat doctrinal afférent à l'autonomie de l'organisation internationale est toujours porteur d'une charge utilitaire en ce sens qu'il peut être utilisé comme moyen d'analyse et de catégorisation du droit de la responsabilité de l'organisation internationale, en particulier, après l'émergence du projet d'articles se rapportant à sa responsabilité internationale, élaboré par la CDI.

Sur la base dudit débat doctrinal alimenté par deux positions opposées : l'organisation internationale est créatrice de norme interétatique d'une part et l'organisation internationale est créatrice d'un ordre juridique supra-étatique d'autre part, la responsabilité juridique de l'organisation internationale peut représenter une variante spécifique du système de justiciabilité à l'intérieur de l'ordre juridique étatique.

En effet, à l'instar des contrats d'Etat au moyen desquels une société multinationale[212], demeurant une personne de droit privé, peut bénéficier des moyens de règlement de différends analogues à ceux reconnus aux sujets du droit international, l'organisation internationale peut être perçue comme un justiciable de l'ordre juridique étatique dans la mesure où celui-ci comporte, nécessairement, les normes internationales que l'Etat en question a déjà insérées dans son propre ordonnancement normatif.

La souplesse du système de justiciabilité en droit national, en particulier, dans les domaines se rapportant à l'économie et au commerce, donne un éclairage important sur la manière par laquelle les activités menées par les organisations internationales et les sociétés multinationales affectent les ordres juridiques des Etats. Ces entités, à savoir

---

[212]Dans l'optique de l'IDI, « *une entreprise multinationale est un groupe de sociétés opérant sous un régime de propriété ou de contrôle commun, et dont les membres sont constitués conformément à la loi de plus d'un Etat. De façon générale, les membres du groupe de sociétés opèrent sous des marques de commerce ou des raisons sociales communes ou liées et produisent ou distribuent des produits ou des services communs ou liés ; cependant l'absence d'une telle intégration des activités ne prive pas, par elle-même, un groupe de sociétés du caractère d'entreprise multinationale. Une entreprise multinationale peut, sans que ce soit nécessaire, apparaître aux yeux du public comme étant principalement liée à un Etat déterminé dans lequel la société-mèrea son siège ; la direction de l'entreprise multinationale peut être hiérarchique ou décentralisée. S'il n'est pas exclu que des actions de sociétés faisant partie de l'entreprise multinationale puissent appartenir à des détenteurs extérieurs à celle-ci, il reste qu'une caractéristique essentielle d'une entreprise multinationale réside dans la non-dispersion des actions des sociétés membres du groupe et dans l'exercice de la direction des sociétés constituant l'entreprise multinationale par la société-mère, soit au moyen d'un contrôle, direct ou indirect, des actions détenues, soit par un autre moyen.* », IDI, *Les obligations des entreprises multinationales et leurs sociétés membres*, Session de Lisbonne, 1995.

l'organisation internationale et la société multinationale, peuvent exercer des activités économiques et commerciales sur le territoire de l'Etat, et y entreprendre une action contractuelle, sans être soumises à son régime de responsabilités. En effet, en cas de différends, elles font le plus souvent appel aux instances arbitrales, c'est-à-dire, à des institutions certes à caractère juridictionnel mais qui se situent à l'extérieur de l'organisation judiciaire nationale de l'Etat.

Il est loisible de rappeler, dans cet ordre d'idées, bien qu'en propos succincts, la place influente qu'occupe dans les rapports juridiques tant nationaux qu'internationaux, le phénomène de la contractualisation qui, en se basant sur le multilatéralisme et « les intérêts négociés », a quasiment effacé plusieurs privilèges attribués anciennement à l'Etat.

Dans les relations internationales contemporaines, la justification du recours à des régimes juridiques exorbitants (droit administratif, immunités etc.) par les nécessités de l'intérêt général régresse continuellement, et l'Etat se soumet de plus en plus au droit du négoce fondé sur l'autonomie de la volonté et l'égalité des co-contractants quelle que soit leurnature juridique. De ce fait, il faudrait reconnaître que l'immuabilité de l'ordre juridique étatique impliquant, entre autres, une territorialité rigide de ses lois n'est plus de mise, surtout sous l'effet de l'internationalisation des relations économiques et commerciales.

L'Etat n'exerce pratiquement qu'une fonction limitée consistant à garantir le libre mouvement des transactions dans les rapports qu'il entretient avec les firmes multinationales d'une part, et à protéger l'autonomie fonctionnelle des organisations internationales dans les rapports qu'il entreprend avec ces dernières, d'autre part.

Plus précisément, l'Etat a pour rôle central la protection de la liberté d'entreprendre, pour la firme multinationale, et de la libre action, dans le cadre d'une notion bénéficiant du soutien tant de la doctrine que des juridictions nationales, internationales et celles droits de l'Homme à savoir, l'autonomie fonctionnelle, s'agissant de l'organisation internationale.

Le recours fréquent au contrat, instrument typique du droit privé, façonne profondément les politiques publiques confectionnées par les Etats au point d'en être le caractère omniprésent, qui rend, force est de le constater, « compte d'une évolution majeure, voire d'une révolution qui a profondément marqué le mode d'action des autorités publiques : le développement de l'action publique contractuelle »[213].

Ainsi, les instruments relatifs au contrat se sont diversifiés et se traduisent par la prolifération des « conventions », « pactes » et « contrats ».

De surcroît, nous pouvons constater que l'utilisation du procédé contractuel ne concerne pas uniquement les sujets du droit international, les Etats souscrivent à des contrats dont l'autre partie n'est pas un sujet de droit international mais une personne morale de droit privé, à savoir une société multinationale et en cas de litiges, la firme multinationale est habilitée à engager un processus arbitral.

Par ailleurs, la responsabilité de l'organisation internationale peut, également, être perçue comme une composante à part entière du droit international car elle tire d'abord sa substance de ce même droit en tant que norme juridique autonome, et non en tant que norme accréditée à postériori par l'ordre juridique national.

Si l'on revient à la scissiparité doctrinale mentionnée précédemment, on peut dire, sommairement, que d'après

---

[213]FORTIN (Y), *La contractualisation dans le secteur public des pays industrialisés depuis 1980.* Novembre 2000, Edition L'Harmattan.

une partie de la doctrine, qui fait intervenir fondamentalement l'inertie qui façonne l'action de l'organisation internationale face aux crises internationales à l'occasion desquelles elle prend en considération les inégalités en termes de puissance et de capacité d'influence entre les Etats, l'organisation internationale, étant la résultante de la volonté de l'Etat, ne peut être considérée comme une structure décisionnelle autonome.

En tous points, l'organisation internationale ne peut être que ce que les Etats ont accepté et voulu qu'elle soit.

D'autres auteurs, en revanche, se réfèrent aux rôles intégratifs, régulateurs et au régime des responsabilités, ayant institué une responsabilité solidaire entre une organisation internationale et un Etat[214] pour arguer que l'organisation internationale bénéficie de l'autonomie fonctionnelle et décisionnelle en tant que corollaire de sa personnalité juridique internationale.

Si l'on peut considérer que « l'ONU est soumise au jeu des forces politiques que l'on pourrait qualifier de « sauvages », en ce sens que la puissance des intérêts en jeu et la gravité de leurs affrontements font que ces forces n'ont guère été apprivoisées par le droit et que celui-ci ne vient qu'à un rang assez bas dans les motivations des acteurs qui les incarnent »[215].

---

[214]Le mécanisme de la responsabilité solidaire impliquant une organisation internationale et un Etat ayant contribué à un acte créateur de dommage engage leurs responsabilités respectives en tant que deux entités détenant deux personnalités juridiques distinctes au regard du droit international. Aussi, dans les ordres juridiques étatiques, l'organisation internationale peut recourir à l'arbitrage pour solutionner un différend qui l'oppose à une personne morale ou physique de droit privé et lors de ce recours à la solution arbitrale l'organisation internationale agit non en tant que sujet de l'ordre juridique étatique, mais en tant que sujet de droit international.

[215]VIRALLY (M), *L'ONU devant le droit*, in JDI, Clunet, Vol. 99, 1972, p. 501.

Une négation complète de la fonction régulatrice du droit international entraine « une erreur symétrique (…), erreur commise par ceux qui réduisent les relations politiques à des rapportsde force et ignorent la composante juridique présente en tout pouvoir politique. »[216].

Bien qu'elle ne soit pas complètement détachée des influences et pressions étatiques, l'action de l'ONU, et des organisations internationales de façon générale, s'engage dans un processus de régulation et « de stabilisation des rapports internationaux par un apprentissageprogressif de la supériorité de la sécurité procurée par la règle de droit sur celle qui résulte de la puissance militaire, dangereuse, coûteuse et instable, parce que toujours menacée de dépassement par celle de l'adversaire »[217].

Le caractère réaliste, acceptant un jeu pragmatique de conjugaison entre une autonomie totale et une subordination intégrale, qui encadre la personnalité juridique de l'organisation internationale, accrédité par la doctrine, est, également, entériné par le juge.

En effet, dans son avis consultatif portant sur les dommages subis au service des Nations Unies, la CIJ indique qu'« alors qu'un Etat possède, dans leur totalité, les droits et devoirs internationaux reconnus par le droit international, les droits et devoirs d'une entité telle que l'organisation doivent dépendre des buts et des fonctions de celle-ci, énoncés ou impliqués par son acte constitutif et développés dans la pratique »[218].

Il découle de l'avis de la juridiction internationale qu'elle consentit à l'Etat une souveraineté intégrale au regard du droit international, et à l'organisation internationale une souveraineté ayant une portée

---

[216]Même source.

[217]Même source.

[218]*Réparation des dommages subis au service des Nations Unies*, Avis consultatif, CIJ, Recueil 1949, p. 174.

fondamentalement fonctionnelle. Mais, le juge international reconnait, tout de même, que le développement du droit international influe directement sur l'étendue et la portée des compétences et fonctions assignées à l'organisation interétatique.

B. L'ACCRÉDITATION DES PRINCIPES DE HIÉRARCHIE NORMATIVE ET DE RESPONSABILITÉ

En poursuivant les buts que lui trace le traité constitutionnel, la souveraineté fonctionnelle, en l'occurrence, l'organisation internationale, développe ses moyens d'actions, lesquels moyens instituent au profit du sujet dérivé du droit international, un ordre juridique interne distinct de ceux des Etats-membres.

Signe d'autonomie et d'existence juridique propre, l'ordre juridique interne de l'organisation internationale comporte les caractères généraux de l'ordre juridique étatique en particulier, ceux de hiérarchie, d'opposabilité, de légalité et de responsabilité.

Du point de vue juridique, l'existence d'un droit interne de l'organisation intergouvernementale milite considérablement en faveur de son autonomie.

En tant que règles juridiques, le droit interne de l'organisation internationale comprend un ensemble normatif constitutionnel d'une part, et un ensemble normatif administratif, ou par analogie à l'ordre juridique étatique, réglementaire d'autre part.

L'ensemble normatif à caractère constitutionnel, réuni fondamentalement dans l'acte fondateur, qui est un traité multilatéral, est l'œuvre des Etats. Il convient de remarquer dans cecontexte que la CDI accrédite l'existence d'un droit constitutionnel de l'organisation internationale en précisant que celle-ci est « une association d'Etats constituée par traité, dotée d'une constitution, et d'organes communs ; et possédant une personnalité juridique distincte de celle des Etats-membres »[219].

L'organe subsidiaire de l'ONU chargé de la codification du droit international affirme solennellement que l'organisation internationale est dotée d'un texte constitutionnel dont le rôle se matérialise non seulement dans la création de l'organisation, la formulation, en quelque sorte de son acte de naissance, mais aussi dans la définition des procédés par lesquels le pouvoir normatif s'opérationnalise à l'intérieur du régime juridique de l'organisation, lequel régime, tout en se rapprochant des mécanismes constitutionnels et réglementaires de l'Etat, obéit au droit international.

Moyennant un traité définissant les aspects organisationnels et procéduraux, se rapportant à la fabrique de la décision au sein de l'organisation internationale, les souverainetés étatiques déterminent les règles générales qui commandent le fonctionnement de l'organisation internationale.

Le droit constitutionnel de l'organisation internationale a, donc, pour mission essentielle la réglementation et la régulation de l'exercice du pouvoir en son sein. Autrement dit, il détermine la formule distributive du pouvoir à l'intérieur de l'organisation.

La fonction remplie par l'ensemble normatif constitutionnel s'assimile largement à la fonction dévolue au droit constitutionnel étatique qui, au moyen le plus souvent d'un texte écrit, fixe les modalités d'accession au pouvoir politique national.

L'objectif de l'ensemble normatif constitutionnel, ou ce que la doctrine conduit sous l'appellation de droit primaire de l'organisation, est, donc, l'instauration d'une

---

[219]ACDI, Vol. II, 1965, p. 106.

gouvernance institutionnelle au sein de l'organisation internationale pour l'habiliter à exercer pleinement sa mission essentielle d'espace de coopération et de négociation inter-gouvernemental.

Nous pouvons constater qu'au niveau du droit constitutionnel de l'organisation internationale, l'influence provenant des Etats exerce des rôles qui ne peuvent être marginalisés dans la mesure où ce niveau se rapporte foncièrement à l'aspect proprement interétatique de l'organisation.

Toutefois, dans les organisations d'intégration, les organes collégiaux sont dotés de moyens normatifs propres par lesquels ils peuvent édicter des normes à caractère réglementaire et impersonnel opposables immédiatement aux souverainetés. Tel est le cas du droit dérivé de l'Union européenne (UE) qui contient un vaste ensemble de normes revêtant un caractère obligatoire et coercitif vis-à-vis des Etats-membres de l'édifice communautaire européen.

Contrairement à l'assise constitutionnelle, le droit administratif de l'organisation internationale, ou le droit dérivé de l'organisation internationale, est, en grande partie, une œuvre qu'elle a elle-même réalisée. Une condition de hiérarchie se pose, en l'occurrence : la nécessaire soumission du droit administratif, ou en quelque sorte, du pouvoir réglementaire de l'organisation internationale aux dispositions de l'ensemble normatif constitutionnel.

« L'acte fondateur lie non seulement les membres mais également les organes de l'organisation elle-même. Il en résulte une hiérarchisation des normes : les organes ne doivent pas adopter d'actes juridiques (Droit secondaire ou dérivé) qui iraient à l'encontre du document constitutif (Droit primaire) »[220]. De ce fait, les normes régissant les relations administratives entre l'organisation internationale

---

[220]SOREL et LAGRANE, *Traité de droit des organisations internationales*, op.cit., p. 203.

et ses agents sont généralement arrêtées par l'organisation internationale elle-même conformément, bien évidemment, aux sources du droit international car, il faut le rappeler encore une fois, l'organisation internationale est un sujet de droit international « justiciable » des ordres juridiques internes. C'est cette spécificité juridique qui marque et façonne le droit interne de l'organisation internationale ainsi que le contenu et les modes d'engagement de sa responsabilité juridique.

Et si l'on se réfère au cas de l'ONU, on peut soutenir que quelle qu'en soit l'action dommageable, elle s'exerce, le plus souvent, hormis le cas des ACIT que nous avons développé précédemment, sur le territoire d'un Etat.

D'emblée, et si l'on se réfère à la compétence territoriale d'un Etat, l'organisation internationale serait un justiciable du droit interne étatique dans lequel elle met en œuvre ses activités et ce, malgré le fait qu'elle soit un sujet de droit international bénéficiaire, de ce fait, d'une personnalité juridique distincte et autonome.

La situation extravagante, et qui explique largement la pluralité des ordres juridiques qui affectent l'activité de l'organisation internationale, réside dans le fait que celle-ci constitue un sujet de droit international dont l'action s'exerce nécessairement à l'intérieur d'un régime juridique étatique.

Etant donné qu'elle est astreinte, du fait qu'elle est dépourvue d'un territoire propre, àmener ses missions sur le territoire d'un Etat, pourrait-on considérer que l'organisation internationale serait un sujet de droit interne étatique de facto ?

La question alimente des débats et des divergences au sein de la doctrine, et puisque ni une convention ni une jurisprudence ne l'ont pas définitivement solutionnée, des mécanismes opérationnels ont été mis en œuvre pour y apporter des solutions pragmatiques.

Ainsi, en bénéficiant de la capacité de conclure des contrats, d'ester en justice et de participer à des traités, l'organisation internationale assure ses missions indépendamment des désaccords doctrinaux obéissant à une certaine conception formaliste du droit conformément à laquelle la qualité de sujet d'un ordre juridique donné, doit conférer à l'entité qui en est titulaire la plénitude des pouvoirs d'action autorisés par cet ordre juridique.

Dans l'optique juridictionnelle, ce qui est essentiel lors de l'examen de l'action d'une entité juridique est de pouvoir rattacher ses comportements générateurs de dommages à un régime d'indemnisation ou de répression.

Concrètement, si l'organisation internationale est habilitée à entreprendre des activités contractuelles à l'intérieur du régime juridique de l'Etat, elle est, en conséquence, comptable des actes illégaux et dommageables conformément aux contrats qu'elle conclut et négocie librement.

Au cas où un différend s'élèverait avec son co-contractant, qu'il soit une personne publique ou privée, morale ou physique, les mécanismes de règlement insérés dans le contrat seront utilisés.

En propos succincts, nous pouvons facilement constater que la pratique a montré que les désaccords doctrinaux attisés par le support formel qu'il faudrait accorder à la justiciabilitéde l'organisation internationale au regard de l'ordre juridique national ne font pas barrage à la mise en œuvre de sa responsabilité en cas d'activités dommageables ou violatrices des engagements contractuels. Tel est le cas le plus répandu s'agissant de l'ONU en ce sens que « l'immense majorité des contrats commerciaux conclus par l'ONU ont été exécutés sans soulever de grandes difficultés (…)[221] ».

---

[221]*Pratique suivie par les Nations Unies, les institutions spécialisées et l'Agence internationale de l'énergie atomique en ce qui concerne leur*

Etant titulaire de la qualité de sujet de droit international assortie de la capacité contractuelle dans les territoires respectifs des Etats-membres, y compris celui de l'Etat de siège, l'ONU a généralement tendance à soustraire ses contrats aux lois nationales dans un butde neutralité en cherchant les solutions aux litiges soulevés dans le droit international, les principes généraux de droit et dans les clauses contractuelles elles-mêmes.

Dans les faits, l'organisation internationale inscrit les ensembles normatifs qui doivent réglementer les contrats qu'elle conclut avec les personnes privées dans des compromisd'arbitrage ou des clauses compromissoires.

Bien que les contrats que les organisations internationales passent avec des personnes privées, s'identifient complètement à ceux passés par les entreprises avec l'Etat dont elles ont la nationalité[222], c'est-à-dire les contrats de droit interne étatique, les normes juridiques qui lesrégissent en cas, notamment, de déclenchement d'un différend, relèvent fondamentalement dudroit international.

« Le recours d'une organisation à l'arbitrage n'est pas nouveau. En 1938, par exemple, un tribunal arbitral a réglé le différend opposant la Sociétés des Nations à l'Entreprise du Palais des Nations. En 1958, 1965, 1969, 1972, 1982, l'Organisation des Nations Unies, également, a obtenu le règlement de certains différends par l'arbitrage. Le 31 mai 1966, un tribunal arbitral a tranché le litige opposant la Compagnie Française d'Entreprise à l'Organisation mondiale de la santé. En 2000, l'Organisation des Nations-Unies pour l'alimentation et l'agriculture (FAO) a porté à la connaissance d'un tribunal arbitral un différend

---

statut juridique, leurs privilèges et leurs immunités : étude complémentaire du Secrétariat, op.cit, p. 160.

[222]Nous pouvons citer dans ce sillage les contrats de la commande publique nationale. Il s'agit dans le régime marocain des contrats de partenariat public-privé, des marchés publics, des contrats de gestion déléguée etc.

survenu avec une société commerciale, mais semble avoir été dès 1985 partie à d'autres arbitrages. En 2008, le service juridique du Conseil de l'Europe a affirmé que l'Organisation a également fait été de plusieurs arbitrages l'impliquant »[223].

Les sentences arbitrales rappelées par le professeur BELLIER indiquent, clairement, que le recours à l'arbitrage à l'occasion de la résolution des litiges produits par l'action contractuelle de l'organisation intergouvernementale, repose foncièrement sur un ancrage historique dont les commencements se sont synchronisés, force est de le remarquer, avec ceux du phénomène d'organisation internationale.

La tendance consistant en l'activation des solutions édictées par des juridictions arbitrales déroge à la règle générale dictant que les contrats de droit privé soient soumis et juridiquement qualifié conformément à un ou plusieurs régimes juridiques étatiques en fonction de l'existence ou de l'inexistence d'un élément d'extranéité ou de dispositions contractuelles particulières instituant des régimes spécifiques de règlement de litiges.

La tendance des organisations internationales, calquée sur celle empruntée par l'ONU, consistant en la soumission des contrats privés au droit international peut être interprétée comme une mise à mal de la souveraineté des ordres juridiques étatiques. Or, dans la pratique des Etats, cette tendance s'observe également au niveau des contrats d'Etats.

En outre, il importe de mentionner que les lois nationales ne contiennent pas des dispositions normatives immuables et irréversibles, bien au contraire, elles admettent un

---

[223]BELLIER (S), *A propos de la clause arbitrale dans le règlement des différends de l'organisation internationale*, AFDI, LV – 2009, CNRS éditions, pp. 445 et 446.

système dérogatoire en particulier en matière des contrats conclus avec les sociétés multinationales.

Parallèlement à la souplesse des ordres juridiques nationaux qui acceptent le fait que des activités contractuelles menées par des entités dotées de personnalités juridiques et de capacités spécifiques, dérogent à ses lois, le droit interne de l'organisation internationale peut étendre les mécanismes de règlement des différends, prévus généralement dans son ensemble normatif constitutionnel, aux contrats passés avec des personnes privées.

De façon générale, les situations litigieuses qui peuvent se présenter à une organisationinternationale sont variées. Néanmoins, face à une organisation internationale, la partie demanderesse ou défenderesse est un Etat-membre ou une personne privée.

Le différend avec un Etat ne présente aucune originalité dans la mesure où celui-ci est membre de l'organisation internationale et est d'autant plus un sujet de droit international. Quant au litige liant l'organisation internationale à une personne privée, il sécrète un contentieux particulier car le co-contractant de l'organisation internationale n'en est pas membre et ne détient pas la qualité de sujet du droit international.

La pratique contentieuse engagée par l'organisation internationale s'identifie à celle mise en œuvre par l'Etat, la personne privée bénéficie des moyens de règlement prévus par l'ordre juridique interne de l'organisation internationale sans en être un sujet à part entière. Dece fait, « les personnes privées deviennent, à côté des États-membres, ce que l'on pourrait appeler des « statutaires » de l'organisation[224] ».

Les aménagements qu'une organisation internationale peut introduire dans son ordre juridique interne se ramènent donc à son accessibilité aux personnes morales de droit

---

[224]Même source, p. 451.

privé. En guise d'illustration, les Organisations non-gouvernementales (ONG) des droits de l'Homme ont acquis le statut d'observateur au sein de certains organes de l'ONU.

Au même titre que l'Etat, l'organisation internationale peut adjoindre à ses organes des opérateurs privés en créant des autorités administratives autonomes auxquelles échoit la mission de « mettre en œuvre les orientations décidées par l'organisation et notamment certaines de ses missions de service public »[225].

Nous pouvons soutenir que l'émergence des organisations internationales et la prolixité fonctionnelle qui façonne leurs champs d'intervention respectifs ont donné naissance à un nouveau centre de pouvoir dans l'espace international, en l'occurrence, l'organisation internationale. Celle-ci dispose d'une constitution qui définit laformule distributive du pouvoir en son sein et qui en réglemente le processus décisionnel. Elle est, également, dotée d'un pouvoir administratif l'habilitant à édicter des actes normatifs unilatéraux.

Bien qu'ils ne soient pas expressément des sources de droit international dans l'optique de la CIJ dans la mesure où ils ne sont pas cités dans l'article 38 de son Statut, les actes unilatéraux des organisations internationales appartiennent au droit international et les litiges qui s'y rapportent sont qualifiés et résolus conformément au droit international.

Indépendamment du mutisme de son Statut, la CIJ reconnait la portée contraignante aux actes normatifs édictés par les organisations internationales et considère qu'ils sont opposables à leurs destinataires.

De plus, le pouvoir normatif unilatéral de l'organisation internationale fait partie intégrante de son droit interne

---

[225]SOREL et LAGRANGE, *Traité de droit des organisations internationales*, op.cit, p. 195

dérivé, lequel droit, ajouté à son droit constitutionnel, incarnent ses règles d'organisation, et au terme des dispositions de l'article 2 du projet d'articles sur la responsabilité des organisations internationales, les règles d'organisation s'entendent « notamment des actes constitutifs, des décisions, résolutions et autres actes de l'organisation internationale adoptés conformément aux actes constitutifs, ainsi que de la pratique bien établie de l'organisation »[226] d'une part, et des dispositions de l'article premier[227] dudit projet énonçant qu'il s'applique à la responsabilité internationale de l'organisation internationale, et sur la base d'une lecture composée de ces deux articles, nous pouvons valablement soutenir que le droit interne[228] de l'organisation internationale relève du droit international et en forme une des manifestations de codification.

L'organisation internationale exerce certes ses missions et met en œuvre ses fonctions à l'intérieur des ordres juridiques étatiques. Le territoire étatique est, en d'autres termes, le support physique de l'activité de l'organisation internationale. Cependant cette réalité, bien qu'elle se rattache, à première impression, à la territorialité de la norme juridique nationale ne se répercute pas de manière dirimante sur le régime juridique applicable à la

[226]L'article 2 du projet d'articles relatifs à la responsabilité des organisations internationales, ACDI, 2011, vol.II.
[227]Article 1, projet d'articles relatifs à la responsabilité de l'organisation internationale, op.cit.
[228]Pour l'IDI, et à l'instar de la définition qui leur a été donnée par la CDI, « *l'expression "règles de l'organisation" vise l'acte constitutif de l'organisation et ses amendements, les règlements adoptés en vertu de ces textes, les décisions et résolutions obligatoires adoptées conformément à ces actes et la pratique bien établie de l'organisation* », Cf. IDI, *Les conséquences juridiques pour les Etats membres de l'inexécution par les organisations internationales de leurs obligations envers des tiers*, Session de Lisbonne, 1995.

responsabilité juridique de l'organisation internationale qui demeure régie par le droit international.

L'Etat est responsable au regard du droit international, et au pareil cas, sa responsabilité se qualifie et se juge conformément au droit international.

L'Etat est, également, responsable au regard de son ordre juridique propre et dans ce cas, sa responsabilité se qualifie et se juge en application des normes constitutives de son droitinterne.

Le même mécanisme s'applique à la responsabilité de l'organisation internationale. Cette dernière est donc responsable de ses actes à l'égard des Etats-membres, d'autres sujets de droit international et des personnes privées avec lesquelles elle passe des contrats.

Une spécificité se dégage tout de même ; tant que le droit interne de l'organisation internationale et son activité conventionnelle sont des normes de droit international, formellement, la responsabilité de l'organisation internationale n'est envisageable qu'au regard du droit international, sauf, comme nous l'avons mentionné dans les développements consacrés à l'évolution de la portée des immunités accordées à l'organisation internationale,le cas dans lequel l'organisation internationale accepte de se soumettre à un ensemble normatif autre que le droit international.

SECTION 2. LES MANIFESTATIONS DE LA CAPACITÉ JURIDIQUE DES ORGANISATIONS INTERNATIONALES

L'organisation internationale, comme nous l'avons indiqué à maintes reprises, est titulaire de l'attribut de sujet de droit international. De ce fait, elle est habilitée à être destinataire des normes du droit international.

La reconnaissance d'une existence juridique propre à l'organisation internationale est fondamentalement la résultante de l'action qu'elle mène en vue de l'accomplissement des missions que lui détermine le traité l'ayant fondée. En effet, en poursuivant ses buts, elle s'est heurtée à des difficultés opérationnelles qui l'ont obligée à faire intervenir le juge afin que sonautonomie et les buts en vertu desquels elle a été créée, soient protégés.

Cependant, la création des organisations interétatiques ne relève pas d'une quelconque spontanéité, mais plutôt d'un acte juridique né de la volonté des Etats.

La conséquence juridique primaire qui émane de l'origine conventionnelle interétatique de l'organisation internationale réside dans le fait qu'un collectif de sujets de droit autre que les Etats, ne peuvent, quel que soit le support juridique déployé, donner naissance à une organisation internationale telle qu'elle est définie en droit international. Dans le cas où plusieurs entreprises décideraient de s'associer sous l'égide d'un groupement, ce dernier ne peut être considéré comme une organisation internationale. De ce fait, seule la volonté interétatique a la capacité de faire naître une organisation internationale.

Etant donné qu'elle est le résultat ou le produit de la volonté étatique en ce sens qu'elle en dérive, l'organisation internationale s'analyse en droit international en tant que sujet de droit. Et, similairement aux entités juridiques qui se trouvent à l'origine de sa création, l'organisation internationale détient une capacité juridique, laquelle capacité vise les objectifs suivants :

- Elle permet à l'organisation internationale de mettre en œuvre les activités nécessairesà la réalisation des fonctions ayant présidé à sa création ;
- Elle habilite l'organisation internationale à se doter des moyens humains, logistiqueset financiers dont elle a besoin pour assurer son fonctionnement ;
- Et en cas d'un différend, l'organisation internationale peut recourir au juge pour fairevaloir ses intérêts licites.

Le droit au juge garanti à une entité juridique, remplit une fonction ambivalente. D'une part, il habilite son titulaire à faire intervenir l'autorité judiciaire pour préserver ses intérêts. D'autre part, il permet à d'autres entités d'en engager la responsabilité pour assurer leur droit, eux-mêmes, au juge.

En propos succincts, le droit au juge implique mécaniquement l'obligation d'accepter de se déférer au juge en cas de commission d'un acte créateur de dommages.

A travers cette section, nous allons essayer d'étayer la portée de la capacité juridique de l'organisation internationale au moyen de deux aspects se rapportant fondamentalement à la responsabilité juridique, en l'occurrence, l'action contractuelle permettant à l'organisation internationale de bénéficier des moyens humains, financiers et matériels exigés par son bon fonctionnement en tant qu'entité organisationnelle d'une part, et le droit de recourir au juge encas d'un différend l'opposant aux autres acteurs avec lesquels elle partage l'espace juridique international et national, d'autre part.

PARAGRAPHE 1. L'ACTIVITÉ CONTRACTUELLE DES ORGANISATIONS INTERNATIONALES ET LA CRISE DE LA NOTION DE « SUJET DE DROIT »

Les organisations internationales sont habilitées à produire des accords de volonté tant en droit international qu'à l'intérieur des ordres juridiques étatiques.

Néanmoins, le caractère fonctionnel de la personnalité juridique de ces organisations insère des aménagements dans la structure de leur capacité contractuelle dans les ordres juridiques affectant leurs activités en l'occurrence l'ordre international et l'ordre national.

En droit international, les organisations internationales peuvent conclure des traités mais leur soumission aux traités antérieurs à leur création est mise à mal par le fait qu'elles ne détiennent pas la qualité de « partie » les habilitant à y adhérer (A).

S'agissant des ordres étatiques, les organisations internationales peuvent étendre leur immunité juridictionnelle aux recours tendant à les déclarer débitrices, intentés par leurs co- contractants non-internationaux

Les dilemmes, décrits ci-dessus, sont liés au statut juridique particulier des organisations internationales dans la mesure où elles constituent des personnes juridiques internationales qui, en continuant à se prévaloir d'immunités et de privilèges que leur a donnés l'ordre juridique les ayant créées, peuvent modifier les rapports juridiques soumis aux ordres étatiques (B).

A. L'ADHÉSION DES ORGANISATIONS INTERNATIONALES AUX CONVENTIONS ET TRAITES ANTÉRIEURES A LEUR CRÉATION

En dépit des controverses doctrinales[229], et des problèmes pratiques qu'elle peut générer, la qualité de sujet de droit international reconnue à l'organisation internationale l'habilite à établir des contrats.

En d'autre terme, étant titulaire de l'attribut l'autorisant à être destinataire des normes du droit international, l'organisation internationale est dotée de la capacité contractuelle. De ce fait, la qualité de sujet de droit international contient un ensemble d'attributs juridiques parmi lesquels figure celui d'être capable de conclure des contrats.

Les contrats passés par l'organisation internationale concernent une variété d'objets. Ils peuvent être conclus pour acquérir des fournitures, des services ou pour entreprendre des travaux. Ils peuvent, également, être conclus en vue du recrutement de ressources humaines.

L'objet du contrat passé par une organisation internationale ne diffère en rien de celui que met en œuvre l'Etat, et, si l'on prend en compte cette similitude en vue de l'examen de l'activité contractuelle du sujet dérivé du droit international, nous constatons facilement que les contrats passés par les organisations intergouvernementales s'identifient aux marchés publics et aux autres contrats publics constituant la matière contractuelle de la commande publique nationale.

Et malgré le fait que dans le droit interne de l'Etat, les contrats auxquels prend part l'Etat sont exorbitants au droit commun, notamment dans les ordres juridiques romano-germaniques comme le régime juridique français et les régimes juridiques s'en inspirant tel que le régime juridique

[229] Voir la section précédente.

marocain, les contrats élaborés par les organisations internationales sont soumis, d'emblée, au droit international.

La soumission des contrats d'une organisation internationale au droit international est la résultante logique du fait que la capacité contractuelle de l'organisation internationale découle de la qualité de sujet qu'elle détient en droit international.

Le régime juridique réglementant les contrats qu'une organisation internationale peut conclure soulève beaucoup d'observations dont la teneur est controversée. La capacité contractuelle de l'organisation internationale, extensivement définie, concerne tant les traités, qui sont, faut-il le rappeler, des accords respectueux du principe de l'autonomie de la volonté, d'une part, que les accords de volonté que l'organisation internationale pourrait établir avec des personnes ne détenant pas la personnalité juridique internationale d'autre part.

S'agissant de la capacité contractuelle relative à la conclusion des traités, la pratique des relations internationales reconnaît aux organisations interétatiques l'accès au droit des traités. Déjà, en 1973, l'IDI avait précisé que « les dispositions de la Convention de Vienne sur le droit des traités, du 23 mai 1969, sont en principe applicables aux accords internationaux conclus par les Organisations internationales, soit avec d'autres organisations internationales, soit avec l'un ou plusieurs Etats »[230].

L'expression « accords internationaux » laisse entendre que l'organisation internationale peut établir des traités soumis aux dispositions de la Convention de Vienne

[230]L'IDI, Session de Rome – 1973, Session du Centenaire, Résolution du 14 septembre 1973, *L'application des règles du droit international général des traités aux accords internationaux conclus par les Organisations internationales*.

formant droit des traités, à laquelle se réfère l'IDI, comme elle peut établir des accords non- internationaux.

En conséquence, la fixation de l'affiliation juridique d'un accord de volonté effectué par l'organisation internationale obéit au critère organique dans la mesure où si ledit accord l'engage à l'égard d'un autre sujet de droit international, qu'il soit Etat ou une autre organisation internationale, l'accord en question prendra la qualification de traité et, par voie de conséquence, les dommages qui pourraient découler de son exécution seront réparés conformément au droit international.

A contrario, si l'accord est conclu avec une entité qui ne jouit pas de l'attribut de sujet de droit international, l'accord en question ne sera pas considéré comme un traité et ne se soumettra pas aux règles du droit international.

Par analogie aux contrats publics, pratiqué dans les ordres juridiques nationaux par les personnes publiques de droit interne, l'IDI présente des définitions opérationnelles se rapportant aux autorités qui peuvent agir au nom et pour le compte de l'organisation internationale, et par conséquent la lient avec son co-contractant. Ainsi, l'IDI estime que

« toute organisation internationale peut conclure des accords conformément à ses règles pertinentes[231] et à la pratique générale en la matière »[232]. Et il incombe à

---

[231]Il convient de remarquer que l'Institut du droit international emploie l'expression « *règles pertinentes de l'organisation internationale* » au moment où le projet d'articles fixant la responsabilité de l'organisation internationale élaboré par la CDI emploie, lui, l'expression « *règles de l'organisation* ». Si l'on se réfère aux contenus que les deux organismes confèrent, chacun, à l'expression qu'il a employée, on peut facilement conclure que les contenus retenus sont identiques. Néanmoins, dans l'état actuel de la codification du droit international, mené sous l'égide de la CDI, et dans la pratique judiciaire internationale, l'expression « *règles d'organisation* » est celle qui est la plus répandue.

[232]L'IDI, Session de Rome, 1973.

l'organisation internationale de définir, à travers ses règles pertinentes, « le ou les organes habilités à accomplir tout acte relatif à l'élaboration du texte d'un accord et à l'expression du consentement de l'Organisation à être liée »[233].

Si la capacité de conclure un traité, c'est-à-dire un accord de volonté qualifié conformément au droit international, est reconnue à l'organisation internationale, sa capacité d'être partie à un traité ne s'inscrit pas aisément dans la pratique internationale. Nous avons, dans ce sillage, soulevé, à l'instar de plusieurs auteurs, la question controversée de la soumission de l'organisation internationale aux normes du DIH et à celles du DIDH.

Une scissiparité doctrinale s'est établie en la matière entre un courant formaliste scandant l'incapacité de l'organisation internationale à être partie aux traités et conventions du DIH et du DIDH du fait qu'un tel droit ne leur est pas reconnu par les ensembles normatifsformant ces deux corps de droit, et un courant qui, en se base sur la reconnaissance de sa capacité à établir des traités, conclut à la capacité de l'organisation internationale à devenir partie aux conventions et traités se rapportant au DIH et au DIDH.

En raison de l'inexistence d'une assise conventionnelle solennelle qui tranche sur les désaccords doctrinaux, la CIJ et le Secrétaire général de l'ONU ont confirmé l'opposabilité du DIH et du DIDH aux organisations internationales. A notre sens, il serait, ne serait-ce que du point de vue opérationnel, paralogique de reconnaître à l'organisation internationale la capacité de produire la norme conventionnelle et de lui nier celle d'y adhérer.

---

[233]Même source.

B. LES CONTRATS CONCLUS AVEC DES CO-CONTRACTANTS NON-INTERNATIONAUX[234]

Outre sa capacité contractuelle régie par le droit international consistant en la contribution à la production normative conventionnelle, les organisations intergouvernementales sont également habilitées à conclure des contrats avec des personnes privées. La situation juridique de ces contrats pose beaucoup de difficultés opérationnelles car, du fait qu'ils sont conclus à l'intérieur de l'ordre juridique étatique, les contrats que passe une organisation internationale avec des personnes privées sécrètent le problème du droit qui doit les régir et conformément auquel les différends occasionnés doivent être solutionnés.

Invoquant le développement et la complexité des organisations internationales et la prolifération des contrats qu'elles établissent avec des personnes privées, et l'obligation pour lesdites situations contractuelles de permettre à l'organisation internationale de mener à bon escient ses missions d'une part, et de protéger la sécurité juridique des transactions d'autre part, l'IDI reconnait tout d'abord la capacité des organisations internationales à conclure des contrats avec des personnes privées et recommande aux parties auxdits contrats d'y indiquer expressément le droit applicable en cas de la survenance de différends. « Afin de faciliter le règlement des différends pouvant survenir au sujet des contrats considérés, il est souhaitable que les parties désignent expressément les

---

[234]Une partie de la doctrine utilise l'expression « co-contractants privés ». Cette expression est assortie d'une certaine incomplétude car elle ne couvre pas les contrats que les organisations internationales peuvent passer avec des personnes morales de droit public. C'est pourquoi, il est plus judicieux d'utiliser l'expression « co-contractants non-internationaux ».

sources, nationales ou internationales, d'où découle le droit applicable. Les parties peuvent aussi se référer expressément à une combinaison de plusieurs sources »[235].

Le droit applicable aux contrats passés par une organisation internationale avec une personne privée est librement déterminé par les parties. Celui-ci peut être un droit national, le droit international ou un droit mixte composé conjointement de normes relevant d'un ordre juridique national et de normes appartenant à l'ordre juridique international.

Le contrat soumis au droit international ne pose pas de problèmes particuliers dans la mesure où l'organisation intergouvernementale détient la qualité de sujet de droit international qui lui octroie l'attribut d'être destinataire des normes de ce droit, et contributeurà leur développement, étant précisé que les règles du droit international s'étendent aux règles pertinentes ou d'organisation. Ainsi, une organisation internationale peut élaborer elle-même le règlement qui régit son action contractuelle, en quelque sorte, son droit des marchés publics. Dans ce cas, ledit règlement fera partie non d'un ordre juridique étatique mais du droit international car les règles d'organisation peuvent déclencher la responsabilité internationale de l'organisation internationale.

Même si le droit interne de l'organisation internationale présente une prolixité structurelle, il demeure une partie intégrante du droit international, plus précisément, le droit international dérivé dont la matière juridique est enrichie sans cesse par les actes normatifs des organisations internationales.

---

[235]IDI, Session d'Oslo – 1977, Résolution du 6 septembre 1977, *Les contrats conclus par les organisations internationales avec des personnes privées*.

« Chaque Organisation Internationale possède son propre ordre juridique, de telle sorte que dans le cadre de l'ordre juridique international, une Organisation s'identifie avec un ordre juridique particulier. Le fait qu'elle soit créée par un accord international ne veut pas dire qu'elle devient partie de l'ordre international général[236] ».

L'ordre international serait donc formé d'un ordre interétatique classique et des ordres juridiques particuliers se rattachant aux organisations internationales.

En outre, les rapports que l'organisation internationale ourdit avec ses ressources humaines représentent un type particulier de l'action juridique qu'elle met en œuvre à l'intérieur de son propre ordre juridique. Il s'agit, de façon générale, du droit de la fonction publique internationale composé de plusieurs droits administratifs élaborés par les organisations internationales.

L'action contractuelle de l'organisation internationale dans l'ordre juridique international comprend fondamentalement la capacité de l'organisation internationale à établirdes accords de volontés soumis au droit international, en l'occurrence, les traités. L'organisation internationale les établit en application des conditions de forme et de substanceposées par le droit des traités.

Il est à préciser, tout de même, que le contrat n'est pas un instrument juridique monopolisé par le droit interne de l'Etat. Dès lors que le fondement capital du contrat, à savoir, le principe de l'autonomie de la volonté est également observé par le droit des traités, nous pouvons valablement assimiler le traité à un contrat obéissant à un corps juridique spécial, en l'occurrence, le droit international.

---

[236]GLAVINIS (P), *Les litiges relatifs aux contrats passés entre organisations internationales et personnesprivées*, LGDI, p. 7.

S'il est vrai que la majorité des auteurs emploient le plus souvent le terme « contrat » pour désigner l'action de l'Etat ou de l'organisation internationale au moyen de laquelle une personne privée accède aux modes de règlement des différends revêtant un caractère international, il n'est pas moins vrai que cette tendance n'est qu'une transposition de l'appartenance du contrat au droit privé interne de l'Etat, au droit international.

A notre sens, le contrat est une notion générale renvoyant à la constatation d'un accordde volonté conformément à un ordre juridique donné. S'il est établi conformément au droit administratif, le contrat sera un contrat administratif, tel est le cas d'un marché public. S'il est établi en application du droit commercial, le contrat sera un contrat commercial, tel est le cas d'un bail. Dans le cas où il serait établi selon les prescriptions du droit international, le contrat prendra l'appellation de traité.

Parallèlement à son action contractuelle internationale se matérialisant par la conclusion de traités, l'organisation internationale est habilitée à établir des contrats avec des personnes privées.

La conclusion de contrats avec des personnes privées exige essentiellement que l'organisation internationale ait la capacité contractuelle dans les ordres juridiques étatiques. Cette exigence est assurée par l'article 104 de la Charte de l'ONU énonçant : « L'Organisation jouit, sur le territoire de chacun de ses membres, de la capacité juridique qui lui est nécessaire pour exercer ses fonctions et atteindre ses buts[237] ».

Il en découle que l'organisation internationale peut entreprendre, à l'intérieur des ordres juridiques étatiques, les activités nécessaires à l'opérationnalisation de sa spécialité. L'organisation internationale est, de ce fait, un

[237] Article 104 de la Charte des Nations Unies.

sujet de droit international qui mène, conformément au droit international, ses activités au sein de l'Etat.

L'application de l'article 104 sus-rapporté signifie que le droit d'agir, en vue de la réalisation des missions qui lui incombent, est reconnu à l'organisation internationale en raison de sa qualité de sujet dérivé de droit international. Et par conséquent, elle n'aura pas à acquérir la qualité de sujet des ordres juridiques internes de ses membres pour qu'elle puisse mettre en œuvre en leur enceinte des contrats.

Cependant, nombreux sont les auteurs qui soutiennent que l'octroi à l'organisation internationale du droit de passer des contrats avec des personnes privées veut dire qu'elle dispose de la qualité de sujet de droit national.

« Pour agir dans l'ordre interne des Etats, l'Organisation possède la personnalité juridique interne, qui est bien sûr distincte de la personnalité qu'elle s'est vue reconnaître dans l'ordre international. Cette personnalité est apparemment indispensable à l'Organisation, privée de territoire propre, et ne pouvant de ce fait s'installer et exercer ses fonctions sur le territoire des Etats »[238].

Il importe de préciser que l'opérationnalisation de la capacité contractuelle de l'organisation internationale à l'intérieur de l'ordre juridique étatique est une prérogative que l'organisation en question exerce en raison de son statut de sujet de droit international. Quant à l'inexistence d'une assise territoriale, elle constitue la donnée fondamentale sur la base de laquelle la personnalité juridique internationale dérivée a été consentie par les souverainetés étatiques aux organisations internationales pour que ces dernières soient capables d'exister en droit de manière autonome.

---

[238]GLAVINIS, *Les litiges relatifs aux contrats passés entre organisations internationales et personnes privées,*
op.cit, p. 9.

L'omniprésence du raisonnement à la suite duquel la conclusion par une organisation internationale de contrats portant sur un objet privé avec des personnes privées au sein d'un ordre juridique national donné, implique machinalement, nécessairement et par voie causale que l'organisation internationale ait la personnalité juridique dudit ordre juridique national pose, avec acuité, la crise structurelle que traverse la notion de « sujet de droit ».

L'émergence de la notion de « sujet de droit », qui revêt, force est de constater, une importance exponentielle dans les études juridiques, a coïncidé avec la formation de l'ordre juridique de l'Etat-Nation.

La phase historique dans laquelle la notion de « sujet de droit » est née est celle durant laquelle le droit international était exclusivement un droit entre Etats. C'est la raison pour laquelle, cette notion ne peut être clairement définie qu'à l'intérieur d'un seul ordre juridique.

Or, dans l'état actuel des relations internationales, un enchevêtrement profond façonneles ordres juridiques, tant international que les régimes nationaux, qui ne constituent, de ce fait, des espaces juridiques isolés. En effet, le sujet dérivé de droit international peut exercer des activités au sein des ordres juridiques nationaux.

Aussi, un Etat peut entreprendre des actions juridiques dans l'ordre juridique interne d'un autre Etat. L'unicité de l'ordre juridique ayant présidé à la naissance de la notion de « sujet de droit » n'existe plus et, par voie de conséquence, cette notion doit être profondément restructurée.

En guise d'illustration, si un Etat conclut un contrat avec une société multinationale prévoyant, comme mode de règlement, l'arbitrage international, pourrait-on considérer que la société multinationale est devenue un sujet de droit international parce qu'elle a, en vertu dudit contrat, accès aux modes de règlements internationaux des litiges ?

La réponse serait négative car la société multinationale demeure une personne morale de droit privé interne de l'Etat.

Un autre exemple édifiant, attestant de la crise affectant la notion de sujet de droit, et son corollaire à savoir la notion de « personnalité juridique » s'incarne dans l'action contractuelle interne d'un Etat.

Concrètement, l'Etat peut agir par des contrats[239]soumis au droit privé interne, et dans ce cas, il se soumet aux normes constitutives du droit privé. C'est le cas, à titre d'exemple, du recrutement d'un agent par voie contractuelle dans les formes instaurées par la législation nationale afférente au travail.

La conclusion d'un contrat soumis au droit privé ne signifie pas que l'Etat délaisse sonstatut de personne morale de droit public interne pour prendre ponctuellement celui de personne morale de droit privé. L'Etat, même s'il entreprend des actions contractuelles réglementées par le droit privé, reste un sujet de droit public interne, une personne morale publique.

Si nous appliquons le raisonnement sus-indiqué sur l'action interne de l'organisation internationale, nous pouvons conclure que la capacité contractuelle privée de l'organisation internationale ne signifie pas machinalement qu'elle est sujet de l'ordre juridique étatique.

Le dilemme posé par l'affiliation juridique de la personnalité de l'organisation internationale s'observe également dans le rapport apprêté par M. G. GAJA, rapporteur spécial sur la responsabilité des organisations internationales, dans lequel il est mentionné :

« Le but de l'Article 104 de la Charte des Nations Unies et des dispositions analogues est d'imposer aux États-

---

[239]Nous avons consacré des développements détaillés au phénomène de contractualisation en tant que transformation fondamentale du droit dans les paragraphes précédents.

Membres une obligation de reconnaître la personnalité juridique de l'Organisation dans leur droit interne. Une obligation comparable est généralement imposée par les accords de siège à l'État sur le territoire duquel une organisation a son siège, qu'il soit ou non membre de l'organisation. La personnalité juridique en droit interne est ainsi acquise directement sur la base de l'instrument constitutif ou de l'accord de siège ou, si le droit interne de l'État concerné l'exige, sur la base d'une loi d'application. Le droit interne d'un État peut aussi conférer la personnalité juridique à une organisation internationale, qu'une obligation à cet effet s'impose ou non à l'État concerné. La personnalité juridique en droit international n'implique pas nécessairement la personnalité juridique en droit interne. D'autre part, le fait pour une organisation de ne pas avoir la personnalité juridique en droit interne n'affecte pas son statut en droit international et donc la possibilité que sa responsabilité internationale soit engagée »[240].

A la différence de l'ossature argumentaire utilisée par M. GAJA, nous considérons quel'article 104 de la Charte de l'ONU impose aux Etats de reconnaître la personnalité juridique de celle-ci dans leurs ordres juridiques nationaux respectifs. Cette reconnaissance se déploie par l'adoption d'une convention bilatérale entre l'organisation internationale et l'Etat qui fixe les modalités par lesquelles l'organisation internationale concernée bénéficie de sa personnalité juridique dans l'ordre juridique national.

En propos succincts, au moyen de l'octroi de l'opposabilité juridique à l'action de l'organisation internationale à l'intérieur de son ordre juridique interne, l'Etat ne confère pas à cette dernière une nouvelle personnalité juridique mais, plutôt, il reconnaît tant sa

[240]GAJA (G), *premier rapport sur la responsabilité des organisations internationales*, document A/CN.4/352, p.115.

personnalitéjuridique internationale que les conséquences juridiques qui s'y rattachent.

En plus, « la reconnaissance de la personnalité juridique internationale interne à un organisme créé en vertu du droit international ne suffit pas non plus à lui conférer une personnalité juridique internationale. On peut prendre en exemple le Secrétariat du Commonwealth, qui n'est pas une organisation internationale mais plutôt un forum d'Etats. Si sa personnalité international n'est pas ainsi établie (…), l'Agreed Memorandum on the Commonwealth Secretariat de 1965 énonce en sa section 39 « the British Government will introduce legislation in order to give the Secretariat a legal personality under United Kingdom law and to accord the Secretariat and its staff the immunities and privileges »[241].

Les activités contractuelles menées par une organisation internationale à l'intérieur desordres juridiques étatiques ne signifient pas que cette dernière dispose de la personnalité juridique des régimes juridiques nationaux.

Une société étrangère peut, par exemple, participer à un marché public mis en concurrence par l'Etat marocain, mais cette participation ne veut pas dire que l'Etat marocain accorde sa personnalité juridique interne à toutes les sociétés étrangères désireuses de soumissionner aux appels d'offres régis par la réglementation nationale des marchés publics, mais plutôt, que l'Etat du Maroc reconnait la personnalité juridique que lesdites sociétés détiennent dans leurs ordres nationaux respectifs.

En d'autres termes, une entreprise espagnole est habilitée à se porter candidate à un appel d'offres mis en concurrence par un maître d'ouvrage marocain parce

[241]MARTIN (J-C), *La personnalité juridique interne de l'Organisation internationale*, in Traité de droit desorganisations internationales, op.cit, pp. 466 et 467.

qu'elle est titulairede la personnalité juridique au regard de l'ordre juridique espagnol d'une part et parce que l'Etat du Maroc reconnait ladite personnalité et y confère des effets juridiques à l'intérieur de l'ordre juridique marocain d'autre part. Dans cet exemple, l'entreprise espagnole conserve sa personnalité juridique espagnole et ne se transforme pas en **un sujet ad hoc, ou ponctuel**, de l'ordre juridique marocain.

Comme nous l'avons soulevé précédemment, les débats et les controverses qui façonnent la notion de personnalité juridique indiquent clairement que cette notion traverse une crise profonde. En effet, la personnalité juridique, étant le corollaire de l'octroi de l'attribut de sujet de droit à une entité juridique donnée, se rattache à un seul ordre juridique et ne peut le transcender.

En précis, la notion de sujet de droit est incapable de rendre compte d'une réalité ancrée dans le système actuel des relations internationales en l'occurrence, **la réalité inter- ordres**.

Deux idées essentielles peuvent donc découler du débat se rapportant à la notion de sujet de droit telle qu'elle s'applique à l'action de l'organisation internationale.

D'une part, l'organisation internationale ne détient qu'une personnalité juridique internationale qui l'habilite à accomplir des actes soumis au droit international sur les territoires étatiques.

D'autre part, l'organisation internationale est sujet de l'ordre juridique étatique et de l'ordre juridique international et cet attribut pluriel l'habilite à exercer une partie de ses activités, toujours, sur les territoires étatiques, lesquelles activités seront réglementées par un ensemble normatif autre que l'ensemble normatif procuré par le droit international.

Si l'on fait, encore une fois, intervenir les dispositions de l'article 104 de la Charte de l'ONU, lequel article énonçant

« l'Organisation jouit, sur le territoire de chacun de ses Membres, de la capacité juridique qui lui est nécessaire pour exercer ses fonctions et atteindre ses buts », nous remarquons qu'il n'a pas utilisé la notion de « personnalité juridique interne » mais plutôt celle de « capacité juridique ».

Il en découle que la Charte autorise l'ONU à agir dans les ordres juridiques étatiques non parce qu'elle est sujet de ces ordres, mais parce qu'elle a une existence juridique propre dans l'ordre juridique sous les auspices duquel elle a été créée, en l'occurrence, l'ordre juridique international.

A l'instar d'une entreprise espagnole qui peut se présenter aux appels d'offres mis en concurrence par l'Etat du Maroc, l'organisation intergouvernementale est habilitée à mettre enœuvre des actions contractuelles nécessaires à son fonctionnement dans les ordres juridiques nationaux.

La même conclusion émane du raisonnement suivi par la CIJ dans son avis consultatif relatif aux dommages subis au service des Nations Unies à l'occasion duquel elle « ne s'est pas véritablement appuyée sur l'article 104 de la Charte de San Francisco, qui reconnait à l'ONU la personnalité juridique interne dans chaque Etat-membre, pour déterminer la personnalité juridique internationale de l'Organisation. Elle ne fait que très rapidement mentionner que l'ONU a la capacité juridique, ainsi que des privilèges et immunités sur le territoire de chacun de ses membres comme un des critères permettant de démontrer que « [la] Charte ne s'est pas bornée à faire simplement de l'Organisation créée par elle-même un centre où s'harmonisent les efforts des nations vers les fins communes définies par elle »[242].

Le professeur MARTIN considère que les dispositions de l'article 104 ne sont pas dirimantes dans le raisonnement de la Cour et en tire la conclusion d'après laquelle **il y a une**

---

[242]MARTIN (J-C), op.cit, p. 467.

dissociation entre personnalité internationale et personnalité interne de l'organisation internationale.

A notre sens, le raisonnement de la Cour admet une autre lecture, qui se détache de l'omnipotence de la notion de sujet de droit et de personnalité juridique telle qu'elle s'est développée sous l'égide de l'Etat-Nation, son lieu natal.

En faisant du contenu de l'article 104 une référence secondaire au niveau de l'ossature argumentaire de son avis, la Cour conclut à l'unicité de la personnalité juridique accordée à l'organisation internationale.

Ainsi, l'IDI précise que :

« 1. Afin de faciliter le règlement des difficultés pouvant survenir au sujet des contratsconsidérés, il est souhaitable que les parties désignent expressément les sources, nationales ou internationales, d'où découle le droit applicable.

2. Les parties peuvent aussi se référer expressément à une combinaison de plusieurssources.»[243].

Il ressort des dispositions sus-rapportées que l'organisation internationale peut soumettre les contrats passés avec des personnes privées, dont le support physique nécessairement un territoire étatique, au droit interne de l'Etat, au droit international ou à undroit mixte.

Si l'organisation internationale était sujet plénier de droit étatique, elle ne pourrait pas exciper aux juridictions dudit droit en cas d'un différend l'opposant à une entreprise, détenant la qualité de personne juridique de l'ordre étatique considéré.

De plus, si un différend intervient entre l'organisation internationale et son co- contractant, il ne sera pas soumis automatiquement au droit étatique. L'IDI précise à cet égardque « les contrats conclus avec des personnes privées

---

[243]IDI, Session d'Oslo – 1977, article 2 de la Résolution du 6 septembre 1977, *Les contrats conclus par les organisations internationales avec des personnes privées.*

par des organisations internationales de caractère intergouvernemental dans les cas où celles-ci bénéficient de l'immunité de juridiction devraient prévoir le règlement des différends résultant de ces contrats par un organe indépendant »[244].

Il ressort des dispositions sus-indiquées que l'organisation internationale peut soumettre un contrat passé avec une personne privée au régimes des immunités et privilèges qu'elle détient et ce bien qu'elle soit titulaire de la personnalité interne dudit ordre étatique.

Néanmoins, nous avons déjà montré que l'organisation internationale bénéficie du système des immunités et des privilèges parce qu'elle est sujet de droit international et non parce qu'elle est titulaire de la personnalité interne d'un Etat[245].

L'organisation internationale peut, donc, faire intervenir lors de son action contractuelle, que son co-contractant soit un Etat (dans le cas du traité) ou une

---

[244]Même source, article 7.

[245]Le cas de la CEE est significatif. Ainsi, en tant que sujet de droit international, l'article 210 du Traité constitutif de la CEE indique expressément que celle-ci détient « *la personnalité juridique* ». Mais, en tant qu'acteur dans les ordres étatiques des Etats-membres, les traités remplacent l'expression *« personnalité juridique* » par celle de « *capacité juridique* ». En effet l'article 211 du traité créateur de la CEE énonce : « *dans chacun des Etats membres, la Communauté possède la capacité juridique la plus large reconnue aux personnes morales par les législations nationales ; elle peut notamment acquérir ou aliéner des biens immobiliers et mobiliers et ester en justice* ». La capacité juridique à l'intérieur de l'Etat reconnue à l'organisation internationale découle de la personnalité juridique internationale de celle-ci et non d'une quelconque personnalité de droit étatique. L'organisation internationale n'est pas un sujet de droit étatique. Le traité de Lisbonne adhère à l'unicité de la personnalité juridique de l'organisation internationale en énonçant dans l'article 46 du Traité sur l'Union européenne que celle-ci (c'est-à-dire l'UE) « *a la personnalité juridique* » sans indiquer un quelconque rattachement juridique ni à l'ordre international ni à l'ordre étatique.

personne privée, les privilèges et les immunités qu'elle juge elle-même nécessaires à la préservation de sa souveraineté fonctionnelle[246] et, comme nous l'avons souligné précédemment, l'octroi desdits privilèges et immunités à l'organisation internationale est le corollaire de l'attribut de sujet de droit international dont elle est titulaire.

En conséquence, la personnalité juridique de l'organisation internationale obéit auprincipe de l'unicité quel que soit l'ordre juridique dans lequel elle se met en œuvre.

De plus, l'IDI ne manque pas de préciser que « l'organe prévu par l'article 7 peut être

a) Un organe arbitral établi selon les règles d'une institution permanente d'arbitrage ou envertu de clauses ad hoc ;

b) Une juridiction établie par une organisation internationale, si l'attribution de cette compétence est compatible avec les règles de 1'organisation, ou

c) Un organe judiciaire national, si ceci n'est pas incompatible avec le statut et les fonctions de 1'organisation »[247].

De ce fait, l'organisation internationale peut soumettre le contrat passé avec unepersonne privée à un règlement de type juridictionnel dont les normes de référence seront foncièrement d'émanation internationale.

Sur la base de ce qui précède, nous pouvons constater que l'organisation internationalepeut conclure, à l'instar des Etats, des traités soumis au droit international parce qu'elle est sujet de ce droit.

Aussi, l'organisation internationale peut conclure des contrats ayant pour co- contractant une personne privée et dans ce cas, l'organisation internationale peut mobiliser les

---

[246]Voir la section 1 du chapitre précédent.

[247]Même source, article 8.

normes de l'ordre juridique duquel son existence juridique propre émane, à savoir, l'ordre juridique international.

Les contrats passés avec les personnes privées bénéficient d'un mode de règlement de litiges alimentés par le droit international. « Les Organisations Internationales souscrivent en règle générale à une clause compromissoire. En revanche, leurs contrats comportent rarement une clause de droit applicable. Il appartient donc à l'arbitre, comme le juge national est incompétent en raison de l'immunité juridictionnelle dont bénéficient les Organisations, de désigner le droit applicable au fond du litige »[248].

En conséquence, l'organisation internationale est un sujet de droit international détenteur, de ce fait, de la personnalité juridique internationale, laquelle personnalité l'habilite, faute d'une assise territoriale qui lui est propre, à entreprendre des activités juridiques dans les ordres juridiques étatiques sans qu'elle soit nécessairement titulaire de la personnalité interne desdits ordres en ce sens que sa capacité juridique émane exclusivement du fait qu'elle est sujet de droit international.

PARAGRAPHE 2. LA FONCTION AMBIVALENTE DU DROIT D'ESTER EN JUSTICE

Le droit au juge reconnu aux organisations internationales (A) implique leur déférabilité au juge. Autrement dit, les partenaires de ces organisations, quel que soit leur statut juridique, peuvent, à leur tour, les déférer aux juridictions si elles leur font subir des préjudices. Cette ambivalence du droit d'ester en justice a été invoquée par la doctrine, la CIJ et la CDI pour consacrer la justiciabilité des sujets dérivés du droit international (B).

---

[248]GLAVINIS, op.cit, p. 15.

A. LE DROIT AU JUGE EN TANT QUE COROLLAIRE DE LA PERSONNALITÉ JURIDIQUE

Rappelons d'abord à la suite du professeur Brigitte STERNE que « tous les ordres juridiques connaissent l'institution de la responsabilité, définie comme le fait pour un sujet dedroit de répondre de ses actes, lorsque ceux-ci aboutissent à une rupture de l'ordre juridique ou éventuellement à l'équilibre matériel prévu par celui-ci. L'ordre juridique international ne fait pas exception à la règle et connaît donc, bien entendu, cette institution, sous le nom de responsabilité internationale »[249].

Dans le même sens, le professeur TAXIL précise que « la notion de responsabilité de l'organisation internationale est consubstantielle à celle de sujet de droit »[250]. Aussi, l'examen du raisonnement mobilisé par la CIJ dans son avis relatif aux dommages subis au service des Nations-Unies, indique que la juridiction internationale reconnait « le rapport étroit qui s'établit entre la qualité de sujet du droit international et la capacité de présenter une réclamation internationale »[251].

Il découle de l'ossature argumentative de l'avis de la CIJ que le droit d'ester en justice, en vue de la résolution d'une réclamation occasionnée par un litige, est inhérent à la capacité juridique conférée à l'organisation internationale.

---

[249]STERN (B), *Les dilemmes de la responsabilité internationale aujourd'hui*, Actes du colloque : *Vers de nouvelles normes en droit de la responsabilité publique* ? organisé sous la présidence de Monsieur Christian Poncelet président du Sénat, par l'Université Paris 13, le 11 et 12 mai 2001, p. 261.

[250]TAXIL (B), *La responsabilité de l'Organisation internationale*, in Traité de droit des Organisations internationales, op.cit, p. 996.

[251]CONDORELLI et BELHUMEUR, *Christian Dominicié : l'ordre juridique international entre tradition et innovation*, Recueil d'études, PUF, op.cit.

Le droit de faire intervenir le juge consacreà la fois sa justiciabilité au regard du droit international et sa soumission à l'obligation de réparation dans le cas où elle commettrait un acte générateur de dommages.

Cependant, il faut préciser que des personnes juridiques, qui ne sont pas des sujets de droit international, peuvent se prévaloir de droits relevant de l'ordre juridique international. Pour illustration, l'accès des personnes morales et physiques des ordres juridiques étatiques à l'ordre juridique international « n'implique pas pour autant que ces sujets de droit des droits internes revêtent du même coup la qualité de sujets du droit international. Ce n'est pas nécessaire pour qu'ils puissent être destinataires de normes internationales. Et la pratique montre manifestement que les personnes privées, tout en étant titulaires de droits « internationaux », ne sont pas au bénéfice des capacités qui caractérisent les sujets du droit international. Elles ne peuvent pas conclure des traités, ni établir des relations diplomatiques, ni participer aux mécanismes généraux de la responsabilité internationale. **Les individus ne sont pas maîtres de leurs droits internationaux** »[252].

Nous avons soulevé précédemment la crise que soulève la notion de sujet de droit ou encore de personnalité internationale qui se rattache le plus souvent à un seul ordre juridiqueet dès lors qu'une activité litigieuse engage des sujets relevant d'ordres juridiques différents, la détermination du droit applicable et de l'instance juridictionnelle compétente n'en est plus tributaire mais sera plutôt le résultat de l'autonomie de volonté des parties intéressées. La doctrine précise à cet égard que « dans l'ordre juridique international, la personnalité juridique des sujets de droit qui doivent cette qualité aux droits internes est reconnue, de sorte que des normes du droit international

[252]Même source.

peuvent en faire leurs destinataires, sans pour autant leur conférer le statut de sujets du droit international[253] ».

Sur la base de ce qui précède, nous pouvons valablement constater que l'attribut de personnalité juridique impartit à son titulaire des prérogatives importantes en particulier celles se rattachant à la capacité juridique, et à la saisine du juge, incarnée dans le droit d'ester en justice, c'est-à-dire, **le droit de demander au juge de « dire le droit » à propos d'une situation litigieuse sous les auspices de laquelle deux visions antinomiques évoluent.**

La capacité juridique habilite l'organisation internationale, donc, à régler les différends qui l'opposent aux sujets et acteurs des ordres juridiques affectés par son action, par la voie judiciaire.

La fréquence par laquelle s'exerce le droit au juge contribue substantiellement à la consolidation de l'existence et de la sûreté normatives du droit international et ce, au moyen de l'atténuation de la fragilité normative résultant de l'absence de conventions et traités dans plusieurs domaines sur lesquels jaillissent les activités des deux sujets de l'ordre juridique international, en l'occurrence l'Etat et l'organisation interétatique.

En propos succincts, l'activité judiciaire, en tant que moyen de régulation et de résolution pacifique des conflits et des désaccords, nourrit l'émergence d'un droit international jurisprudentiel apte à commuer les lacunes et les insuffisances du droit international conventionnel.

Dans plusieurs situations litigieuses, le droit conventionnel recourt au mutisme, mais, l'effort jurisprudentiel y apporte des compléments normatifs importants, lesquels compléments participent considérablement à la garantie effective de la stabilité et, faut-il le relever, de la crédibilité de l'ordre juridique international.

---

[253]Même source.

D'où l'importance cardinale que revêt l'étude compendieuse de l'étendue et des résultats de l'exercice par l'organisation intergouvernementale de son droit d'ester en justice en tant que manifestation opérationnelle, réelle et observable de sa personnalité juridique distincte, indépendante et autonome.

Il convient d'observer dans cet ordre d'idées, que le droit au juge émane de plusieurs ensembles normatifs internationaux. Le droit d'ester en justice est donc caractéristique de la titularité de l'attribut de sujet de droit en ce sens que « sont sujets de droit international public les entités qui, étant destinataires des droits et d'obligations, possèdent la capacité d'agir sur le plan international vis-à-vis d'un autre sujet de ce même ordre juridique et, éventuellement, devant l'un de ses organes juridictionnels. La Cour internationale de justice, bien que notoirement et légitimement avare en matière de constructions théoriques, notamment en ce qui concerne la personnalité juridique, nous a énormément aidé dans son avis de 1949 à distiller les pré-requis de cette notions « cela signifie que l'Organisation est un sujet de droit international, qu'elle a capacité d'être titulaire de droits et devoirs internationaux et qu'elle a capacité de se prévaloir de ses droits par voie de réclamation internationale » »[254].

D'une part, le droit d'ester en justice est consacré par le droit international dans la mesure où la Charte de l'ONU, au même titre que les actes, constitutions et pactes créateurs des autres organisations internationales, octroie à cette dernière la personnalité juridique l'habilitant à être créateur et destinataire des normes internationales. Nous pouvons rappeler dans cet ordre d'idées les dispositions de la Charte des Nations Unies énonçant que « l'Organisation

---

[254] GIOVANNI (D), *Observations éparses sur les caractères de la personnalité juridique internationale*, AFDI, LIII-2007-CNRS éditions, Paris, p. 107.

jouit, sur le territoire de chacun de ses Membres, de la capacité juridiquequi lui est nécessaire pour exercer ses fonctions et atteindre ses buts[255] ». En employant les mêmes termes, la Convention relative au statut de l'Organisation du traité de l'Atlantique Nord (OTAN) indique solennellement que « l'Organisation possède la personnalité juridique ; elle a la capacité de contracter, d'acquérir et aliéner des biens mobiliers et immobiliers ainsi que d'ester en justice »[256].

D'autre part, le droit au juge émane du DIDH. En effet, les conventions et traités constitutifs du DIDH assurent aux personnes privées tant physiques que morales le droit de protéger leurs intérêts par la voie judiciaire.

En sus du droit au juge, le DIDH proclame le droit à un procès équitable, lequel droit est opposable tant aux Etats qu'aux collectifs d'Etats, à savoir, les organisations intergouvernementales. De ce fait, à l'occasion de la conduite de leurs missions, quel que soit l'ordre juridique considéré, les souverainetés classiques, c'est-à-dire les Etats et fonctionnelles, c'est-à-dire les organisations intergouvernementales, du droit international ont l'obligation de respecter le droit de leurs partenaires respectifs à un procès équitable dans le cas où des différends se déclencheraient.

Les dispositions contraignantes du DIDH sont opposables à l'organisation internationale qui se trouve, en bonne logique, astreinte à accepter la déférabilité devant une instance juridictionnelle des activités qu'elle entreprend, fréquemment, avec les sujets de droitauxquels le DIDH accorde les droits aussi bien au juge qu'au procès équitable.

---

[255]Art. 104 de la Charte de l'ONU.

[256]Article IV, Titre II, Convention sur le statut de l'OTAN

B. LA JUSTICIABILITÉ DES ORGANISATIONS INTERNATIONALES

Le droit d'ester en justice s'arrange parmi les origines de la codification de la responsabilité de l'organisation internationale en ce sens que si celle-ci est habilitée à faire valoir ses droits devant le juge, il va de soi qu'elle soit assujettie à l'obligation de répondre de ses actes illégaux devant le même juge.

En d'autres termes, la soumission d'un différend au juge permet aussi bien à la partie défenderesse qu'à la partie demanderesse d'exposer et d'argumenter librement leurs thèses respectives, conformément aux conditions de forme et de substance régissant le déroulement du procès.

L'organisation internationale, en tant que sujet de droit, est responsable des conséquences découlant de l'activité qu'elle mène au moyen de sa personnalité juridique. Le renforcement du dispositif juridique qui réglemente et opérationnalise la responsabilité de l'organisation internationale est fondamentalement l'œuvre de la codification du droit international tant par la création d'organisations interétatiques, sur la base de traités multilatéraux, que par l'adoption de traités bilatéraux qui alimentent sensiblement la matière normative constitutive de l'ordre juridique international.

La codification de la responsabilité internationale « qu'elle pose des règles entièrement nouvelles ou qu'elle reformule des règles anciennes, constitue l'exercice de la fonction législative de la société internationale, elle établit les cadres des relations internationales. Ceci est particulièrement vrai pour la responsabilité, à la fois pour des considérations de principe et pour des raisons historiques. En ce qui concerne les principes, est-il nécessaire de rappeler que la responsabilité est au cœur du droit international, qu'elle constitue une partie essentielle de ce que l'on pourrait considérer comme la constitution de la Communauté internationale ? »[257].

L'octroi d'une existence juridique indépendante à une entité donnée, signifie que celle-ci peut exercer ses droits tout en en étant comptable et responsable. La CIJ affirme solennellement dans ce sillage que la responsabilité représente « le corollaire nécessaire du droit »[258].

La codification de la responsabilité internationale en fait donc un champ d'intervention judiciaire dans la mesure où la consécration de l'effet contraignant de la norme internationale s'assure, entre autres, par une réelle déférabilité devant le juge. En d'autres termes, si elle n'entraine pas des sanctions en cas de sa violation, la règle de droit, que son support physique soit international ou national, serait une chimère.

La particularité de la règle de droit, qui permet de la distinguer des autres règles poursuivant la régulation de l'espace social, réside dans son caractère obligatoire et coercitif. Dans le cas où l'aspect coercitif d'une règle de droit ne serait pas assuré, l'existence même de cette règle serait remise en cause.

Un sujet de droit a, donc, l'obligation de se soumettre aux normes constitutives de l'ordre juridique duquel émane sa personnalité juridique à peine d'être sanctionné en application du régime coercitif qui y est instauré.

En propos succincts, les droits accordés au sujet de droit ont, en contrepartie, des obligations. De ce fait, s'il bénéficie du droit d'ester en justice c'est pour qu'il puisse

---

[257]RETUTER (P), *Trois observations sur la codification de la responsabilité internationale des Etats pour fait illicite*, in Le Droit international au service de la paix, de la justice et du développement, Mélange Michel VIRALLY, Pedone, 1991, p. 390.

[258]CIJ, *affaire de la Barcelona Traction, Light and Power Compagny Limited (Belgique c. l'Espagne)*, arrêt du 5 février 1970, Recueil de 1970, p. 3.

protéger ses intérêts et, en même temps, pour que ses semblables juridiques puissent faire de même.

Il s'ensuit que le recours au juge permet de concrétiser deux finalités essentielles : d'un côté, il dote celui qui l'exerce d'un moyen de règlement pacifique et crédible des litiges et des désaccords l'opposant aux entités juridiques qui sont soumises à l'ordre juridique sous l'égide duquel les litiges concernés se sont déclenchés. D'un autre côté, il consolide la judiciarisation des activités réalisées en mettant en évidence un droit jurisprudentiel développeur et catalyseur de la codification.

Comme nous l'avons signalé précédemment, la personnalité juridique confère à son titulaire des droits et, en même temps, l'assujettit à des obligations. En cas d'inobservation des règles formant le droit auquel il doit son existence propre, le sujet de droit engage sa responsabilité.

Etant donné que l'engagement de la responsabilité d'un sujet de droit s'opérationnaliseà travers la justice, seule une instance juridictionnelle, quelle que soient sa composition et ses normes de référence, peut condamner une entité juridique donnée, à réparer les dommages engendrés par son action ou éventuellement par son inaction.

Il découle de ce qui précède que la responsabilité d'une entité juridique ne peut être engagée que si cette même entité est dotée du droit d'ester en justice pour protéger ses propres intérêts. Ce principe général s'applique aux organisations internationales dans la mesure où la reconnaissance de leur droit au juge est à la fois source et corollaire du mouvement juridique destiné à la codification de leur responsabilité au regard des ordres juridiques dans lesquels elles mènent leurs activités. De ce fait, il est fort loisible d'impartir quelques développements aux caractères de l'usage que l'organisation internationale fait de son droit d'ester en justice.

De prime abord, la consécration du droit au juge au profit des organisations internationales correspond à deux réalités fondamentales, malgré les divergences doctrinales s'y rapportant, instaurées par le droit international.

D'une part, la capacité juridique découlant du droit conventionnel, et constatée par le juge faut-il le rappeler, est assortie du droit d'ester en justice.

A l'instar de l'ordre juridique étatique, le droit international rattache à la capacité juridique, dévolue à une personne morale, des attributs essentiels, parmi lesquels figure celui de recourir à « un tiers pouvoir désintéressé »[259] en l'occurrence le juge, pour faire valoir des droits mis à mal par le comportement d'un autre sujet de droit.

Il importe de préciser que l'auteur du préjudice n'est pas nécessairement un sujet de droit international. Il peut, donc, être un sujet détenant la personnalité juridique découlant d'un ordre étatique. Aussi, il convient de rappeler dans cet ordre d'idées, que le rôle de la codification du droit international permettant, par voie de conséquence, d'en approfondir la judiciarisation, renforce le statut du juge en tant que garant de l'effectivité normative et, dans le cas échéant, coercitive de la norme internationale.

S'il occupait pendant longtemps une place peu importante dans l'espace conflictuel international, qui était dominé par une régulation plutôt politique que juridique, le juge international est devenu, aujourd'hui, détenteur d'un pouvoir en plein essor par lequel il concurrence sensiblement les autres pouvoirs internationaux exercés par les Etats et les collectifs d'Etats, à savoir les organisations internationales. Les juges « sont devenus des acteurs à part

[259]Voir JOUANNET (E), *Actualité des questions d'indépendance et d'impartialité des juridictions internationales : la consolidation d'un tiers pouvoir international*, in *Indépendance et impartialité des juges internationaux*, Collection contentieux international, sous la direction d'Hélène RUIZ FABRI et de Jean-Marc SOREL.

entière des systèmes dans lesquels ils sont institués et de la société internationale dans son ensemble »[260].

L'état actuel des rapports internationaux indique, par la force des faits faut-il le mentionner, que la régulation judiciaire remplace la régulation politique, héritée des traités de Westphalie et de l'ordre strictement interétatique qui en avait découlé.

Progressivement, Le juge s'affermit en tant qu'un pouvoir déterminant et décisif. Il participe activement à la production normative et au renforcement de la codification du droit international. « Plus le juge va être saisi, plus il va créer des attentes et un besoin collectif de justice. Les anciens et surtout les nouveaux sujets et acteurs du droit ne vont plus se contenterde procédures négociées mais vont vouloir la reconnaissance judiciaire de leurs droits »[261].

L'évolution de la juridictionnalisation des relations internationales, résultant de l'augmentation des cas de recours aux juridictions, lesquels recours permettant l'avènement d'un droit commun qui, en organisant et ordonnant l'espace international, ne pourra être affaibli par les procédés classiques de régulation politique, présente une des mutations notoires du droit international. De plus, il est utile de rappeler que ce processus de juridictionnalisation a cimenté et servi de norme de référence crédible et légitime à la CDI lors de la préparation du projet d'articles relatifs à la responsabilité tant de l'Etat que des organisations internationales.

Ramenée au sujet qui nous intéresse, en l'occurrence, la responsabilité de l'organisation intergouvernementale, l'exercice fréquent du droit au juge permettrait d'apporter des éclairages importants aux travaux destinés à la codification de la responsabilité du sujet dérivé du droit international à travers l'enrichissement des références

---

[260]Même source, p. 272.
[261]Même source, p. 275.

jurisprudentielles sur lesquelles la CDI peut se baser pour exercer ses missions, et à travers, également, le développement d'un droit jurisprudentiel régissant l'action de l'organisation internationale, lequel droit est, à notre sens, capable d'offrir au codificateur un outil qui lui fait, jusqu'à présent, défaut, à savoir une pratique pertinente qui l'aidera à mieux cerner les variations et les contenus de la responsabilité des organisations internationales.

De surcroît, il ne faut pas omettre que la responsabilité internationale est d'émanation jurisprudentielle, en ce sens que « si le principe selon lequel l'État peut engager sa responsabilité est acquis de longue date et peut même être considéré comme étant "consubstantiel" au droit international, il ne s'est cristallisé en règles relativement précises que récemment, essentiellement à l'occasion des contentieux suscités par les atteintes aux personnes et aux biens des étrangers par les insurrections et pronunciamenti à répétition en Amérique latine à la fin du siècle dernier et au début de celui-ci, puis de ceux consécutifs aux deux guerres mondiales »[262].

Les actions contentieuses engagées par les sujets de droit en raison de ruptures diverses à l'ordre juridique ont, donc, exercé un rôle capital dans l'émergence et l'évolutiondu droit de la responsabilité sur le plan du droit international.

En propos succincts, le droit d'ester en justice ne constitue pas un attribut passif conféré à l'organisation internationale pour résoudre des différends techniques. Bien au contraire, l'exercice inévitable dudit droit alimente une source d'importance en droit international, à savoir, la jurisprudence. Cette dernière incarne, comme nous venons

---

[262]PELLET (A), *La codification du droit de la responsabilité internationale : tâtonnements et affrontements » in L'ordre juridique international : un système en quête d'équité et d'universalité*, Publications de l'Institut d'Etudes Internationales de Genève, p. 286.

de le préciser, un fonds normatif crédible et soutenable dans lequel les travaux probatoires de codification et, éventuellement, ceux de conventionnalisation qui puissent en écouler, trouvent une substance normative constituée de solutions, de raisonnements et d'argumentaires mobilisés pour dépasser des problèmes somatiques et concrets se rapportant à la mise en œuvre des normes internationales.

L'effort jurisprudentiel développe, donc, un contentieux concret des litiges qui permet aux codificateurs d'adopter des règles adaptées aux comportements et particularités des entités auxquels elles se destinent.

Au demeurant, la dévolution du droit au juge à l'organisation internationale se rattache à la portée et à l'étendue fonctionnelle de sa personnalité juridique.

En d'autres termes, l'organisation internationale est habilitée à saisir le pouvoir judiciaire si l'action d'une entité juridique donnée, fait barrage à la satisfaction des buts en vue de la concrétisation desquels l'organisation internationale considérée a été instituée. Le juge contribue, par conséquent, à la levée d'une partie des obstacles qui se dressent devant la bonne mise en œuvre de l'acte créateur de l'organisation internationale.

Au demeurant, la reconnaissance du droit de l'organisation internationale à demander la préservation de ses droits par la voie judiciaire vise non seulement à conférer à cette dernière la sécurité juridique nécessaire à la mise en exécution de ses missions mais aussi à permettre aux autres justiciables de l'ordre juridique dans lequel s'inscrit l'activité de l'organisation internationale à invoquer sa responsabilité chaque fois que son activité (incarnée dans l'opérationnalisation de sa souveraineté fonctionnelle) leur fait subir des préjudices.

Ainsi, en tant que sujet de droit international, les organisations internationales possèdent « la capacité de conclure des traités avec des sujets du droit international. Les conventions que les Organisations passent avec des Etats ou d'autres organisations sont en principe soumises au droit international public. Les différends qui en découlent sont normalement portés devant des juridictions internationales qui font application du droit international public et l'exécution de leurs jugements relève des sanctions propres de l'ordre juridique international »[263].

Le droit d'ester en justice assure donc un moyen de contrôle mutuel. En effet, chaque sujet de droit exerce un contrôle de légalité, laquelle légalité étant appréciée conformément aux règles régissant l'ordre juridique considéré faut-il l'observer, sur les activités déployées par ses semblables, entendues, ici, comme sujets de droit.

L'existence d'un tiers pouvoir international, « exercé par le juge en tant que tiers impartial et désintéressé »[264], dote l'ordre juridique international d'un principe d'importance exponentielle, en l'occurrence, la sécurité juridique et, bien évidemment, son corollaire, la responsabilité.

Le droit au juge reconnue à l'organisation internationale exauce, in fine, deux objectifsstructurels :

- Il permet à l'organisation internationale de renforcer son autonomie et de s'emparer pleinement de la souveraineté fonctionnelle que lui prodigue le droit international ;
- Il permet, également, aux autres sujets du droit international de soumettre les comportements de l'organisation internationale au principe de légalité à peine, justement, de l'engagement de sa responsabilité en cas de perpétration d'un acte générateur de dommages.

En conséquence, le co-contractant de l'organisation internationale bénéficie du droit d'ester en justice émanant

---

[263]GLAVINIS, *Les litiges relatifs aux contrats passés entre organisations internationales et personnes privées*,op.cit, pp. 5 et 6.
[264] JOUANNET, op.cit, p. 276.

de la capacité juridique de cette dernière en ce sens que dans le cas où un litige se déclencherait, ledit co-contractant sera automatiquement doté de la capacité d'être justiciable, avec plénitude de prérogatives rattachées à cet attribut, de la juridiction à laquelle le différend ou le litige sera déféré.

Les activités contractuelles de l'organisation internationale « s'insèrent dans un ensemble plus vaste : celui des contrats conclus par les organisations internationales. Il s'agit ici de tous les accords de volonté passés par ces institutions avec des partenaires qui nesont pas des sujets immédiats du droit international public, autrement dit des entités –personnes morales ou personnes physiques – qui, au moins à l'origine, sont des sujets de droit interne. Avec ceux-ci, les organisations internationales concluent des contrats ; avec les Etats ou leurs congénères, elles passent des traités »[265].

La nécessité d'assurer un juge à l'action de l'organisation internationale est, donc, égale à la nécessité d'encadrer sa responsabilité par l'ordre juridique dans lequel le juge puise les normes de référence en vue de résoudre le litige porté à sa connaissance.

En droit international, le droit d'ester en justice est équitablement accordé aussi à l'Etat qu'à l'Organisation intergouvernementale parce que, tout simplement, ces deux entités détiennent conjointement la qualité de sujet de droit international.

Par voie de conséquence, si un différend s'élève entre une organisation internationale et un autre sujet de droit international, ils seront habilités à le déférer aux juridictions internationales compétentes. L'encadrement du différend par l'appartenance de ses parties, à savoir la partie

[265]AUDIT (M), *Les marchés de travaux, de fournitures et de services passés par les organisationsinternationales*, in Journal du droit international n° 4/2008, p. 943.

défenderesse et la partie demanderesse, au même ordre juridique ne pose pas des problèmes irrésolubles à la mise en œuvre du droit au juge.

Néanmoins, le droit au juge devient source de difficultés pratiques dès lors qu'il est envisagé de l'appliquer à des parties appartenant à des ordres juridiques différents. Lesdites difficultés reposent, entre autres, sur la crise de la notion de « sujet de droit » à laquelle nous avons conféré des développements compendieux dans le paragraphe précédent.

Dès lors que le différend considéré oppose une organisation internationale à une partie privée, c'est-à-dire affiliée à un ordre juridique étatique par le lien de la personnalité morale ou physique, les problèmes du droit applicable et de la juridiction compétente interviennent de manière foncière et déterminante.

Eu égard à ce qui précède, « la nécessité d'assurer un juge au co-contractant privé de l'Organisation a été ressentie aussi bien par ses fondateurs que par l'Etat du siège. Ceux-ci lui reconnaissent dans l'acte constitutif ou dans l'accord de siège des immunités étendues, mais en contrepartie, ils exigent que l'Organisation souscrive dans tout contrat de droit privé à une clause compromissoire »[266].

Aussi, les contrats que passe l'organisation internationale avec une personne privée ne sont pas déférables devant les juridictions étatiques mais devant « bien souvent de juridictions particulières à l'instar du Tribunal administratif des Nations Unies ou du Tribunal administratif de l'Organisation internationale du travail »[267].

L'ensemble normatif qui réglemente les contrats des organisations internationales n'est pas homogène tant sur

---

[266] GLAVINIS, op.cit, pp. 120 et 121.
[267]AUDIT, op.cit, p. 944.

le plan de la structure normative elle-même que sur celui des instances juridictionnelles susceptibles d'être saisies.

Toutefois, deux conclusions demeurent vérifiables :

- L'organisation internationale, même si elle conclut un contrat de droit privé avec une personne privée appartenant à un ordre étatique donné, ne soumet pas les litiges que ledit contrat puisse engendrer aux juridictions nationales ;
- En concluant des contrats privés, l'organisation internationale accepte de lever son immunité pour garantir le droit de son co-contractant au juge, tel que ce droit est solennellement garanti par le DIDH opposable faut-il le rappeler à l'organisation internationale. Cependant, son appartenance à l'ordre international n'est pas remise en cause dans la mesure où le droit applicable aux litiges repose foncièrement sur des règles et des pratiques d'émanation internationale.

L'insertion de la renonciation de l'organisation internationale à ses immunités, qui découlent du droit international faut-il le rappeler, dans le texte du contrat soulève un débat considérable, et que la doctrine n'a pas significativement investi, en l'occurrence, la nature et la particularité des liens qui existent entre la passation d'un contrat de droit privé d'une part, et les nécessités de satisfaction des missions pour lesquelles l'organisation internationale a été créée d'autre part.

La question motrice du débat précédemment mentionné serait donc : la souveraineté fonctionnelle dont dispose l'organisation internationale justifie-t-elle la soumission de ses contrats privés à un régime de règlement de différends et de litiges exorbitant des règles de l'ordre juridique étatique ?

Ou encore : l'achat de matériel bureautique, à titre d'exemple, se rapporte-t-il aux missions définies par voie conventionnelle, donc, intergouvernementale, à l'organisation internationale ?

Outre la crise structurelle que traverse la notion de « sujet de droit » ou, plus extensivement, celle de « personnalité juridique », à laquelle nous avons imparti une analyse circonstanciée précédemment, nous considérons que le caractère exorbitant accordé aux contrats que passe l'organisation internationale avec des personnes privées, et qui les soustrait le plus souvent à la compétence des juridictions étatiques, montre que la capacité contractuelle de l'organisation internationale dans les ordres juridiques étatiques provient de sa personnalité internationale.

Pour appuyer le raisonnement emprunté ci-dessus, nous pouvons remarquer que la non-déférabilité des litiges produits par les contrats privés devant, à titre d'exemple, la CIJ se justifie non seulement par le fait que le co-contractant de l'organisation internationale ne soit pas un sujet de droit international mais aussi par une tendance accréditée par la pratique de l'organisation internationale elle-même consistant à séparer les actes d'autorité, qu'elle accomplit en tant que souverain fonctionnel de l'ordre juridique international, des actes de gestion qu'elle mène dans les ordres juridiques nationaux.

Bien que la séparation des actes d'autorité de ceux de gestion, opposable aux Etats en raison de son insertion dans une Convention, ne soit pas prévue par un texte normatif liant les organisations internationales, celles-ci développent dans la pratique des solutions opérationnelles qui se fondent sur ladite séparation.

Le cas du contrat privé est d'importance dans la mesure où il fait ressortir la fonction ambivalente du droit d'ester en justice qui, en permettant à l'organisation internationale de recourir au juge, la soumet au principe de responsabilité et, plus extensivement, à celui de reddition des comptes d'une part, et la séparation opérationnelle, qui n'a pas encore fait l'objet d'une convention faut-il le rappeler, entre actes d'autorité qui nécessitent l'inscription des actions considérées dans l'ordre juridique international et leur soumission, en cas de litiges, aux juridictions internationales, et actes de gestion à l'occasion desquels l'organisation internationale se comporte comme un particulier et accepte, de ce fait, de se soumettre au droit des particuliers avec, évidemment, des adaptations en termes de droit et règlement juridictionnel à la particularité essentielle de l'organisation internationale, en l'occurrence, la personnalité internationale fonctionnelle.

SECTION 3. L'ORGANISATION INTERNATIONALE DANS L'ORDRE ÉTATIQUE : UNE PERSONNE JURIDIQUE SUI GENERIS

D'emblée, l'octroi de la capacité d'agir dans l'ordre juridique interne de l'Etat à l'organisation internationale la rend justiciable des juridictions de l'ordre étatique. Or, dans la pratique, l'organisation internationale règle ses différends avec ses co-contractants en faisant intervenir les normes constitutives du droit international.

Les litiges résultant de la mise en œuvre d'un traité sont déférables aux juridictions internationales car l'organisation internationale détient la personnalité juridique internationalequi l'habilite à conclure des traités soumis à la Convention de Vienne formant droit des traités.

La capacité juridique de conclure des traités découle, donc, de la qualité de sujet de droit international conférée à l'organisation internationale, avec plénitude des pouvoirs qui s'y rattachent. De ce fait, en étant capable d'élaborer des normes conventionnelles internationales, l'organisation internationale est, en principe, habilitée à faire intervenir le juge international pour résoudre les différends qui pourraient résulter desdites normes.

Nous pouvons, donc, soutenir que la mise en œuvre de la personnalité juridique dans l'ordre juridique international ne pose pas des problèmes entiers dans la mesure où l'organisation internationale, en exerçant les pouvoirs issus de sa qualité de souverain fonctionnel du droit international, en l'occurrence la conclusion des traités, devient automatiquement justiciable des juridictions internationales.

En d'autres termes, le rapport de causalité entre la qualité de sujet de droit et la soumission au contrôle judiciaire se trouve, pleinement, vérifié au plan de l'action de l'organisation internationale qu'elle mène en tant que personne juridique, distincte et autonome, dans l'ordre juridique international.

Par ailleurs, la soumission de l'organisation internationale à la compétence du juge national émet des difficultés liées, fondamentalement, au fait que cette organisation ne constitue pas un sujet de droit interne national et ce, bien qu'elle mène des activités, susceptibles d'engendrer des litiges et des différends à l'intérieur des ordres juridiques étatiques.

La doctrine considère, le plus souvent, que l'organisation internationale bénéficie de la personnalité juridique découlant de l'ordre juridique étatique. Mais, cette tendance doctrinale, quoique qu'elle soit réconfortée par des dispositions imprécises des conventions et traités relatifs aux organisations intergouvernementales, n'est pas aisément vérifiable dans la pratique des organisations internationales. En effet, en cas de conclusion d'un contrat de droit privé avec une personne privée appartenant à l'ordre juridique étatique considéré, les litiges occasionnés par lesdits contrats ne sont pas déférables aux juridictions étatiques.

Par exemple, si un différend s'élève entre deux sociétés marocaines, elles doivent, si elles veulent le résoudre par la voie judiciaire, le soumettre aux tribunaux marocains car, tout simplement, elles sont, toutes les deux, sujets de droit marocain. Néanmoins, si le même différend oppose une organisation internationale installée sur le territoire marocain et un sujet du droit interne marocain, sa résolution ne peut être recherchée devant le juge national, mais plutôt auprès d'une instance arbitrale qui peut y appliquer un droit mixte composé aussi bien de normes internationales que de normes étatiques.

Il en découle que la justiciabilité de l'organisation internationale dans l'ordre juridiqueétatique tient compte de sa qualité de sujet de droit international, doté d'une souveraineté fonctionnelle, qui la soustrait à la compétence du juge étatique.

PARAGRAPHE 1. LE STATUT AMBIGU DES ORGANISATIONS INTERNATIONALES DANS L'ORDRE JURIDIQUE ÉTATIQUE

La personnalité juridique dévolue aux organisations internationales présente un caractère d'unicité (A) quel que soit l'ordre juridique dans lequel elle s'exerce.

Cependant, quelques aménagements ponctuels peuvent être mis en œuvre en cas de passation de certains contrats de fournitures, de services ou de travaux à l'occasion desquels les organisations précitées peuvent renoncer, à titre ponctuel faut-il le préciser, à leur immunité juridictionnelle pour devenir justiciables de l'ordre juridique national (B).

A. L'UNICITÉ DE LA PERSONNALITÉ JURIDIQUE DES ORGANISATIONS INTERNATIONALES

En raison de l'inexistence d'un territoire propre à l'organisation internationale, ses activités se mènent sur les territoires respectifs des souverainetés étatiques. D'emblée, les activités menées par les organisations internationales, étant circonscrites par le territoire étatique, devraient se soumettre aux normes de l'ordre juridique national. Toutefois, dans la pratique, des textes juridiques spéciaux, qui sont généralement des traités, confèrent à l'activité déployée par l'organisation internationale un encadrement juridique particulier dont les règles ne sont pas totalement inspirées de l'ordre juridique étatique.

L'action internationale de l'organisation internationale, qu'elle met en œuvre au moyen de sa personnalité juridique internationale, ne soulève pas des difficultés majeures quant au droit applicable.

La Convention de Vienne relative au droit des traités habilite l'organisation internationale à conclure des traités conformément au droit international.

Par ailleurs, et à la différence du schéma régissant l'action de l'organisation internationale dans l'ordre juridique international, son action à l'intérieur de l'ordre étatique soulève les problèmes traditionnels du droit à appliquer et du juge à saisir si un litige se déclenche. Ces problèmes s'expliquent fondamentalement par la faillite de la notion de personnalité juridique face à la diversité des ordres juridiques et, par conséquent, des normes sous l'emprise desquels l'action de la souveraineté fonctionnelle du droit international évolue. Pour illustration, nous pouvons évoquer l'exemple des contrats ou marchés de fournitures, de services ou de travaux conclus par l'organisation internationale. Si « dans chaque système juridique étatique, il existe selon une facture plus ou moins élaborée des règles de droit présidant à l'attribution des marchés publics. De telles normes n'ont toutefois vocation à gouverner l'attribution de contrats par des organisations internationales[268] ».

Il découle de ce qui précède que la capacité d'agir accordée à l'organisation internationale dans les ordres juridiques étatiques, instaurée par des règles de droit international faut-il l'observer, n'en fait pas un sujet plénier de l'ordre étatique, bien au contraire, ladite capacité est adaptée à la nature et l'étendue fonctionnelles des missions de l'organisation intergouvernementale.

En d'autres termes, l'organisation intergouvernementale adapte les règles de l'ordre étatique sur le territoire duquel elle mène une activité revêtant, tant au niveau de la forme que de la substance, les caractères d'un acte de gestion, aux particularismes découlant de l'obligation générale lui

---

[268]AUDIT (M), op.cit, p. 945.

incombant consistant en la satisfaction des objectifs spécialisés en vertu desquels elle a été créée.

L'illustration pratique de l'adaptation, consistant en la prise en compte des règles du droit interne de l'Etat sans y être totalement soumise, est instaurée par les actes, constitutions et pactes créateurs des organisations intergouvernementales.

Dans le cas, à titre d'exemple, de l'OIT, ni le traité de création ni les accords établis avec les Etats abritant le siège ou les antennes, n'obligent l'OIT à se soumettre aux normes juridiques étatiques.

Ainsi, malgré le fait que l'OIT bénéficie de « l'immunité de juridiction complète et qu'il aille de même pour ses fonctionnaires dans l'exercice de leurs fonctions, cette immunité de juridiction évite à l'OIT de dissiper ses ressources dans des procédures judiciaires dans les différentes juridictions de ses Etats-membres. Cependant, l'OIT peut et doit lever l'immunité d'un fonctionnaire dans tous les cas où, à son avis, cette impunité empêcherait que justice soit faite »[269].

Tout en consacrant son immunité juridictionnelle telle qu'instaurée par le droit international conventionnel, l'OIT affirme son respect du droit au juge en tant que droit humain attribué aux personnes physiques et morales, ne jouissant pas de la qualité de sujet de droit international. Ces personnes privées auront donc la capacité de se prévaloir de leurs droits devant des instances arbitrales ou à l'amiable en fonction des situations litigieuses rencontrées.

La solution mise en œuvre par l'OIT, et qui constitue la solution la plus répandue dans la pratique des organisations intergouvernementales force est de le mentionner, incarne

---

[269] *Guide introductif relatif à la Protection juridique de l'Organisation internationale du travail dans ses Etatsmembres*, documents publiés de l'OIT, Bureau international du Travail, Genève 2011, p. 5.

ce quenous considérons comme une adaptation du droit étatique aux exigences fonctionnelles de l'organisation internationale.

Sur la base des textes juridiques réglementant son activité, l'OIT détient la capacité d'agir dans les ordres juridiques respectifs de ses Etats-membres sans être un sujet de droit interne astreint, en cas de litiges avec ses semblables, à recourir aux juridictions nationales compétentes.

Aussi, l'OIT, étant une institution spécialisée du système onusien, se réfère aux dispositions de la Convention de 1947 qui imposent aux organisations sur lesquelles s'étend son champ d'application l'adoption de modes de règlement adéquats pour les différends, que ceux-ci se rapportent à des contrats ou à des comportements de leurs agents et fonctionnaires.

« C'est ce qu'a fait l'organisation internationale en contractant une assurance – de responsabilité civile notamment – et en prévoyant le recours à l'arbitrage et à des moyens de règlement en cas de différends »[270].

Par conséquent, « l'immunité de juridiction de l'Organisation est ainsi contrebalancée par l'existence d'autres moyens de règlement des différends »[271], et en conformité avec les dispositions conventionnelles qui circonscrivent son activité, l'OIT doit, outre ce qui est mentionné précédemment, « collaborer avec les autorités en vue de faciliter la bonne administration de la justice et d'éviter tout abus auquel pourraient donner lieu les privilèges et immunités accordés à ses fonctionnaires »[272].

De ce qui précède, nous pouvons remarquer que l'organisation internationale, bien qu'elle inscrive son action sur le territoire d'un Etat et que cette action porte

---

[270]Même source.
[271]Même source.
[272]Même source.

foncièrement sur des actes de gestion[273], n'est pas un sujet de droit interne au sens du droit interne lui-même. En effet, les activités contractuelles de l'organisation internationale, à l'occasion desquelles elle se comporte comme une personne privée, ne sont pas contrôlables par les juridictions étatiques.

Toutefois, l'organisation internationale a l'obligation de respecter le droit des personnes privées internes au juge via l'adoption de modes de règlement de litiges adéquats.A cet effet, la Convention sur les privilèges et immunités des institutions spécialisées de 1947 énonce : « Chaque institution spécialisée devra prévoir des modes de règlement appropriés pour :

a) Les différends en matière de contrats ou autres différends de droit privé dans lesquels l'institution spécialisée serait partie ;

[273]Dans la doctrine, on rencontre une séparation entre les actes que l'organisation internationale accomplit suivant l'ordre juridique international d'une part et les activités contractuelles que l'organisation internationale entreprend avec des personnes juridiques privée détenant la qualité de sujet de droit interne de l'Etat d'autre part. Ces dernières actions sont qualifiées par certains auteurs de « *contrats de droit privé* ». A notre sens, cette qualification ne rend pas compte de la distinction devant être opérée entre les ordres étatiques s'inspirant des traditions romano-germaniques et les ordres étatiques de la *Common Law*. Dans les premiers ordres juridiques, parmi lesquels figure l'ordre juridique marocain, les marchés publics ne constituent pas des contrats de droit privé déférables en cas de différends aux juridictions de droit commun, mais plutôt des contrats administratifs, donc des contrats de droit public dont le règlement des situations litigieuses qu'ils engendrent, relève de la compétence du juge administratif. De ce fait, nous proposons de retenir la séparation entre « actes d'autorité » et « actes de gestion » qui, outre sa compatibilité avec les spécificités des deux régimes juridiques : romano-germaniques et de Common Law, connaît une reconnaissance conventionnelle s'incarnant dans la Convention des Nations-Unies se rapportant à l'étendue et aux restrictions de l'immunité juridictionnelle dévolue à l'Etat.

b) Les différends dans lesquels serait impliqué un fonctionnaire d'une institution spécialisée qui, du fait de sa situation officielle, jouit de l'immunité (…). »[274].

En dépit des difficultés soulevées précédemment, dans l'optique de certains auteurs, l'action de l'organisation internationale dans l'ordre juridique étatique continue de signifier que celle-ci est dotée de la personnalité juridique interne qui est « apparemment indispensable à l'Organisation, privée de territoire propre, et ne pouvant de ce fait s'installer exercer ses fonctions que sur le territoire des Etats. En outre, la capacité de contracter est expressément reconnue notamment dans les accords de siège conclus entre les Organisations et les Etats hôtes. Donc, l'Organisation est aussi un sujet de droit national qui peut contracter des obligations, acquérir des droits, ou ester en justice »[275].

S'il est vrai que l'organisation internationale est habilitée à exercer des activités juridiques dans l'ordre étatique, telles que la conclusion de contrats et le recrutement de personnel administratif, technique ou expert, les dispositions de la Charte de l'ONU et des traités créateurs de la majorité des organisations internationales n'indiquent pas que l'organisation intergouvernementale est titulaire de la personnalité juridique interne.

Les conventions et traités sus-indiqués se limitent à énoncer que l'organisation internationale est un sujet de droit international dont la capacité s'étend aux territoires respectifs des Etats membres. Pour illustration, l'article 104 de la Charte de l'ONU énonce « l'Organisation jouit, sur le territoire de chacun de ses membres, de la

[274]Article IX, Section 31 de la Convention sur les privilèges et immunités des institutions spécialisées de 1947

[275]GLAVINIS, op.cit, p. 9.

capacité juridique qui lui nécessaire pour exercer ses fonctions et atteindre ses buts »[276].

Aussi, l'Accord portant création de l'Organisation mondiale de commerce (OMC) énonce, dans son article VIII « l'OMC aura la personnalité juridique et se verra accorder, par chacun de ses Membres, la capacité juridique qui pourra être nécessaire à l'exercice de ses fonctions »[277].

Les dispositions conventionnelles rapportées ci-dessus montrent que l'organisation intergouvernementale détient une personnalité juridique unique qui l'autorise à exercer ses missions tant dans l'ordre juridique international, et dans ce cas elle se soumet aux normes du droit international, que dans les ordres juridiques étatiques et dans ce cas, elle peut mobiliser, par voie indirecte, les normes provenant du droit international en vue de la résolution des différends qui puissent l'opposer à ses partenaires non-internationaux.

La capacité contractuelle dévolue à l'organisation internationale dans les ordres juridiques nationaux ne signifie pas que celle-ci en détient la personnalité juridique mais plutôt qu'elle peut, au moyen de son attribut de souveraineté fonctionnelle de droit international, y entreprendre des activités variées soumises à un régime juridique particulier. Une société française peut établir des contrats de recrutement sur le territoire marocain mais cette capacité contractuelle ne la transforme pas en un sujet de droit marocain.

En d'autres termes, le sujet de droit peut exercer des activités à l'extérieur de son ordrejuridique d'origine et ce, en vertu de la personnalité juridique propre qu'il détient et qui ne peut être répartie ou fragmentée en fonction des

[276]Charte des Nations Unies, Chapitre XVI, Article 104.

[277]Accord instituant l'Organisation mondiale du commerce (OMC), article VIII.

ordres juridiques sous les auspices desquels l'action dudit sujet de droit évolue.

Pour le cas de l'organisation internationale, nous pouvons, en termes succincts, soutenir que l'ordre juridique étatique n'est que le support physique de l'action de l'organisation internationale en tant que sujet dérivé de droit international. Quand elle met en œuvre ses capacités et ses missions sur le territoire d'un Etat, cela ne veut pas dire automatiquement qu'elle en est devenue sujet plénier.

En tant que contenu, qu'un ensemble de prérogatives, « la qualité de sujet consiste dans l'aptitude à recevoir de l'ordre juridique duquel on la tient des droits, des pouvoirs et des obligations (distinguée à la fois de la capacité de se les créer soi-même et de les exercer, et de la jouissance effective de tel droit particulier (…)), rien ne fait obstacle à ce que des règles de droit international créent à la charge et au profit des organisations des obligations, des pouvoirs et des droits, et les tiennent ainsi pours leurs destinataires « immédiats » comme le sont les Etats et dans certains cas les sujets de ces derniers »[278].

Nous pouvons extraire de cette définition que l'attribut de sujet de droit n'est pas pluriel et n'est pas, non plus, un moyen inévitable dont une entité donnée doit être dotée afin qu'elle puisse exercer des activités à l'intérieur d'un ordre juridique donné. Ce sont, plutôt, les pouvoirs, les prérogatives et les capacités constitutifs de l'attribut de sujet de droit qui sont pluriels et variés.

De ce fait, la personnalité juridique est une notion composite qui a une seule origine, en l'occurrence, l'ordre juridique l'ayant solennellement créée d'une part, et plusieurs destinataires ou supports, à savoir, l'ordre juridique d'origine lui-même et éventuellement d'autres ordres juridiques, d'autre part.

---

[278]COMBACAU (J) et SUR (S), op.cit, p. 715.

Extrapolé sur l'action de l'organisation internationale, le raisonnement ci-dessus en fait un sujet de droit international dont les fonctions et les comportements affectent non seulement le droit international lui-même mais aussi les ensembles juridiques étatiques. Il importe de préciser dans ce sillage que la personnalité juridique de l'organisation internationale est plénière au regard du droit international dans la mesure où celle-ci peut conclure des traités sur lesquels s'étendent les normes du droit des traités. De ce fait, dans l'ordre juridique international, l'organisation internationale exerce de façon plénière sa personnalité juridique en termes de création et de contrôle d'application de la norme.

Cependant, quand elle inscrit ses activités dans un ordre étatique, l'organisation internationale n'en devient pas, pour autant sujet plénier, en ce sens que les différends susceptibles de l'opposer aux sujets étatiques ne sont pas automatiquement déférables devant les juridictions nationales.

En pratique, l'organisation internationale soumet les différends pré-cités à un mode de règlement basé sur l'arbitrage au moyen duquel elle détermine les règles juridiques applicables. Ces règles peuvent provenir du droit international, du droit national ou d'un ensemble normatif mixte basé sur une conjugaison entre les règles d'émanation internationale et les règles d'émanation nationale. Par conséquent, l'organisation internationale peut appliquer le droit international, même quand elle passe des contrats avec les personnes privées d'un ordre étatique.

La personnalité juridique internationale de l'organisation intergouvernementale y attribue des prérogatives dans les ordres juridiques étatiques. L'action de l'organisation internationale l'oblige à entreprendre des rapports avec l'Etat et à exercer des activités, à l'intérieur de l'ordre juridique étatique, que le droit international ne gouverne pas de manière directe.

En d'autres termes, les attributs se rapportant à l'existence propre de l'organisation internationale vis-à-vis de l'ordre juridique étatique lui « sont conférés par le droit interne des Etats en cause, mais sur la base de règles internationales, qui sont d'origines diverses (...) : acte constitutif de l'organisation, accords de siège entre elle et les Etats sur le territoire desquels elle exerce son activité, conventions multilatérales relatives aux statut des organisations en général ou de certaines d'entre elles, et peut-être droit international coutumier constitué à partir des pratiques des Etats qui accueillent des organisations internationales »[279].

La soumission de l'organisation internationale à l'ordre étatique ne veut pas dire qu'elle en soit un sujet plénier dans la mesure où l'organisation interétatique, étant un sujet dérivé de la volonté des Etats l'ayant créée, détient son existence juridique autonome du droit international. Ce sont les mécanismes normatifs du droit international qui président à la naissance et à l'évolution de l'activité d'une organisation internationale.

S'il est vrai que les organisations internationales ne sont pas des souverainetés identiques aux Etats, sujets primaires du droit international, il n'est pas moins vrai que la pratique des relations internationales leur a accordé des privilèges et des immunités qui peuvent les détacher de l'emprise et de l'omnipotence des Etats.

En d'autres termes, l'origine interétatique d'une organisation internationale est recomposée par le développement du droit international auquel l'organisation internationale contribue considérablement en exerçant pleinement son autonomie fonctionnelle.

---

[279] Même source, p. 717.

De plus, il n'est plus nécessaire que l'origine d'une organisation internationale soit un accord exclusivement intergouvernemental en ce sens qu'une organisation internationale, étant dotée de la capacité de conclure des accords de volonté internationaux, c'est-à-dire, des traités, peut participer à la passation d'un traité multilatéral portant création d'une nouvelle organisation internationale.

Outre la reconnaissance et le développement de l'activité des organisations internationales, en particulier celle se rattachant à la capacité de conclure des accords de volonté tant de droit international que ceux assimilables aux contrats régis par les ordres juridiques étatiques[280], le principe de l'égalité souveraine qui régit le droit international, tel que posé par l'article 2 de la Charte de l'ONU « exclut que l'un des membres, l'Etat du siège par exemple, déploie pleinement son ordre juridique, expression de sa puissance d'Etat, sur une organisation elle-même mue par des Etats souverains »[281]. Autrement dit, « la nécessaire autonomie de l'organisation internationale, qui implique que l'Etat hôte ne puisse assujettir l'organisation internationale, produit de la volonté d'une communauté d'Etats, à son unilatéralisme et à ses lois »[282].

Sur la base des développements ci-dessus, nous pouvons valablement soutenir que la spécificité fonctionnelle de la souveraineté dévolue à l'organisation internationale

---

[280] Nous considérons que les contrats passés par l'organisation internationale avec des personnes privées ne sont pas entièrement identiques aux contrats conclus par les personnes juridiques appartenant à des ordres juridiques étatiques, dans la mesure où le droit qui réglemente les contrats ayant un objet privé établis par une organisation internationale ainsi que le mode de règlement s'y rapportant ne sont pas soumis au droit national, c'est-à-dire, aux règles juridiques instituées par l'Etat sur le territoire duquel lesdits contrats sont passés.

[281] COMBACAU (J) et SUR (S), op.cit, p. 718.

[282] BONUCCI (N), COSNARD (M) et NGANGA MALONGA (A), *Les rapports entre l'organisation internationale et l'Etat hôte*, in Traité de droit des organisations internationales, LGDJ, op.cit, p. 601.

confère à son action au sein des ordres juridiques étatiques des particularismes par rapport aux sujets desdits ordres. Si les personnes morales et physiques d'un Etat doivent se soumettre aux loiset règlements édictés par les organes étatiques compétents, l'organisation internationale n'est pas soumise aux textes normatifs nationaux et ce, bien qu'elle entreprenne des actions identiques à celles déployées par les sujets internes (conclusion de contrats de fournitures, de services ou de travaux).

B. LA CAPACITÉ JURIDIQUE INTERNE, UNE NOTION IMPRÉCISE

Comme nous venons de le préciser, la capacité contractuelle reconnue à l'organisation internationale dans l'ordre juridique étatique génère des situations litigieuses partageant des similarités entières avec les litiges opposant les personnes morales privées du régime juridique national, mais à la différence des contrats conclus par les sujets du droit interne, l'organisation internationale soumet ses différends à des procédures spéciales dans lesquelles la matière normative internationale exerce un rôle loin d'être secondaire.

Concrètement, la capacité juridique interne dévolue à l'organisation internationale lui permet d'acquérir des biens nécessaires au fonctionnement de ses structures. De plus, nombreuses sont les organisations internationales dont l'action repose foncièrement sur les contrats conclus avec les personnes privées de droit interne. C'est le cas, à titre d'illustration, de « l'activité à la fois principale et caractéristique de l'Agence Multilatérale de Garantie des Investissements (AMGI), une institution du groupe de la Banque Mondiale qui consiste à la passation des contrats avec des personnes privées qui investissent à l'étranger et notamment dans les pays en développement auxquelles elle accorde sa garantie pour la couverture de certains risques susceptibles de nuire à l'investissement effectué »[283]. Mais, en cas de différends, la compétence du juge national est écartée.

Le cas de l'AMGI soulève des observations d'importance. La mission de cette organisation intergouvernementale consiste en la conclusion de contrats de droit privé, c'est- à-dire des accords gouvernés par le principe civiliste de l'autonomie de la volonté. Cela veut dire qu'en pratique l'AMGI agit comme une entreprise privée et, en bonne logique, son action devrait être soumise au droit des particuliers, à savoir, le droit privé. Néanmoins, en cas de litiges avec ses partenaires non-internationaux, l'AMGI peut activer son immunité juridictionnelle et, par conséquent, échapper au contrôle du juge étatique.

En outre, les exigences fonctionnelles justifiant l'octroi de la prérogative de détermination de la substance du droit applicable et du règlement de litiges à l'organisation internationale à l'occasion de la conclusion de contrats ayant un objet rattachable au droit privé, s'effacent dans le cas susmentionné car le but imparti à l'AMGI est identique à celui que poursuit une entreprise d'assurances, de prestations bancaires ou de garantie.

Sur la base des similarités avec les personnes privées sus- indiquées, l'action de l'AMGI devrait, normalement, être régie par le droit privé de l'ordre juridique étatique sous les auspices duquel elle conclut ses contrats. Or, l'AMGI demeure une organisation internationale dotée de l'immunité de juridiction.

L'affectation du mécanisme de la séparation entre les actes d'autorité et les actes de gestion aux activités menées de l'organisation internationale demeure, donc, une construction purement théorique en raison de l'inexistence

[283] GLAVINIS, op.cit, p : 10.

d'un texte normatif international le prescrivantà l'instar de ce qui est en vigueur concernant l'action des Etats.

A l'inexistence d'une Convention séparant les conséquences juridiques des actes d'autorité de celles découlant des actes de gestion menés par l'organisation internationale, nous pouvons ajouter l'inexistence de textes juridiques internationaux précisant la portée et les corollaires de la personnalité juridique interne impartie à l'organisation intergouvernementale. En effet, « contrairement à la personnalité internationale, il est rare que les statuts d'une Organisation ne lui reconnaissent explicitement la personnalité juridique interne, ainsi que les capacités particulières qui en résultent, telles que la capacité de contracter ou d'ester en justice. Ainsi, la personnalité interne est fondée sur le traité constitutif de l'Organisation, donc sur une règle du droit international public »[284].

La tendance doctrinale répandue instaure une synonymie complète entre « capacité juridique » et « personnalité juridique ». En effet, beaucoup d'auteurs estiment qu'en leur impartissant la capacité d'agir dans les régimes juridiques des Etats, les traités créateurs des organisations internationales en font des sujets de l'Etat. Or, ce raisonnement se heurte àl'écartement de la compétence du juge national de tous les différends qui résultent de l'action de l'organisation internationale.

Une pluralité d'explications peut être, néanmoins, accordée au statut particulier dont bénéficie l'organisation internationale dans les ordres juridiques étatiques, lesquelles explications se basent sur que nous pouvons considérer comme une différenciation notoire entre les notions de « capacité juridique » et « personnalité juridique ».

Les prérogatives conférées à l'organisation internationale, en vue de faciliter la mise en œuvre de ses

---

[284] Même source.

fonctions et de ses missions, dans les régimes juridiques nationaux, proviennent du droit international et ne lui accordent pas, comme en atteste pleinement la pratique de l'organisation internationale elle-même, la qualité de sujet de droit interne de l'Etat.

D'abord, l'organisation internationale, étant le résultat d'une volonté équitablement partagée par un collectif d'Etats, ne peut accepter de se soumettre totalement aux règles constitutives d'un ordre juridique étatique donné. Le principe de l'égalité souveraine des souverainetés primaires du droit international impose à l'organisation internationale le choix d'un régime juridique reposant sur les normes internationales pour résoudre les différends qui puissent l'opposer à des personnes privées.

De plus, le droit interne ne comporte pas que des règles instituées exclusivement par l'Etat. Le monopole wébérien de la contrainte normative, par lequel se distingue le pouvoir d'Etat, n'est plus de mise, au moins, dans son acception orthodoxe. L'internationalisation des ordres juridiques nationaux ne cesse de s'amplifier et, par conséquent, les processus de convergence juridique s'opérationnalisent sans arrêt par les Etats qui procèdent à des adaptations juridiques pour homogénéiser leurs législations respectives aux dispositions des ensembles normatifs constitutifs du droit international.

Pour marquer la suprématie du droit international par rapport aux ordres juridiques nationaux, beaucoup d'auteurs font intervenir les dispositions constitutionnelles adoptées par les Etats conformément auxquelles la norme internationale prime la norme nationale. Dans cet ordre d'idées, la Constitution marocaine énonce que l'Etat marocain s'engage à :

- « (…) ;
- Protéger et promouvoir les dispositifs des droits de l'Homme et du droit international humanitaire et contribuer

à leur développement dans leur indivisibilité et universalité ;

- Accorder aux conventions internationales dûment ratifiées par lui, dans le cadre des dispositions de la Constitution et des lois du Royaume, dans le respect de son identité nationale immuable, et dès la publication de ces conventions, la primauté sur le droit interne du pays, et harmoniser en conséquence les dispositions pertinentes de sa législation nationale »[285].

Malgré le fait que le Constituant marocain ait adopté le mécanisme dualiste dans la réception des normes internationales exigeant que la normativité et l'opposabilité d'une convention internationale aux autorités nationales marocaines soit cautionnée par une loi votée par le Parlement, il n'en demeure pas moins que la règle internationale peut recevoir application dans l'ordre juridique marocain et, par conséquent, elle contribue à la fabrique de sa matière juridique.

Dès lors qu'elle soumet ses contrats conclus avec des personnes privées aux dispositions d'un droit spécial, l'organisation internationale ne fait, concrètement, qu'accréditer l'internationalisation des ordres juridiques nationaux.

Aussi, il est fort loisible de rappeler que le droit national ne peut comporter des ensembles normatifs contraires aux normes du droit international.

En tout état de cause, l'organisation internationale, bien qu'elle ne soit pas un sujet de l'ordre juridique interne, ses activités à l'intérieur de cet ordre juridique ne relèvent pas d'une sorte de « no man's land juridique »[286].

---

[285] Préambule de la Constitution du Maroc, Bulletin officiel du Royaume du Maroc n° 5964 bis du 30 juillet 2011, p. 1903.

[286] *Réplique de M. Vignes au questionnaire déféré aux membres de l'Institut de droit international (IDI)*, cité par
R. HIGGINS, AIDI, Pedone, Paris, Vol. 66-1, juin 1989, p. 196.

L'IDI a posé les jalons des solutions applicables à ce dilemme en précisant en 1977 que « si un différend surgit au sujet d'un contrat qui ne contient pas de clause sur le règlement des différends, l'organisation concernée devrait soit renoncer à son immunité de juridiction, soit négocier avec l'autre partie en vue d'aboutir à un règlement du différend ouà l'établissement d'une procédure appropriée de règlement, notamment par voie d'arbitrage »[287].

Dans la pratique, les organisations internationales règlent les différends les opposant aux personnes privées à l'amiable ou sur la base de sentences arbitrales.

PARAGRAPHE 2. LE TRANSFERT DE LA RESPONSABILITÉ À L'ÉTAT (L'EFFET D'ÉVICTION)

Le juge national oppose le plus souvent une fin de non-recevoir aux recours dirigés contre les organisations internationales au motif que leurs actes sont, en entier, revêtus de l'immunité juridictionnelle et que, de ce fait, le mécanisme de séparation entre les actes de gestion et ceux d'autorité ne leur est pas opposable (A).

Eu égard à l'inaccessibilité des organisations internationales au prétoire du juge étatique, les juges des droits de l'Homme et ceux relevant d'instances arbitrales élargissent l'étendue de la responsabilité de l'Etat qui comprend, en sus de la réparation des préjudices découlant de ses propres activités, la réparation de ceux engendrés par les activités de l'organisation internationale menées sur son territoire (B).

---

[287] L'IDI, Article 9 de la Résolution portant sur « *Les contrats conclus par les organisations internationales avec des personnes privées* », Quatrième Commission, Session d'Oslo 1977.

A. LE PRÉTOIRE DU JUGE NATIONAL OU LA PORTÉE FERMÉE

Nombreuses sont les difficultés qui résultent de l'activité menée par l'organisation internationale dans les ordres juridiques étatiques. Malgré le fait qu'elle inscrit une partie non négligeable de ses activités dans l'ordre interne étatique, et qu'elle y détient une capacité juridique d'agir, l'organisation internationale n'est pas justiciable des juridictions nationales.

A la différence des sujets de droit interne qui défèrent leurs litiges aux juges nationaux, l'organisation internationale est habilitée à entreprendre des activités de gestion, identiques à celles que peut déployer une personne privée morale ou physique, sans, pour autant, qu'elle soit soumise à la compétence juridictionnelle du juge étatique.

L'examen de l'action de l'organisation internationale, en particulier celle qui se rapporte à l'accomplissement d'actes de gestion, montre que dans plusieurs cas, le co- contractant de l'organisation internationale se heurte, d'une part à l'étendue absolue de l'immunité juridictionnelle qui lui est conférée en raison de la portée fonctionnelle de sa souveraineté telle que posée par son acte constitutif, et d'autre part à son inaccessibilité aux juridictions instaurées par les organisations intergouvernementales. L'engagement de « la responsabilité – contractuelle ou extra-contractuelle – d'une organisation se heurte à l'immunité de juridiction dont cette dernière bénéficie dans les ordres juridiques internes ou à l'impossibilité d'attraire l'organisation devant une juridiction internationale, telle que la Cour européenne des droits de l'Homme ou la Cour internationale de justice. »[288].

---

[288] GESLIN (A), *Réflexions sur la répartition de la responsabilité entre l'organisation internationale et ses Etatsmembres*, RGDIP 2005-3, p. 543.

Afin que soit solutionné le dilemme opposant l'immunité juridictionnelle de l'organisation internationale et le droit à la protection judiciaire, des solutions pragmatiques ont été développées selon un schéma d'équilibrage prudent entre la souveraineté fonctionnelle dévolue à l'organisation internationale d'une part et le droit de son co-contractant à saisir une instance juridictionnelle dans le cas où un différend le lui opposerait, d'autre part.

Concrètement, la justiciabilité de l'organisation internationale dans l'ordre juridique étatique se réalise, soit par :

- La renonciation de l'organisation internationale, elle-même, à l'immunité de juridictiondont elle bénéficie ;
- La mise en œuvre de la responsabilité conjointe engageant l'organisation internationale et les Etats-membres ;
- La mise en œuvre de la responsabilité subsidiaire des Etats-membres dans le cas où l'organisation internationale ne serait pas capable de réparer elle-même les situations dommageables générées par ses activités.

Dans la pratique judiciaire, et en l'absence d'une Convention qui introduit la catégorisation « acte d'autorité / acte de gestion », appliquée complètement à l'activité internationale de l'Etat de longue date, dans le droit de la responsabilité de l'organisation internationale, les juges ont généralement tendance à conférer une étendue absolue à l'immunité de juridiction qui profite à l'organisation internationale à moins qu'elle consente à y apporter des modifications ou des exceptions.

Le contrôle d'adéquation entre le but recherché et l'immunité invoquée en vue de la concrétisation dudit but, relève du pouvoir discrétionnaire de l'organisation internationale que nous pouvons considérer, de ce fait, comme un véritable domaine réservé.

Concrètement, seule l'organisation internationale peut modifier la portée de son immunité dans les régimes judiciaires étatiques qui considèrent, systématiquement, que ladite immunité est absolue.

Pour illustration, dans l'ordre juridique des Etats-Unis, auquel nous attachons un intérêt particulier parce qu'il reconnait et consacre la distinction entre les conventions comportant des déclarations et des principes dénués de contenus normatifs d'une part, et les conventions créatrices de commandements normatifs d'autre part, « les différents arrêts connus ont retenu les immunités et privilèges particuliers les plus variés : immunité de juridiction, immunité d'exécution, exemption de témoignage en justice, immunité fiscale, inviolabilité des locaux »[289].

Le juge américain a donné, à l'occasion de plusieurs arrêts, une portée absolue aux dispositions de l'article 105 de la Charte de l'ONU énonçant : « l'Organisation jouit sur le territoire de chacun de ses Membres, des privilèges et immunités qui lui sont nécessaires pour atteindre ses buts »[290].

Dans l'optique judiciaire, l'article 105, sus-rapporté, donne solennellement à l'organisation internationale des immunités absolues en en faisant une souveraineté fonctionnelle qui met en œuvre lesdites immunités pour qu'elle puisse se détacher de l'influence des Etats-membres et, en conséquence, réaliser de façon autonome les missions et objectifs qui lui ont été dévolus.

Malgré le fait que l'article 105 sus-indiqué cautionne, à notre sens, la tendance restrictive de la portée des privilèges et immunités accordés à l'organisation internationale dans l'ordre juridique interne de l'Etat, et que

---

[289] QUOC DINH (N), *Les privilèges et immunités des organisations internationales d'après les jurisprudences nationales depuis 1945*, AFDI, 1957, Vol. 3, N° 1, p. 269.

[290] Article 105 de la Charte de l'ONU.

l'article VIII de la Convention sur les privilèges et immunités des Nations Unies[291] de 1946 entérine ladite tendance restrictive en énonçant que l'ONU a l'obligation de prévoir des modes de règlement adéquats en cas de différends occasionnés par l'exécution de contrats avec des personnes privées ou dans lesquels est impliqué un fonctionnaire qui en relève, les juridictions nationales ont opté pour l'absolutisation des immunités et privilèges accordés aux organisations intergouvernementales en approfondissant, de ce fait, les dilemmes et les problèmes opérationnels sécrétés par l'activité de l'organisation internationale dans les ordres juridiques nationaux.

Le cas de la justice nationale américaine présente une observation particulière. En effet, le gouvernement des Etats-Unis a exercé son droit de réserve à l'égard de la Convention relative aux privilèges et immunités accordés aux Nations Unies. A priori, le juge national peut faire intervenir lesdites réserves pour restreindre le champ d'application des privilèges conférés aux organisations internationales en leur donnant une lecture libérale.

Or, dans ses arrêts se rapportant aux affaires litigieuses impliquant l'ONU, le juge national américain a donné une application directe aux dispositions de l'article105 de la Charte onusienne au moyen de laquelle il a réservé aux privilèges accordés à ladite organisation une portée absolue.

---

[291] L'article VIII de la Convention sur les privilèges et immunités des Nations Unies dispose que « *l'Organisationdes Nations Unies devra prévoir des modes de règlement appropriés pour :*

1. Les différends en matière de contrats ou autres différends de droit privé dans lesquels l'Organisationserait partie ;

2. Les différends dans lesquels serait impliqué un fonctionnaire de l'Organisation qui, du fait de sasituation officielle, jouit de l'immunité, si cette immunité n'a pas été levée par le Secrétaire général ».

Le juge étatique s'est donc complètement désengagé du contrôle d'adéquation entre le but et l'immunité en le transformant en un pouvoir discrétionnaire de l'organisation intergouvernementale. Celle-ci a, de ce fait, une prérogative exclusive au moyen de laquelle elle détermine, elle-même, l'adéquation qui doit exister entre la fonction ou l'objectif poursuivi d'une part et l'étendue du privilège ou de l'immunité qu'il va falloir déployer pour que la réalisation de ladite fonction soit possible d'autre part.

Par conséquent, le co-contractant de l'organisation internationale, ne parvenant pas à régler les litiges le lui opposant à l'amiable, « va bien souvent se heurter à l'immunité de juridiction civile dont celle-ci bénéficie devant le juge étatique » qui « va déclarer la demande irrecevable in limine litis et le plaideur en sera pour ses frais, sans plus savoir comment faire valoir sa prétention » »[292].

L'attitude conservatrice du juge national, basée faut-il le rappeler sur l'absolutisation des privilèges et immunités accordés aux organisations internationales, se manifestent même dans des situations litigieuses mettant en contradiction les dispositions du DIDH, faisant partie intégrante du jus cogens, et celles des accords bilatéraux instituant au profit des organisations internationales un régime d'immunités et de privilèges justifiés par le caractère fonctionnel, donc, déterritorialisé, de leurs qualités de sujet dérivé de droit international. Si unconflit s'élève entre une règle de DIDH appartenant au jus cogens et une règle conventionnelle protégeant l'organisation internationale par des immunités, le juge national confère la suprématie normative aux dispositions conventionnelles créatrices des immunités etprivilèges, et consacre la levée

---

[292] DOMINCIE (C), *Observations sur le contentieux des organisations internationales avec des personnesprivées*, AFDI, Vol. 44, p. 624.

discrétionnaire et unilatérale de l'immunité par l'organisation internationale elle-même comme le seul cas d'inopposabilité du droit conventionnel des privilèges et immunités.

Ainsi, dans un arrêt du 26 octobre 2016, la Cour de cassation[293] en France a rejeté la demande formulée par une citoyenne française qui prétend avoir été abusivement licenciée par une organisation internationale à laquelle elle était liée au moyen d'un contrat de travail. En l'espèce, l'Agence spatiale européenne, qui est une organisation intergouvernementale qui bénéficie, de ce fait, de l'immunité de juridiction a, en date du 24 juin 2005, recruté la demanderesse en tant qu'ingénieur, sur la base d'un contrat de travail dont la durée est fixée à quatre (04) ans, le contrat liant les deux parties a été prorogé en date du 19 juin 2008 pour unedurée de six (06) années à compter de l'arrivée à expiration de la durée contractuelle initialement déterminée.

Compte tenu de la détérioration de ses conditions de travail, la salariée a été soumise à un arrêt de maladie, et saisi le conseil de prud'hommes de Paris pour obtenir la condamnation de son recruteur au paiement de dommages-intérêts pour préjudices moraux subis.

En date du 28 juin 2010, le directeur général de l'Agence procède à la résiliation du contrat de la salariée. Cette dernière intente un recours interne auprès de la Commission de recours instituée par les statuts du personnel, à l'effet de l'annulation de la décision directoriale l'ayant licenciée et sera déboutée de ses demandes.

Le président du conseil de l'Agence s'oppose à la levée de l'immunité de juridiction de l'organisation internationale placée sous son autorité et conclut à l'incompétence de la juridiction prud'homale en invoquant l'immunité de juridiction qu'une convention bilatérale avec le

---

[293] Cass. Soc., 26 octobre 2016, pourvoi n° 15-20123.

gouvernement français institue au profit de l'organisation internationale qu'il préside.

La requérante invoque son droit au juge, que lui garantit le DIDH, ayant été accrédité par l'ordre juridique étatique français, et demande à la Haute juridiction de son pays de condamner son employeur à lui verser des dommages-intérêts pour les dommages moraux et matériels que le licenciement lui a fait subir.

Si l'on fait intervenir le critère matériel, nous constaterons facilement que le lien juridique entre la requérante et l'organisation internationale en question, est identique à un contrat de travail engageant un travailleur et un employeur, et que les différends qui résultent dudit contrat doivent être déférés aux juridictions nationales compétentes, lesquelles juridictions vont appliquer des règles juridiques compatibles avec le droit international dans lamesure où les législations nationales relatives au travail sont conformes aux conventions pertinentes de l'OIT et aux obligations pesant sur les Etats découlant des dispositions des conventions et traités constitutifs du DIDH.

Or, le juge national français refuse de considérer le contrat conclu par l'Agence spatiale européenne comme un contrat de droit privé et, en outre, refuse d'intervenir dans les affectations que l'organisation internationale intéressée réserve aux immunités et privilèges que lui confère le droit conventionnel correspondant.

Il faut reconnaître que le raisonnement suivi par le juge national instaure une hiérarchie normative entre deux obligations juridiques d'émanations internationales et, toutes les deux, accréditées par l'ordre juridique national.

Il s'agit, comme nous l'avons mentionné auparavant, de l'obligation d'accorder aux personnes physiques et morales privées un droit effectif et réel au juge et, faut-il le rappeler, au procès équitable d'une part, et l'obligation pesant sur l'Etat consistant en l'octroi d'immunités et de privilèges aux organisations intergouvernementales qui exercent leurs activités sur son territoire d'autre part.

Les deux obligations su-indiquées ont été insérées dans l'ordre juridique national, et, de ce fait, en deviennent des normes à part entière, par le même instrument normatif, en l'occurrence, une loi.

Il en découle que ni le droit international, n'admettant pas le principe de la hiérarchie des normes, en particulier dans le cas où celles-ci contiendraient des dispositions antinomiques, ni le droit interne, qui opère la réception de la norme internationale dans l'ordrejuridique en résultant, par le même outil formel à savoir une loi, n'établissent pas la hiérarchienormative consacrée par le juge national dès lors qu'il a à se prononcer sur une activité déployée par une organisation internationale qui met à mal une des normes découlant des conventions et traités se rapportant aux droits de l'Homme :

Une interrogation lancinante provient de ce qui précède : la loi portant ratification d'un accord de siège est-elle, sur le plan de la hiérarchie des normes, supérieure à la loi inscrivant l'opposabilité des droits de l'Homme aux autorités étatiques dans l'ordre juridique interne ?

Une partie de la doctrine constate que l'attitude du juge national n'implique pas une hiérarchisation des règles se rapportant aux privilèges et immunités des organisations intergouvernementales et celles relatives aux droits de l'Homme en ce qu'elles constituent, conjointement, des obligations opposables non à l'organisation intergouvernementale mais plutôt à l'Etat. Ce point de vue crée plus de difficultés qu'il n'en solutionne dans la mesure où il autorise l'Etat à adhérer à des obligations internationales qui auront des répercussions contradictoires sur la stabilité et la cohérence de son ordre juridique étatique.

Si le juge national refuse de s'immiscer dans l'adéquation qu'instaure l'organisation internationale entre ses immunités et les objectifs fonctionnels en vue desquels elle a été instituée par la volonté d'un collectif d'Etats, il adopte un cheminement particulièrement téméraire à l'égard de l'action internationale de l'Etat. En effet, dans son arrêt[294] du 31 mai 2011, la Cour de cassation de France a entériné un arrêt rendu par la Cour d'appel à l'occasion duquel elle introduit la séparation d'émanation conventionnelle entre les actes de gestion et les actes d'autorité accomplis par l'Etat à l'échelle de l'ordre juridique international.

En l'espèce, un citoyen français, recruté par un établissement bancaire marocain, donc, une société anonyme soumise au droit des sociétés du Maroc dans la mesure où l'article 28 de la loi n° 34-03, relative aux établissements de crédit, dispose que : « les établissements de crédit ayant leur siège social au Maroc ne peuvent être constitués que sous la forme de société anonyme à capital fixe »[295], et affecté à un service financier relevant d'une représentation consulaire du Maroc en France, ayant été licencié par son employeur, pour motif de discipline, demande la résiliation judiciaire de son contrat de travail avec, évidemment, les dommages-intérêts s'y rattachant.

L'employeur invoque l'immunité de juridiction en raison de ce qu'il a considéré comme actes de souveraineté qu'il accomplit au profit de la représentation consulaire du pays dont il détient la nationalité, en l'occurrence, le Maroc. La juridiction du second degré s'oppose aux demandes invoquées par l'employeur en faisant intervenir la

[294] Cass. Soc., 31 mai 2011, pourvoi n° 10-24751

[295] Loi n° 34-03 relative aux établissements de crédit et organismes assimilés, promulguée par le dahir n° 1-05-178 du 14 février 2006, Bulletin officiel du Royaume du Maroc n° 5400 du 02 mars 2006, p. 304.

distinction, accréditée par une convention, des actes de gestion et des actes d'autorité ou de souveraineté que l'Etat déploie au niveau de l'ordre juridique international. En considérant que les services de gestion financière que l'employeur rend, via le salarié licencié, à la représentation consulaire de son pays, constituent des actes de gestion, le juge d'appel soustrait lesdits services à l'immunité de juridiction de l'Etat marocain, et déboute la banque marocaine de ses demandes tendant à déclarer le juge français incompétent pour connaître de l'action contentieuse engagée par le salarié licencié.

Aussi, dans son arrêt du 10 juin 2008, la Haute juridiction française a réservé une application mécanique aux dispositions juridiques régissant l'immunité de juridiction. En effet, dans l'arrêt précité, il est énoncé que :

« LA COUR DE CASSATION, CHAMBRE SOCIALE, a rendu l'arrêt suivant :

Attendu, selon l'arrêt attaqué (Douai, 27 octobre 2006) que M. X... engagé le 17 septembre 1993 par le Royaume du Maroc pour exercer les fonctions de concierge et gardien de nuit au consulat de Lille, a été licencié pour faute grave le 4 janvier 2001 ; qu'il a saisi le conseil de prud'hommes de diverses demandes au titre de la rupture et que le Royaume du Maroc s'est prévalu de l'immunité de juridiction ;

Sur les deux moyens réunis :

Attendu que le Royaume du Maroc et le consul du Royaume du Maroc de Lille font grief à l'arrêt d'avoir rejeté la fin de non-recevoir tirée de l'immunité de juridiction et d'avoir en application des dispositions du code du travail français dit que le licenciement était dépourvu de cause réelle et sérieuse et condamné le Royaume du Maroc à payer diverses indemnités, alors, selon le moyen :

1°/ que les juridictions de l'ordre judiciaire ne sont pas compétentes pour connaître des litiges nés entre un Etat étranger et l'un de ses fonctionnaires à l'occasion de l'exercice des fonctions de ce dernier ; que le conseil de prud'hommes ne peut connaître du litige né de la révocation, par l'Etat étranger dont il est le ressortissant, d'un fonctionnaire affecté à un consulat de cet Etat en France ; qu'en retenant néanmoins sa compétence pour statuer, en application du droit français, sur le litige opposant le Royaume du Maroc à M. X..., fonctionnaire marocain affecté au consulat du Maroc à Lille, la cour d'appel a violé l'article

L. 511-1 du code du travail ;

2°/ que les Etats étrangers et les organismes qui en constituent l'émanation bénéficient d'une immunité de juridiction dès lors que l'acte qui donne lieu au litige participe, de par sa nature ou sa finalité, à l'exercice de la souveraineté de ces Etats et n'est donc pas un acte de gestion

; qu'il en est ainsi de l'engagement, par un contrat de droit public, d'une personne notamment chargée d'assurer la surveillance et la sécurité d'un immeuble diplomatique ou consulaire ; qu'en l'espèce le Royaume du Maroc a, par décision administrative de son consul à Lille du11 octobre 1993, recruté M. X... dans les fonctions de gardien de nuit du consulat ; qu'il incombait notamment à M. X... de s'assurer de la sécurité du consulat, qui renfermait toutes les formules et cachets nécessaires à l'établissement de toutes pièces officielles ; qu'en jugeant néanmoins que le recrutement et le congédiement de M. X... constituaient seulement des actes de gestion administrative, la cour d'appel a violé le principe de l'immunité de juridiction des Etats étrangers ;

Mais attendu que dans l'exercice de son pouvoir souverain d'appréciation des éléments qui luiétaient fournis, la cour d'appel a retenu que l'intéressé, employé comme concierge pour surveiller les locaux, ne participait pas à l'exercice du service public du consulat du Maroc,de sorte que son licenciement constituait un acte de gestion exclusif de la mise en œuvre de l'immunité de juridiction et que le litige relevait de la compétence du conseil de prud'hommes ; que le moyen n'est pas fondé ;PAR CES MOTIFS :

REJETTE le pourvoi ;

Condamne le Royaume du Maroc aux dépens ;

Vu l'article 37 de la loi du 10 juillet 1991, condamne le Royaume du Maroc à payer à la SCP Masse-Dessen et Thouvenin la somme de 2 500 euros ;

Ainsi fait et jugé par la Cour de cassation, chambre sociale, et prononcé par le président en son audience publique du dix juin deux mille huit »[296].

Une analyse composée et comparée des arrêts sus-mentionnés, l'un concernant l'immunité de juridiction accordée à l'organisation intergouvernementale, et les autres se rattachant à la même immunité reconnue à l'Etat, montre que le juge national s'oppose à l'établissement d'un contrôle d'adéquation de l'immunité utilisée par l'organisation internationale à l'objectif que lui assigne son traité constitutif, en vue d'une éventuelle distinction entre les actes de gestion et les actes de souveraineté ou d'autorité à l'instar du contrôle diligenté à l'égard de la souveraineté étatique, s'explique fondamentalement par l'inexistence d'une convention, reçue dans l'ordre interne par la procédure que cet ordre interne lui-même agrée, qui réglemente les immunités et les privilèges accordés aux organisations internationales à l'occasion de l'exercice de leur souveraineté fonctionnelle dans les ordres juridiques internes.

Sur la base des arrêts judiciaires rapportés ci-dessus, le seul cas dans lequel le co- contractant de l'organisation internationale peut l'attraire devant une juridiction nationale demeure la levée effectuée par l'organisation internationale elle-même de son immunité de juridiction.

---

[296] Cass. Soc., 10 juin 2008, pourvoi n° 06-46419

B. L'ÉLARGISSEMENT DE L'ÉTENDUE DE LA RESPONSABILITÉ ÉTATIQUE

Ayant devant lui une entité souveraine que le juge national dote, en raison d'une interprétation critiquable du droit international, d'une immunité absolue, le co-contractant, surtout en cas de l'échec d'une procédure de règlement à l'amiable, « va chercher à obtenir satisfaction par un autre biais, à savoir, la mise en œuvre directe de la responsabilité des Etats-membres »[297].

Or, la mise en œuvre de la responsabilité de l'Etat-membre rencontre des difficultés entières. C'est, pratiquement, le cas de la requête déférée par la CFDT à la CEDH à l'encontrede la Communauté des Etats européens elle-même et ses Etats- membres pris individuellement. La Commission européenne des droits de l'Homme (Com EDH) déboute la requérante de ses demandes au motif que l'acte émanant de la Communauté des Etats lui est imputable en tant que personne juridique autonome dotée d'une volonté distincte de celles de ses membres.

La Com EDH indique dans sa décision que « ces Etats, par leur participation au Conseil des Communautés Européennes, n'ont pas, dans les circonstances de l'espèce, exercé leur juridiction, au sens de l'article 1er de la Convention »[298].

Aussi, l'affaire Westland Helicopters s'aligne sur le raisonnement déployé par la CEDH. Concrètement, une société britannique, Westland Helicopters, déclenche un recours arbitral, auprès de la Chambre de commerce

---

[297] GESLIN (A), *Réflexions sur la répartition de la responsabilité entre l'organisation internationale et ses Etats membres*, op.cit., p. 543.

[298] CFDT c. Communautés européennes, subsidiairement, la collectivité de leurs Etats membres et leurs Etats membres pris individuellement, 10 juil. 1978, D.R., vol. 13, pp. 231-236, cité par le professeur Albane GESLIN, op.cit., p. 544.

internationale (CCI) contre l'Arab organization for industrialisation (AOI) et ses Etats-membres pris individuellement, moyennant lequel la société britannique précitée, co-contractant privé d'une organisation internationale, demande à la CCI de déclarer l'AOI débitrice en raison des dommages infligés à la partie demanderesse.

Les autorités égyptiennes invoquent l'incompétence de la CCI au motif que l'AOI est une organisation intergouvernementale, ayant résulté d'un traité multilatéral engageant l'Egypte, le Qatar et les Emirats Arabes Unis et disposant, de ce fait, d'une personnalité juridique distincte. « Malgré ces arguments, le tribunal arbitral se reconnaît compétent à l'égard de toutes les parties défenderesses au motif, d'une part, qu'aucune disposition de l'acte constitutif de l'AOI n'exclut expressément ou implicitement la responsabilité des Etats-membres pour des actes de l'organisation, d'autre part que les Etats-membres, via le Haut comité de l'AOI exerçaient un contrôle déterminant sur les activités de l'organisation. Le tribunal en arrive donc à la conclusion selon laquelle « one must admit that in reality, in the citcumstances of the case, the AOI is one with the States »[299].

Dans la sentence arbitrale précédemment mentionnée, le juge arbitral emprunte un raisonnement pragmatique se basant sur la formule distributive du pouvoir au sein de l'organisation internationale.

En constatant que le pouvoir décisionnel au sein de l'organisation internationale défenderesse appartient à l'organe strictement interétatique qui, du fait de son omnipotence décisionnelle, exerce sur les activités opérationnalisées par celle-ci un contrôle déterminant au point de considérer la décision de l'organisation internationale comme étant celle des Etats-membres,

---

[299] GESLIN (A), op.cit., pp. 544 et 545.

l'arbitre accepte l'engagement répartiteur de la responsabilité, demandé par la société lésée.

A la différence du juge national qui se montre défiant à l'égard de la restriction de la portée de l'immunité de l'organisation internationale, le juge arbitral, étant faut-il le rappeler inscrit dans un ordre normatif plus libéral, étend son contrôle sur le processus décisionnel accrédité par les règles de l'organisation internationale et chaque fois que celles-ci accordent à l'organe interétatique des pouvoirs déterminants, la responsabilité de l'Etat-membre peut être engagée.

Toutefois, la brèche libérale ouverte par le juge du premier degré sera fermée par les juridictions supérieures. En effet, la Cour de justice de Genève et la Cour suprême fédérale suisse infirment le jugement arbitral prononcé par les juges de la CCI en revalorisant les thèses avancées par le gouvernement égyptien et l'AOI. Dans l'optique de la Haute juridiction suisse, l'AOI détient une personnalité juridique autonome et indépendante et qu'en l'espèce, la société britannique n'est pas fondée à attraire en justice les Etats membres de l'AOI.

Il faut mentionner que l'IDI cautionne la portée libérale de la mise en œuvre subsidiairement de la responsabilité de l'Etat-membre en donnant des contenus évolutifs aux notions de « responsabilité subsidiaire » et de « responsabilité conjointe »[300].

Pour l'IDI, il faut entendre par « responsabilité conjointe », la responsabilité qui habilite les tiers à procéder à une réclamation internationale « à l'égard d'une organisation internationale d'agir, à leur gré, soit contre l'organisation, soit contre ses membres »[306]. Et, par « responsabilité subsidiaire, il faut entendre « la responsabilité qui permet aux tiers qui ont une réclamation juridique à l'égard d'une organisation internationale d'intenter une action contre les

---

[300] IDI, Session de Lisbonne – 1995, Résolution du 1er septembre 1995.

Etats-membres en cas de défaillance de l'organisation et seulement dans ce cas »[301].

En admettant la responsabilité de l'Etat en raison de l'activité de l'organisation internationale, l'IDI propose des solutions opérationnelles en invitant les organisations internationales à clarifier le régime juridique régissant la responsabilité dans les règles d'organisation et dans les contrats que l'organisation internationale établit avec les personnes privées.

Aussi, le co-contractant peut demander à l'organisation internationale de lui fournir lesrenseignements suffisants quant au régime des responsabilités que cette dernière met en œuvre. Et si l'organisation internationale ne détermine pas la formule de répartition des responsabilités engagées par des actes dommageables, l'IDI propose une solution ambivalente en indiquant, dans des termes généralistes, que l'inexistence de dispositions particulières de droit interne de l'organisation internationale ou d'autres accords qu'elle passe avec ses Etats-membres « devrait être considéré comme un élément pertinent dans l'appréciation de la responsabilité des Etats-membres »[302].

Si une organisation internationale ne précise pas les règles applicables à la répartition de sa responsabilité, pourrait-on en déduire qu'en cas de perpétration de dommages l'organisation en question n'engagerait que sa responsabilité individuelle ?

Ou, au contraire, faudrait-il faire intervenir la formule distributive du pouvoir au sein de l'organisation internationale pour évaluer l'impact qu'exerce l'organe interétatique sur son processus décisionnel ?

Compte tenu de l'inexistence d'une convention se rapportant à la responsabilité de l'organisation internationale dans les ordres juridiques étatiques, la levée

---

[301] Même source.
[302] Même source.

discrétionnaire, qui pourrait être ligotée bien évidemment par les clauses compromissoires insérées le plus souvent dans les contrats privés que conclut le sujet dérivé du droit international, de l'immunité de juridiction demeure le seul cas d'inopposabilité permettant au co-contractant de l'organisation internationale d'exercer, dans l'ordre juridique étatique, son droit au juge.

De plus, l'octroi du caractère répartiteur à la responsabilité de l'organisation internationale pourrait permettre au co-contractant d'invoquer la responsabilité subsidiaire de l'Etat-membre devant le juge national. Toutefois, l'adhésion totale de ce juge à la théorie absolutiste des immunités de juridiction accordées aux organisations internationales peut faire barrage à l'activation de la portée répartitrice de la responsabilité de l'organisation internationale dans l'ordre étatique interne et en faire un contentieux strictement international.

CONCLUSION

La codification de la responsabilité des organisations internationales est indissociable des transformations ayant jalonné l'environnement juridique auquel elle se rattache, en l'occurrence l'ordre normatif international.

Les préceptes westphaliens sont façonnés, de plus en plus, par une dynamique de recomposition qui affecte essentiellement le mode de régulation des relations internationales. Celui-ci passe, donc, d'une régulation fondée sur la quête d'arrangements politiques à une régulation qui promeut, ne serait-ce qu'une d'une manière bégayante, la règle de droit.

La greffe de la régulation juridique à l'ordre international a, pour corollaire essentiel, la consécration de la responsabilité de ses sujets dans le cas où ils commettraient des actions génératrices de préjudices.

Si la responsabilité de l'Etat paraît minutieusement encadrée tant dans son ordre interne que dans l'ordre international, grâce, en particulier à la séparation des actes de gestion de ceux d'autorité, et à sa soumission aux normes du DIH et du DIDH, la responsabilité des organisations internationales, elle, continue de sécréter les problèmes classiques aussi bien de l'encadrement de la portée de l'immunité de juridiction dont elles bénéficient que de leur soumission aux normes constitutives du DIH et du DIDH.

Il en découle une crise judiciaire dans la mesure où le juge national rejette les demandes invocatoires de la responsabilité du sujet dérivé du droit international, en refusant de contrôler l'adéquation devant exister entre l'immunité utilisée et le but recherchée, et en accordant, in fine, la prévalence au DIP aux dépens du DIDH.

TABLE DES MATIÈRES

Structures éditoriales du groupe L'Harmattan

L'Harmattan Italie
Via degli Artisti, 15
10124 Torino
harmattan.italia@gmail.com

L'Harmattan Hongrie
Kossuth l. u. 14-16.
1053 Budapest
harmattan@harmattan.hu

L'Harmattan Sénégal
10 VDN en face Mermoz
BP 45034 Dakar-Fann
senharmattan@gmail.com

L'Harmattan Cameroun
TSINGA/FECAFOOT
BP 11486 Yaoundé
inkoukam@gmail.com

L'Harmattan Burkina Faso
Achille Somé – tengnule@hotmail.fr

L'Harmattan Guinée
Almamya, rue KA 028 OKB Agency
BP 3470 Conakry
harmattanguinee@yahoo.fr

L'Harmattan RDC
185, avenue Nyangwe
Commune de Lingwala – Kinshasa
matangilamusadila@yahoo.fr

L'Harmattan Congo
219, avenue Nelson Mandela
BP 2874 Brazzaville
harmattan.congo@yahoo.fr

L'Harmattan Mali
ACI 2000 - Immeuble Mgr Jean Marie Cisse
Bureau 10
BP 145 Bamako-Mali
mali@harmattan.fr

L'Harmattan Togo
Djidjole – Lomé
Maison Amela
face EPP BATOME
ddamela@aol.com

L'Harmattan Côte d'Ivoire
Résidence Karl – Cité des Arts
Abidjan-Cocody
03 BP 1588 Abidjan
espace_harmattan.ci@hotmail.fr

Nos librairies en France

Librairie internationale
16, rue des Écoles
75005 Paris
librairie.internationale@harmattan.fr
01 40 46 79 11
www.librairieharmattan.com

Librairie des savoirs
21, rue des Écoles
75005 Paris
librairie.sh@harmattan.fr
01 46 34 13 71
www.librairieharmattansh.com

Librairie Le Lucernaire
53, rue Notre-Dame-des-Champs
75006 Paris
librairie@lucernaire.fr
01 42 22 67 13

www.ingramcontent.com/pod-product-compliance
Lightning Source LLC
LaVergne TN
LVHW011309061026
849535LV00005B/1467
* 9 7 8 2 1 4 0 4 8 9 7 5 4 *